Die Drusen in Israel

von

Peggy Klein

Tectum Verlag
Marburg 2001

Die Deutsche Bibliothek - CIP-Einheitsaufnahme

Klein, Peggy:
Die Drusen in Israel
/ von Peggy Klein
- Marburg : Tectum Verlag, 2001
Zugl: Hannover, Univ. Diss. 2001
ISBN 3-8288-8305-2

Tectum Verlag
Marburg 2001

Danksagung

Der erste Dank gilt den beiden Betreuern dieser Arbeit Herrn Prof. Dr. Detlev Claussen und Herrn Prof. Dr. Dr. Peter Antes. Ihre Kommentare und Anregungen haben geholfen, diese Arbeit voranzutreiben und kontinuierlich zu verbessern.

Besonderer Dank gilt all den Freunden und Bekannten in Israel, die sich oft dazu bereit erklärten, mich durch die Gegend zu fahren, Schlafplätze zu organisieren, Interviews zu arrangieren und zu dolmetschen. Für alle anderen stellvertretend sollen hier namentlich genannt werden vor allem Anan Tarif mit seinen Brüdern Ghassan, Ahsan und Walid, Ghassan Tannous mit seinen Eltern Hiyam und Morshed, Ashraf Akel, Bilal Derbas, Jafar Farah und ihre Familien. Besonders danke ich allen Interviewpartnern dafür, daß sie sich die Zeit nahmen, meine Fragen zu beantworten.

Im privaten Kreis gilt mein Dank meinen Eltern Afred und Micheline Klein, meinen Geschwistern Sabine und Fabrice und allen meinen Freunden, besonders aber den Korrekturlesern Dr. Marco Althaus, Jessica Steinhoff und Katrin Boehncke. Ich danke besonders Herrn Dr. Althaus für kontinuierliche Unterstützung, Anregung und Hilfe in allen Lebenslagen. Ich danke Steffen Großmann für den Glauben an die Arbeit und alle Handwerksarbeiten.

Zu guter letzt danke ich meinem lieben David Boehncke dafür, daß er mich in den letzten doch sehr anstrengenden vier Jahren immer unterstützt hat und ich auf ihn bauen konnte.

Inhaltsverzeichnis

I Einleitung

Die Drusen sind eine arabische, religiöse Minderheit im Nahen Osten, die sich vor circa 1000 Jahren vom Islam abspaltete.[1]

Die arabisch-islamische Gesellschaft zergliedert sich in viele Gruppierungen, von denen die Drusen eine der kleinsten darstellen. Die Araber sind keine stringente, kohärente Gruppe, sondern ein Konglomerat verschiedenster Strömungen und Gruppierungen. Viele Araber verstehen sich im Sinne der panarabischen Bewegung zwar als Teil einer großen arabischen Nation, kombinieren diese jedoch mit ihrer speziellen nationalen Identität, die sie dafür nicht opfern möchten.
Scheffler bezeichnet dies als "Mosaik"-Strukturen, unter denen er ein

> gestaffeltes Beziehungsgeflecht in sich geschlossener und weitgehend autonomer Gruppen, Stämme, Faktionen, Konfessionsgemeinschaften, Sekten, Rechtsschulen, mystischer Bruderschaften, Dorfgemeinschaften, Stadtquartiere, Zünfte, etc.[2]

versteht. Dabei ist festzuhalten, daß das Mosaik kein

> beziehungsloses Nebeneinander isolierter Einzelteile bezeichnet, sondern ein bestimmtes Anordnungsmuster in den Beziehungen zwischen den Teil(en) und Ganzem umschreiben.

Außerdem sei die Mosaik-Struktur der klassischen islamischen Gesellschaften Ergebnis und Ursache beständiger sozialer Kämpfe.
Die Drusen sind als originär islamische Sekte Teil dieses Mosaiks, doch versuchen sie bis heute, ihr Außenseiterdasein zu verringern, indem viele von ihnen stets betonen, ebenfalls Teil der sogenannten arabischen Nation zu sein und teilweise auch darauf bestehen, Anhänger des Islam zu sein. Andere Drusen weisen jede Verbindung von Drusentum und Islam von sich.

Die drusische Weltpopulation wird auf circa drei Millionen Menschen geschätzt, wobei die meisten von ihnen in Syrien (ca. 2 % der syrischen

---

1 Der Begriff Minderheit meint an dieser Stelle primär das Zahlenverhältnis zur vorherrschenden Mehrheit und bezieht sich an dieser Stelle noch nicht auf die sozialen Beziehungen, innerhalb derer, durch die Normen einer bestimmenden Gruppe, andere Gruppen mit weniger Anerkennung ausgestattet werden und infolgedessen in ihren Lebens- und Durchsetzungschancen begrenzter sind, als es die bestehenden Möglichkeiten zulassen. Ob dies bei den Drusen der Fall ist, ist ein zu untersuchender Aspekt innerhalb der vorliegenden Arbeit.

2 Vgl. Scheffler, 1990, S. 10.

Bevölkerung) und im Libanon (ca. 7 % der libanesischen Bevölkerung) leben.[3] In Israel leben ca. 95.100 Drusen, was ungefähr 1,7 % der israelischen Gesamtbevölkerung (5,3 Mio.) ausmacht. Von diesen 95.100 bewohnen rund 75.900 Menschen 18 verschiedene Dörfer in Galiläa und auf dem Karmel, während die restlichen 19.200 auf den Golanhöhen angesiedelt sind.

Die Drusen sind in Israel etwas Besonderes. Sie waren die einzigen, die schon während der Mandats der Briten in Palästina (1922-1948) die Juden dabei unterstützten, den Staat Israel zu erschaffen. Ihre Muttersprache ist Arabisch, ihr Glaube ist geheim und der Dienst an der Waffe ist für sie obligatorisch. Man sagt ihnen einen starken Gemeinschaftssinn nach und sieht sie als kleine geschlossene solidarische Gesellschaft. Gerade der Aspekt, daß die Religion Außenstehenden und teilweise ihren Anhängern selbst geheim ist, macht sie interessant und hat die Forscher angeregt, sich mit den Drusen zu befassen und eine Reihe merkwürdiger Feststellungen zu treffen und so einen Mythos zu erfinden. Es erscheint seltsam, daß eine Religion gemeinschaftsfördernd sein kann, obwohl sie geheim ist und es nur wenige gemeinsame Rituale unter den Gläubigen gibt.

Die Drusen haben viele kulturelle Gemeinsamkeiten mit den Palästinensern und versuchen doch, primär als Teil der israelischen Nation begriffen zu werden. Hier sind innerhalb der Drusen in Israel drei Strömungen auszumachen: a) jene, die sich als loyale Israelis drusischen Glaubens begreifen, b) jene, die sich als arabisch-muslimische Nationalisten begreifen und c) jene, die eine neutrale Position einnehmen. Obwohl es diese Differenzen gibt, findet sich in der Literatur ständig die Beschreibung der Drusen als eine geschlossene Gesellschaft. Ich möchte versuchen zu ergründen, ob es bei den Drusen tatsächlich eine besondere Form des Zusammengehörigkeitsgefühls gibt und wenn ja, wo diese interne Solidarität herrührt und ob ihre Gemeinschaftsstruktur anhand bekannter Ethnizitätskonzepte erklärbar ist. Primordialistische und konstruktivistische Ethnizitätsmodelle werden gegenübergestellt und auf ihre Anwendbarkeit in bezug auf die Drusen überprüft.

Die Drusen zeichnen sich abgesehen von ihrer Religion durch viele weitere Gemeinsamkeiten aus, die durch eine gemeinsame kulturelle Entwicklung entstanden sind. Diese prägen das Selbstempfinden und zum Teil auch die Handlungsweisen der einzelnen Drusen.

---

3 Vgl. Khoury, 1998, S. 16.

Deshalb soll es in dieser Arbeit auch um die Frage gehen, ob man die Drusen in Kategorien wie Volk, Klasse, Rasse, Nation, Ethnie, Religionsgemeinschaft beschreiben kann. Es stellt sich die Frage, ob man nicht von neuen Erklärungsmodellen ausgehen muß, die sich nicht auf bestimmte Muster beschränken, sondern es vielmehr vermögen, wesentliche Elemente miteinander zu kombinieren und eine umfassendere Sicht der Dinge zuzulassen.

Es wird deutlich, daß scheinbar feststehende Kategorien durch die Existenz der Drusen in Frage gestellt werden.

Es gilt darum festzustellen, welche Elemente hier gewirkt haben, um bei einzelnen Gruppenmitgliedern ein Gruppengefühl und somit eine Loyalität zur Gruppe auszulösen.

Es reicht nicht aus, die genannten Kategorien in einer bestimmten Art und Weise zu definieren und jede vorkommende Gruppe in ein Schema hineinpressen zu wollen. Gerade bei den Drusen ist es auffällig, daß keine Erklärung für sich alleine auszureichen scheint, um das Phänomen des "kompakten drusischen Blocks"[4] zu erklären.

Meine Hauptthese, die im Rahmen dieser Arbeit stringent überprüft werden soll lautet:

Die Drusen sind eine Gruppe, deren primäres gemeinschaftsstiftendes Element die Religionszugehörigkeit zum Drusentum ist.

Ich werde deshalb erarbeiten, welche historischen Ereignisse und welche religiösen Überzeugungen nötig sind, um eine religiöse Gruppe zu bilden.

Es folgt eine Beschreibung des historischen Ursprungs des Drusentums. Ich werde darlegen, wie es zur Bildung des Drusentums kam, wie sich die neue Religion weiterentwickelte und welchen Einfluß sie im Laufe der Geschichte auf ihre Anhänger nahm. Diese detaillierte Analyse der drusischen Geschichte ist nötig, um ein historisch gewachsenes Bewußtsein zu erläutern.

Deshalb werde ich auch einen intensiven Blick auf das religiöse System werfen. Es wird sich zeigen, daß auch eine geheime Religion immensen

---

4 Vgl. Schäbler, 1996. S. 39.

Einfluß auf das tägliche Leben haben kann. Um die Drusen und ihr Handeln verstehen zu können, ist es nötig darzustellen, welchen kosmischen Auffassungen sie folgen und welche Prinzipien des Zusammenlebens ihnen die Religion vorschreibt.

Anschließend erfolgt eine Einordnung der Drusen entlang sozioökonomischer Aspekte wie Wirtschaft, Bildung und Politik innerhalb der israelischen Gesellschaft. Dies ist bislang nicht in einem solch umfangreichen Maße geschehen. Somit ist die Möglichkeit gegeben, auf ein sonst nur wenig beachtetes innerisraelisches Problem, nämlich das der Integration nicht-jüdischer Bewohner Israels in die israelische Gesellschaft, einzugehen. Wenn Araber in Israel untersucht werden, dann wird meist nur die Situation der arabischen Christen und Muslime beschrieben.[5] Auf die Drusen gehen die Autoren meist nur am Rande ein. Gerade die Situation der Drusen verlangt jedoch besondere Aufmerksamkeit, da sie es anscheinend schaffen, als Araber in Israel berechtigt und anerkannt zu leben, ohne in ähnlich starken Konflikt mit dem Staat zu geraten wie Christen und Muslime. Die Frage ist deshalb, ob das Verhalten der Drusen in Israel für andere Araber von Vorbildcharakter sein kann oder ob die Loyalität der Drusen zu Israel von anderen Arabern nur als Schwäche und Verrat und somit als verwerflich angesehen wird.

Wie Lerch[6] sind auch andere Autoren wie Layish[7] davon überzeugt, daß die Drusen ein Verhalten hätten, das stark von politischer Taktik und dem Willen zum Überleben bestimmt werde. So schreibt Lerch: "Sie passen sich an und wägen kühl die Vorteile ab, die Israel ihnen bietet."[8] Ich möchte in dieser Arbeit untersuchen, ob diese Aussage der Realität entspricht und wenn ja, welche Rolle die Religion bei diesem Verhalten spielt.

Ich habe für diese Untersuchung bewußt die Situation der Drusen in Israel gewählt. Einerseits ist die Situation der Drusen im Libanon bereits recht gut dokumentiert, andererseits ist die Situation der Drusen in Israel mit der Situation in Syrien und im Libanon nur bedingt vergleichbar.[9] Syrien und Libanon sind zwar arabische, jedoch keine religiös definierten Staaten. Die

---

5 Vgl. zum Beispiel die Werke von Michael Wolffsohn, außerdem Ori Stendel, Samy Smooha, Shmuel Eisenstadt, um nur einige wenige zu nennen.

6 Vgl. Lerch, 1992.

7 Vgl. Layish, 1982 und 1985.

8 Lerch, 1992, S. 95.

9 Vgl. Kapitel IV.1 und IV.2.

Drusen dort teilen mit den anderen Staatsbürgern Sprache und Kultur und sind deshalb anderen Widerständen ausgesetzt als in Israel.

Die Kategorie "Druse" ist eine religiöse Kategorie. In Israel führt dies zu einem Problem, da eine religiös definierte Gruppe in einem aus dem politischen Konzept des Zionismus heraus religiös definierten Staat lebt, jedoch einer anderen Religion angehört.

1 Methode

Im Rahmen dieser Arbeit wurden verschiedene Untersuchungsmethoden angewendet.

Zum einen erfolgte eine detaillierte Analyse der Literatur zu den Drusen in deutschen Bibliotheken. Besonders hilfreich war dabei die Universitätsbibliothek zu Göttingen, wo sich vor allem ältere Werke befinden. Diese gaben Aufschluß über das Bild, das sich Orientreisende während des 18. und 19. Jahrhunderts über die Drusen gemacht haben. Anhand dieser Literatur war zu verfolgen, wie sich Mythen und Sagen über die Drusen entwickelten, so zum Beispiel der Mythos, sie würden als Teil ihrer rituellen Gebete ein goldenes Kalb anbeten.[1] Weitere Literatur war in ganz Deutschland zu finden. Auf mein Anraten hin beschaffte die Niedersächsische Landesbibliothek in Hannover einige weitere Werke. Literatur zu soziologischen Fragestellungen fand sich vor allem in Fachzeitschriften zum Nahen Osten wie den *Middle Eastern Studies*, der *Middle East Review,* aber auch in Fachzeitschriften zu Fragen der Ethnizität wie den *Ethnic and Racial Studies*. Hervorzuheben sind die beiden Bücher von Kais Firro, selbst Druse und Dozent an der Universität Haifa, der die Geschichte der Drusen in Israel untersucht hat. In deutscher Sprache gibt es bislang nur Literatur zu Drusen in Syrien und im Libanon, wobei hier besonders Brigitte Schäbler und Thomas Scheffler als Autoren zu nennen sind.[2] Zur Religion der Drusen gelten als Standardwerk die beiden Bände von de Sacy aus dem Jahr 1838. An der Katholischen Universität Leuven in den Niederlanden wird gerade an einer kritischen Neu-Edition des Drusenkanons gearbeitet.

Von großem Nutzen war weiterhin der Bestand der Universitätsbibliothek der Universität Haifa in Israel. Aufgrund der Nähe zu drusischen Dörfern und der Einrichtung der Abteilung "Drusische Studien" findet sich dort eine große Menge an Fachliteratur in vielen Sprachen. Dort hatte ich auch Zugang zum Archiv des Seminars für Drusische Studien.

Bei mehreren Aufenthalten in Israel hatte ich außerdem Gelegenheit zur Feldforschung. Durch die Freundschaft mit Drusen war es möglich, Einblick in den privaten Bereich und alltägliches Leben zu erlangen. Ich hatte somit die Möglichkeit zu teilnehmender, offener Beobachtung. Diese Freunde vermittelten auch Kontakte zu weiteren Drusen, die dann als Interviewpartner dienten. Im Laufe der Jahre erfolgten so mehrere Interviews, die mit Namen und Datum im Anhang aufgelistet sind. Bis auf eines in Hannover fanden alle Gespräche entweder im Sommer 1997, im Frühjahr 1998 oder im Frühjahr 2000 in Israel statt. Es ist deshalb nicht von einer Quotenstichprobe die Rede. Die Interviewpartner wurden bis auf einige ausgewählte Persönlichkeiten willkürlich

---

[1] Vgl. de Sacy, 1838, S. 166.

[2] Ich danke an dieser Stelle Thomas Scheffler für die freundliche Übersendung seines Artikels über Drusen im Libanon.

gewählt. Diese ausgewählten Persönlichkeiten waren zum Beispiel der drusische Abgeordnete des israelischen Parlaments, der Knesset, Saleh Tarif[3] oder der Vorsitzende des Religiösen Rats der Drusen Mu'warfaq Tarif. Obwohl die untersuchte Stichprobe somit nicht repräsentativ ist, kann man dennoch von einer recht hohen Validität der Untersuchungsergebnisse ausgehen. Meine Untersuchung ist extern valide, da die Ergebnisse über die befragten Personen hinaus generalisierbar sind. Sie spiegeln die Einschätzungen von vielen Drusen wider.

Alle Interviewpartner wurden telefonisch angefragt. Die Interviews fanden meist bei den Interviewpartnern zu Hause, in vier Fällen jedoch auch am Arbeitsplatz statt. Die Dauer der Interviews lag zwischen 30 Minuten und eineinhalb Stunden.

Während der Interviews, die im Jahr 2000 stattfanden, wurde ein Interviewleitfaden benutzt, der ebenfalls im Anhang abgedruckt ist. Der Leitfaden ergab sich aus offenen Fragen, die bislang nicht durch die Literatur beantwortet schienen.

Der Leitfaden fragt zunächst nach persönlichen Angaben der Interviewpartner und geht dann auf konkrete Aspekte der Identitätsfindung der israelischen Drusen ein. Es wurde nachgefragt, was nach Ansicht der Befragten entscheidend für ihre Identifizierung mit dem Drusentum ist. Zusätzlich wurde nach der Rolle der Drusen in der israelischen Gesellschaft und nach den Drusen in anderen Staaten wie Syrien und Libanon, aber auch in den USA gefragt. Des weiteren erschien die Perspektive für die Zukunft und somit für die Zukunft der Drusen ein wichtiger Aspekt. Den Abschluß bildet die Frage nach dem Arabischsein. Diese wurde gestellt, um zu ermitteln, ob sich der Befragte primär über seine Zugehörigkeit zu den Drusen oder über seine arabische Sprache und Kultur definiert. Jede Person hatte darüber hinaus Gelegenheit, frei über alles zu berichten, was ihr im Verständnis für die Drusen wichtig erschien. Dabei wurde auf die Rolle, die die Person in der drusischen Gesellschaft einnimmt, Rücksicht genommen.

Die Interviews in den vorangegangen Jahren waren noch unstrukturiert, da sie zunächst dazu dienten, sich überhaupt einen Überblick zu verschaffen. Alle Interviews wurden als narrative, nicht standardisierte Interviews durchgeführt. Zwei wurden in deutscher Sprache gehalten, der Rest in Englisch oder auch in Arabisch mit englischem Dolmetscher. Fast alle Gespräche wurden auf Tonband aufgenommen und anschließend transkribiert.

Während sämtlicher Gespräche wurden Informationen gesammelt, die so in geschriebener Form bislang nicht vorliegen. Zudem bietet diese explorative Studie einen Überblick über Informationen und Meinungen zum Thema Drusen

[3] Mittlerweile ist Saleh Tarif Minister ohne Geschäftsbereich der israelischen Regierung. Vgl. Süddeutsche Zeitung vom 07. 03.01 S. 7.

in Israel und Drusen als Ethnie. Bereits aus diesen Ergebnissen lassen sich jedoch eindeutige Schlüsse ziehen. Diese finden sich im letzten Kapitel der Arbeit.

Die Gespräche werden nicht einzeln analysiert, sondern im Rahmen der gesamten Arbeit an prägnanten Stellen beispielhaft eingesetzt. Sie vermitteln so neben der wissenschaftlichen, theoretischen Perspektive aus der Literatur zum Thema Drusen einen praxisnahen Eindruck der Situation.

Während der Aufenthalte in Israel nahm ich an drusischen Festen teil, führte zahlreiche, nicht gesondert aufgeführte, informelle Gespräche, erlebte drusischen Alltag. Es sind Freundschaften entstanden und somit auch eine Vertrauensbasis. Obwohl manche Forscher wie zum Beispiel Abraham Aschkenazi der Ansicht waren, daß Drusen niemals mit mir als Nichtdrusin sprechen würden, hat sich ein völlig anderes Bild ergeben. Ich stieß auf große Kooperationsbereitschaft und den Willen zur Öffnung und hatte so die Möglichkeit, mit Menschen zu sprechen, die sich noch vor wenigen Jahren auf ihre Arkandisziplin berufen hätten.

In weiteren Studien könnte die Bedeutung einzelner Antworten gezielt gefragt werden, um komplexe Einstellungsmuster und Motivationsstrukturen auch quantitativ zu erfassen und repräsentativ darzustellen.

II Geschichte der Drusen

1 Genealogischer Ursprung

Gibt es einen genetischen Ursprung des Zusammengehörigkeitsgefühls der Drusen?

Über die genetischen Ursprünge der Drusen gab es seit jeher viele Spekulationen, da sie aufgrund ihres Status als "Geheimsekte" viele Reisende und Forscher anlockten, die versuchten, das "Rätsel" um die Drusen zu lösen. Besonders die Orientreisenden während des 18. und Anfang des 19. Jahrhunderts schürten die Spekulationen um die Drusen.[1]

Aufgrund der Endogamie, die eines der Gebote des drusischen Glaubens darstellt, nahmen einige Forscher an, daß sich aus einer ehemals rein religiösen nun auch eine genetische Gemeinschaft gebildet habe. Betont werden die Exklusivität der Drusen und ihre Geschlossenheit.

> By their historical exclusivity, maintained by rigid obedience to the rules of the clan patriarchs and by marriage entirely within the community, the Druzes have made what was a religious community into something close to an ethnic entity, although the blood line remains entirely Arab.[2]

Viele Forscher nahmen an, daß durch strikt eingehaltene Endogamie eine neue Ethnie entstehen würde. Obwohl dieses Verhalten auch bei arabischen Christen zum Beispiel durchaus üblich ist, nahm dennoch nie jemand an, daß es demzufolge eine christlich-arabische Ethnie gebe.

Bereits während es 18. Jahrhunderts und besonders während des 19. Jahrhunderts sind zur der Herkunft der Drusen verschiedene Richtungen zu erkennen. Von Oppenheim war zum Beispiel der Ansicht, die Drusen seien südarabischer Herkunft, jedoch auch kurdischen Einflüssen ausgesetzt, so wie es ihm eine drusische Autorität berichtet habe. [3]

Die wohl abstruseste Theorie verfolgte M. Puget de S. Pierre, der den Ursprung der Drusen aufgrund ihres Namens erklären zu können glaubte und sie deshalb als Nachfahren des Comte de Dreux wähnte, der sich als Kreuzritter in Palästina aufhielt.

> Les Druses eux-mêmes, lorsqu'on les consulte sur leur origine, répondent que leurs ancêtres étoient du nombre de ceux qui suivirent *Godefroi de Bouillon* à la

---

[1] Als Beispiel kann man hier den Earl von Carnavon (1860), Max von Oppenheim (1899), Gertrude Bell (1907),) , Felix von Luschan (1911) und Joseph T. Parfit (1917) nennen.

[2] Friendly; Silver, 1981, S. 8.

[3] von Oppenheim, 1899, S. 111 ff. Von Oppenheim (1860-1946) war Diplomat, Forschungsreisender, Archäologe und Kunstsammler.

> conquête de la Terre Sainte en 1099. Et qu`après la perte de *Jerusalem*, ils se retirent dans des montagnes pour se mettre à couvert de la fureur des *Turcs*.[4]

Hitti[5] hingegen war der Ansicht, die Drusen seien vor allem persischen Ursprungs und begründet dies hauptsächlich aufgrund linguistischer Untersuchungen, die aber später entkräftet werden konnten. Zu Beginn des Drusentums habe es wohl Proselyten in Nordafrika, Ägypten, Arabien, Irak, Persien und anderen Gebieten des Nahen und Mittleren Ostens gegeben, aufgrund der zahlreichen Verfolgungen, denen die Drusen ausgesetzt waren, hätten jedoch nur die im Libanon ansässigen überlebt.

Zu Beginn des 20. Jahrhunderts, als die Anthropologie und die Rassenkunde populär wurden und man anthropometrische Maßnahmen ergriff, um mittels spezieller Geräte die morphologischen Merkmale (Strecken, Umfänge, Bögen, Winkel, u.a.) der Form-, Farb- und Maßverhältnisse des menschlichen Körpers zu bestimmen, vermaß Felix von Luschan, Professor für Anthropologie an der Universität Berlin, die Köpfe von 59 Drusen und konstatierte daraus, daß "not one single man, fell as regards his cephalic index, within the range of real Arab"[6]

Diese Ergebnisse schürten weitere Spekulationen über die Herkunft der Drusen und trugen mit zum Geheimniskult bei. Luschan und alle, die ihn zitieren, übersehen, daß es so etwas wie den "real Arab" jedoch gar nicht gibt. Das Gebiet, das man als arabisch bezeichnet, ist so groß, daß Spezialisten dort viele unterschiedliche "Rassen" mit großen Abweichungen ausmachen konnten.

> Die sichtbaren physischen Merkmale, auf die sich die gewöhnliche Klassifizierung der »Rassen« stützt, verraten sicherlich unter bestimmten Voraussetzungen und auf sehr komplexe Weise entfernte Verwandtschaften. Aber keines dieser Merkmale hat eine Entsprechung auf einer Landkarte, die mit jener der arabischen Ethnie übereinstimmt, wie immer auch man diese interpretiert. [7]

So wie demzufolge nicht bewiesen werden kann, ob die Drusen Araber sind oder nicht, da die Kategorie Araber an sich schon zu schwammig ist, kann man nicht beweisen, daß Druse eine eigene Rasse mit eigenen physischen Merkmalen ist.

Dennoch findet man in älteren Beschreibungen oft Hinweise auf die Andersartigkeit der physiognomischen Merkmale der Drusen im Vergleich zu ihren Nachbarn. So heißt es in einem Magazin aus dem Jahr 1762:

---

[4] S. Pierre, 1763, S. 4. Hervorhebung im Original.
[5] Vgl. Hitti, 1928, S. 23. Hitti war Professor für Semitische Literatur an der Princetion University.
[6] von Luschan, 1911, S. 232 und zit. in: Hitti, 1928, S. 14 und bei Firro, 1992, S. 19.
[7] Rodinson, 1982, S. 47.

> Man kan diese Leute an der Gestalt ihrer Köpfe erkennen. Denn sobald ein Kind gebohren ist, drucken sie dessen Kopf oben zusammen, wodurch derselbe breiter wird, als bey anderen leuten.[8]

Selbst 1967 noch bezieht sich Müller auf veraltete Quellen, in denen die blonden Haare und blauen Augen der drusischen Männer beschrieben werden. Drusische Frauen hingegen hätten beinahe ohne Ausnahme schwarze Augen und Haare. Auch Müller kommt auf von Luschan zurück und übernimmt dessen Beschreibung des Hetitertypus, der Kurzköpfigkeit der Drusen.[9] Es ist augenscheinlich, daß hier ein falscher Ansatz von vielen Forschern ohne weitere Überprüfung blind übernommen wurde und sich so der Mythos von der physiognomischen Andersartigkeit der Drusen bis heute halten konnte.

Eine andere Denkrichtung verfolgt die Migrationen und Siedlungen der einzelnen Stämme zur Gründungszeit des Drusentums (11. Jahrhundert) und wird vor allem von drusischen Gelehrten vertreten, die das Arabertum der Drusen betonen möchten. Sie verweisen auf den "reinsten arabischen Dialekt" und daß sie "reinsten arabischen Blutes" seien, da es keine Mischehen mit Türken oder anderen Völkern gegeben habe. Dieser Schule zufolge sind die Drusen Nachkommen aus zwölf arabischen Stämmen, die noch vor der islamischen Periode nach Syrien emigrierten.[10]

Abu-izz-ed-Din[11] kombiniert sowohl anthropologische als auch historische Erkenntnisse und hält fest, daß man ihre Vorfahren in verschiedenen Stämmen Syriens und des Libanons zu suchen hat und sie die gleichen anthropologischen Ursprünge wie ihre Nachbarn haben. Sie ist dennoch der Ansicht, daß sich die Drusen durch Endogamie zu einer eigenständigen Rasse entwickelt haben und sich in kulturellen Aspekten wie Sprache, Kleidung und Essen ihren Nachbarn angeglichen hätten. "It remains to stress the fact that the Druzes are Arab by culture."[12], was also bedeutet, daß Abu-izz-ed-Din die Drusen als eigene Rasse versteht, die sich kulturell den Arabern angepaßt habe.

Carnavon stellt fest, daß es aufgrund der vielen Wanderungen zu einer stetigen Vermischung der einzelnen Völker kam.

> From that period to the time of the Crusades the Mountain[13] enjoyed a season of comparative peace, and its population was gradually recruited and multiplied by successive colonies, whose various elements represent alike the descendants of the original Arab conquerors, the Koords, the Metualis, and the Bedouin Arabs of the

---

[8] Nachricht von den Drusen, 1762, S. 109.
[9] Vgl. Müller, 1967, S. 77.
[10] Vgl. Firro, 1992, S. 18f.
[11] Abu-izz-ed-Din, 1984, S. 4ff.
[12] A.a.O., S. 14.
[13] Gemeint ist Jabal ad Duruz in Syrien.

desert. All these, and perhaps others, which have been sometimes classed as "nomad", have combined to form the Druse nationality.[14]

Wichtig ist festzuhalten, daß man die Drusen genealogisch eher zu den Arabern zählen kann und dies den Drusen für ihr Selbstverständnis sehr wichtig zu sein scheint, wie Firro erläutert:

> The search for racial origin offered the Druzes a means to define their national identity. The most important evidence in this regard is that all Druze historians, scholars, and leaders in Syria and Lebanon consider the Druzes to be Arabs, and their arguments were accepted not only among themselves, but also among the entire Druze community.[15]

Ob wirklich die ganze drusische Gemeinde diese Auffassung teilt, wird jedoch angezweifelt. Es gilt zu bedenken, daß auch heute noch in Gesprächen mit anderen arabischen Bewohnern Israels oft auf die Schönheit der Drusen und die Häufigkeit des Vorkommens blauer Augen hingewiesen wird. Betts führt diese "Tatsache" auf ihren reichen genetischen Hintergrund zurück.[16] Genauso wird allerdings auch oft betont, die muslimischen Araber seien von einer dunkleren Hautfarbe als die christlichen Araber.[17] Hier werden von den Mitgliedern der einzelnen arabischen Gruppen Grenzen gezogen, um die Andersartigkeit der anderen Gruppe nicht nur wegen ihres unterschiedlichen Glaubens, sondern auch aufgrund äußerer, diakritischer Zeichen zu belegen.

Aber nicht nur äußerliche Merkmale, sondern auch innere wie genetische Merkmale im Blut wurden untersucht, um einen Unterschied zwischen Muslimen und Drusen festzustellen. So stellte Sarah Nevo 1988 fest, daß Drusen weniger Gene afrikanischen Ursprungs in sich tragen würden als Moslems in Israel.[18] Es fragt sich, wozu diese Erkenntnis gut ist.

Gerade palästinensische Autoren wie Aziz Haidar[19] sind der Ansicht, daß Israel ein Prinzip des *divide et impera* anwende. Es sei auffällig, daß mehrfach versucht wurde, den arabischen Israelis ein Klassenbewußtsein zu vermitteln, aus dem die Drusen durch Israel ausgeschlossen wurden. Eine große zusammengehörige arabische Gemeinde könne Israel gefährlich werden, wohingegen eine Gemeinde, die in sich in mehrere Faktionen zersplittert sei, sich kaum zusammenfinden könne, um sich gemeinsam zu wehren.

---

[14] Carnavon, 1860, S. 44. Der Earl von Carnavon war Orientreisender und wurde vor allem bekannt, als er am 01. November 1922 gemeinsam mit Howard Carter das Grab des Tutenchamun öffnete.

[15] Firro, 1992, S. 20.

[16] Vgl. Betts, 1986, S. 36.

[17] Eigene Beobachtungen.

[18] Vgl. Nevo, 1988, S. 183.

[19] Vgl. Haidar, 1987. Haidar ist Professor für Soziologie an der Bir-Zeit Universität in der Westbank und besitzt außerdem einen Lehrstuhl an der Hebräischen Universität zu Jeruslaem. Einen Eindruck von seiner Einstellung zur Situation der Araber in Isarel erhielt ich während eines persönlichen Gesprächs mit ihm am 30. August 1995 in Jeruslaem.

Zu bemerken bleibt, daß es nie eindeutig reine Rassen an sich gibt und auch der Begriff der Rasse schon sehr umstritten ist, da mit ihm meist nur negative, ausgrenzende Konnotationen verbunden werden.[20] Ob die Drusen Araber sind oder nicht, scheint nicht eindeutig. Diese Frage ist selbst unter Drusen sehr umstritten und wird nur ungern beantwortet, da die Antwort auch Einblick in eine politische Stellungnahme gewährt. Meistens antworten viele einfach: "I am Druze, this is what I am."[21]

[20] Dies ist zwar keine neue Erkenntnis, doch belegt die kontrovers geführte Diskussion der Sektion Migration und ethnische Minderheiten der Deutschen Gesellschaft für Soziologie am 28. September 2000 in Köln, daß in der Soziologie die Begriffe der Rasse und des Rassismus nicht ohne Bedenken und ausführliche Erläuterung benutzt werden können.

[21] Eigene Beobachtungen.

2 Religiöser Ursprung

Wir befassen uns nun mit der Religion und der Geschichte der Drusen, da sie deren elementare gemeinschaftsstiftende Elemente sind. Die Religion fördert die Bildung einer spezifischen Identität, welche sich kontinuierlich im Lauf der Zeit entwickelt. Die Darstellung der Religion ist deshalb nötig, um zu erklären, wie sich bestimmte identifikatorische Merkmale der Drusen entwickelt haben. Um zu begreifen, inwiefern das Drusentum als neue Religion verstanden werden kann, ist es nötig, einen kurzen Überblick über die verschiedenen Richtungen innerhalb des Islam zu geben, von dem die Drusen sich abspalteten. Es wird deutlich gemacht, wieso sie eine neue Sekte gründeten und welche Konsequenzen dies hatte. Außerdem folgt eine ausführliche Darstellung der Gründerväter des Drusentum des Kalifen al-Ḥākim und seiner beiden Missionare Ḥamza und Darazī.

Die Geschichte der Drusen beginnt zur Zeit des sechsten Fatimidenkalifen al-Ḥākim bi-Amrillah (997-1021 n.Chr.) in Kairo. Die Fatimiden sind eine Untergruppe der Schiiten, die heute noch ca. 10 % aller Muslime ausmachen. Während die Sunniten (90 % der Muslime) als Grundlage ihres Glaubens den Koran, die Sunna (d.h. das Verhalten des Propheten Muḥammads), die übereinstimmenden Meinungen der vier ersten Kalifen und die aus diesen Quellen abgeleiteten Urteilsbildungen anerkennen, leitet sich der Name der Schiiten von der Shī'a ab. Die Schiiten sind Anhänger der Shī'a, das heißt der Partei 'Alīs und anerkennen demzufolge nur 'Alī ibn 'Alī Talib und seine Nachfolger als die rechtmäßigen Nachfolger des Propheten, das heißt als Imame.

Die Shī'a entstand als Konsequenz des Streits um Muḥammads (570-632 n. Chr.) Nachfolge, da dieser sich zu Lebzeiten nicht ausreichend darum gekümmert hatte.

Er hatte sich so sehr mit der Regelung der täglichen Staatsgeschäfte befaßt, daß er keine Pläne für die Zeit nach seinem Ableben machte. Jedenfalls ist darüber nichts bekannt.

Das Problem bestand auch darin, daß Muḥammad aufgrund seiner göttlichen Eingebung handelte, seine Nachfolger doch nur gewöhnliche Menschen waren. Wahrscheinlich ist dies ein Hinweis auf die Ursache für die Forderung der Schiiten, der Nachfolger müsse eine Blutsverwandtschaft zu Muḥammad aufweisen können, verbunden mit der Hoffnung, daß das Göttliche vererbbar sei. Auf dieser Prämisse gründet die unangreifbare Autorität des Imams aus der Prophetenfamilie.

> Nur er kann stets die richtigen Maßnahmen zur Staatsleitung treffen. Diese erfolgt natürlich weiterhin in Anlehnung an die koranischen Bestimmungen; das Charisma und die göttliche Inspiriertheit des Imames stellen aber sicher, daß die Vorschriften im Koran immer im rechten von Gott gewollten Sinn ausgelegt und angewendet werden. Für den Gläubigen ergibt sich aus alledem die Pflicht des unbedingten Gehorsams gegenüber dem Islam.[1]

Während sich die Sunniten auf den Koran und die Sunna bezogen und glaubten, damit alle Probleme lösen zu können, befürworteten die Schiiten das Konzept des Imamats.[2] Die Sunniten glaubten, daß der Imam der Gemeinde (d.h. der Kopf der Gemeinde) der Nachfolger (Kalif) des Propheten Muḥammad sei, indem er das religiöse Recht (die Scharia) implementierte, die Gemeinde verteidigte und den Islam weiter verbreitete. Deshalb müsse er für diesen Posten gewählt werden. Die Shī'a hingegen war der Ansicht, daß der Imam der Gemeinde die heilige Botschaft in Anlehnung an die Bedürfnisse der Zeit interpretieren müsse.[3]

Zunächst bestand die Aufgabe der Nachfolger Muḥammads darin, die Einheit und Festigung der Strukturen der islamischen Gesellschaft zu gewährleisten. Außerdem wurde eine Verbreitung des Islam angestrebt.

Die ersten vier von den Sunniten gewählten Kalifen[4] nach Muḥammads Tod waren Abū Bakr (632-634 n. Chr.), 'Umar (634-644 n. Chr.), 'Uthmān (644-656 n. Chr.) und 'Alī (656-661 n. Chr.). Wie die jeweils kurze Regierungsdauer vermuten läßt, gab es hier viele Unstimmigkeiten im Kampf um die Leitung der Gemeinde, der umma, so daß es auch zwischen den beiden Khalifen 'Alī und Mu'āwiya zu einer Auseinandersetzung um den rechtmäßigen Anspruch auf das Kalifat kam. Mu'āwiya (605-680), der ein Vertrauter Muḥammads war, erhielt nach der Schlacht von Siffin (657) durch ein Schiedsgericht die Kalifenwürde und begründete die Dynastie der Umayyaden (661-750), wodurch 'Alī als Kalif abgesetzt wurde. 'Alī hingegen hatte als Schwiegersohn und Vetter Muḥammads eine Blutsverwandtschaft zum Propheten vorzuweisen, ein Kriterium, welches den Schiiten als ausschlaggebend erschien und sie deshalb ein Gegenkalifat gründeten. Wichtig war für die Schiiten außerdem die religiöse Führungsrolle des Gesamtleiters der Gemeinschaft, des Imams.[5] Dieser Imam ist Nachfolger 'Alīs, der seine religiösen Kenntnisse dank seiner besonderen Einweihung durch den Propheten Muḥammad und dank seiner besonderen Erleuchtung von Gott erhalten hatte.[6] Nach dem Tode der beiden Söhne 'Alīs, Ḥasan und Ḥusayn, kam es zu

---

[1] Nagel, 1975, S. 47

[2] Vgl. Antes, 1997, S. 58.

[3] Vgl. Makarem, 1974, S. 8.

[4] Kalif stammt von dem arabischen Wort "Khalifa" und bedeutet "Stellvertreter" oder "Leutnant". Der Kalif war der Prinz der Gläubigen, der Kopf der Gemeinde, verstanden als religiöse und weltliche Einheit.

[5] Vgl. auch die heutige Situation im Iran, der einer der wenigen schiitischen Staaten ist.

[6] Vgl. Khoury, 1988, S. 72f.

Spaltungen in der schiitischen Gemeinde in Fünferschiiten, Siebenerschiiten und Zwölferschiiten, je nach Anerkennung eines bestimmten Imams.

In einer Gesellschaft, in der die Religion das Leben beherrschte, wurde politische und soziale Unzufriedenheit durch das Bilden religiöser Sekten ausgedrückt. Das Sektierertum wurde zur Zuflucht der Unterprivilegierten.[7]

Die Siebenerschiiten hielten, im Gegensatz zu anderen Strömungen, Ismail für den rechtmäßigen siebten Imam und werden deshalb auch Ismailiten genannt. Zu ihren zahlreichen Untergruppen gehören neben den Karmaten auch die Fatimiden, von denen wiederum sich die Drusen abspalteten.

Die Zwölferschiiten hingegen anerkennen zwölf Imame als rechtmäßige Nachfolger des Propheten und glauben, daß der zwölfte Imam Muḥammad ibn Hasan al-Ashar sich kosmisch verbirgt, das heißt sich im Zustand der *ġabya* ("Abwesenheit") befindet und eines Tages als *al-māhdi* ("der Rechte" oder "der göttlich Geführte") wiedererscheinen und wahre Gerechtigkeit auf Erden etablieren wird.[8] Der siebte für die einen, Ismail, und der zwölfte für die anderen, al-Mahdi, sind in die übersinnliche Welt eingegangen, ohne zu sterben. Laut Halm wird der letzte Götterbote

> alle Gesetzesreligionen, auch die islamische, aufheben und die kultlose Urreligion wiederherstellen, mit der einst Adam und die Engel im Paradies den noch unverhüllten Gott angebetet hätten - das bloße Bekenntnis von Gottes Einzigkeit (tawḥīd) ohne die lästigen kultischen Pflichten wie Gebetsübungen, Fasten oder Wallfahrt.[9]

Er wird die Führung der Gemeinschaft der Gläubigen übernehmen und einen Gottesstaat auf Erden errichten.[10]

Als Begründer des Reiches der Fatimiden läßt sich 'Abdallah Abu Muḥammad nennen. Dieser zog im Jahr 909 nach Nordafrika und wurde 910 zum Kalifen proklamiert. 'Abdallah interpretierte sich selbst als Vorboten des *māhdi* und betonte als angeblicher Nachkomme 'Alīs und Fāṭimas seine genealogische Verbindung zu Muḥammad.

Die Herrschaft der Fatimiden (909-1171) nahm ihren Ausgang unter den Berbern und Arabern der Provinz Ifrikija in Nordafrika (dem späteren Tunesien). Im Jahr 969 proklamierten die Fatimiden, deren Name sich von Fāṭima, Muḥammads Tochter und Ehefrau 'Alīs ableitet, in Ägypten ein Kalifat im Namen des schiitischen Imams und gründeten Kairo als neue Metropole.[11]

> Die Fatimidenkalifen galten als die vollgültigen Erben des prophetischen Absolutheitsanspruches; sie verkörperten unmittelbar den göttlichen Willen auf

---

[7] Vgl. Abu-izz-ed-Din, 1984, S. 19.

[8] Vgl. Firro, 1999, S. 11.

[9] Halm, 1987, S. 167.

[10] Vgl. Hodgson, 1989, S. 24.

[11] Vgl. Feldbauer, 1995, S. 348 und ausführlich zur schiitisch-fatimidischen Vorgeschichte der Drusen, Abu-izz-ed-Din, 1984, S. 15-77.

Erden ohne bei ihren religiös-politischen Entscheidungen auf die Mitwirkung von Ulama angewiesen zu sein; und ihr Anspruch erstreckte sich prinzipiell auf die ganze Welt.[12]

Dennoch sollte der erste schiitische Staat nur bis zum Jahr 1171 Bestand haben.

Der fatimidische Glaube suchte nach einer philosophischen Unterstützung der religiösen Doktrin. Al-Mu'izz, Kalif von Kairo, unterhielt eine große Bibliothek, die später erheblich erweitert werden sollte. In dieser Bibliothek wurden auch Versammlungen abgehalten, während derer die ismailitische Lehre weitergegeben wurde. Man vermittelte die traditionellen Doktrinen des Islam, integrierte aber auch die griechische Philosophie und hier im besonderen platonische und neoplatonische Theorien in bezug auf das Universum und seine Komposition. Die wirkliche Besonderheit war dabei eine doppelte Interpretation der Gebote und Praktiken des Islam. Die äußere Interpretation (*ẓāher*) war für die neuen Anhänger während der öffentlichen Sitzungen bestimmt, während die innere Interpretation (*bāṭin*) davon ausging, daß das Wort Mohammeds weiter zu interpretieren sei, der Zugang zu diesem Wissen jedoch nur einigen Eingeweihten vorbehalten werden solle. Erst durch die esoterische Interpretation (*ta'wīl*) werde die wahre Bedeutung des Textes enthüllt, wobei *ta'wīl* jedoch nicht die allegorische oder metaphorische Interpretation des Korans ist, sondern vielmehr versucht, die Worte auf ihre erste, das heißt ursprüngliche und somit wahre Bedeutung zurückzuführen.

Diese Theorie stand in starker Opposition zu den traditionalistischen Sunniten, die für einen offensichtlichen Sinn der Lehre eintraten. Die Bibliothek wurde im Jahr 1123 durch den Wesir al-Afdal wegen angeblich dort verbreiteter Ketzereien geschlossen.[13]

In bezug auf religiöse Bräuche unterschieden sich die Fatimiden nicht sonderlich von den Sunniten, sondern hielten ebenfalls den Ramadan ein, feierten zu seinem Abschluß ein großes Fest und pilgerten ebenfalls nach Mekka.

2.1 Der Kalif Al-Ḥākim

Al-Ḥākim, der sechste Kalif der Fatimiden, Sohn von al-'Azīz, wurde 985 geboren und sollte für den Glauben der Drusen von entscheidendem Charakter sein. Er wird von den Drusen als letzte Reinkarnation Gottes angesehen.

[12] Vgl. Feldbauer, 1995, S. 352.

[13] Vgl. Halm, 1987, S. 180.

Mit Al-Ḥākim, der im Alter von nur elf Jahren im Jahr 996 Kalif geworden war, begann im Jahr 1017 eine neue Ära. Ḥākim, dessen ursprünglicher Name Abū 'Alī al-Manṣūr lautete, erhielt den Ehrennamen Ḥākim bi-Amrillah, "der durch Gottes Befehl Richtende" erst, als er den Thron bestieg.[14]

Es gibt viele Geschichten über Ḥākim und seine Missionare Ḥamza und Darazī. Es ist aus der Fülle der Literatur häufig nur schwer ersichtlich, welche geschichtlich belegt und welche eher der Sagenwelt zugeordnet werden müssen.[15] Das Bild, das die Historiker sich von Ḥākim gemacht haben, ist das eines wahnsinnigen, eigenwilligen und jähzornigen Herrschers, so wie es zum Beispiel bei Claude Cahen dargestellt wird:

> Von Anfang erregten sein befremdliches, unberechenbares Verhalten, seine nächtlichen Wanderungen, später seine extreme Askese Betroffenheit und Unruhe bei seiner Umwelt. Zur Reinigung der Sitten traf er eine Reihe drakonischer Maßnahmen: Verbot aller vergorenen Getränke und bestimmter Speisen, Verbot öffentlicher Lustbarkeiten, Verfolgung der Astrologen, ferner Moralvorschriften, die ein Psychoanalytiker versucht sein könnte, auf seine verwirrten Gefühle gegenüber seiner Schwester zurückzuführen, und die zeitweilig so weit gingen, daß er Männern den nächtlichen Ausgang und Frauen jeden Ausgang verbot und die Herstellung von Frauenschuhen untersagte.[16]

Außerdem ließ er etliche willkürliche Hinrichtungen vornehmen, wobei vor allem Schreiber und Astrologen davon betroffen waren.

Ḥākim verstand sich als Treuhänder Gottes (*amīn Allāh*), das heißt als wohlsorgender Herrscher, der dem Worte Gottes Realität folgen lassen wollte, da der Koran empfohlen hatte zu gebieten, was recht und zu verbieten, was verwerflich ist.[17] Sein Ziel war es, "aus seinem Volk eine ideale islamische Gemeinde (*umma*) unter einem vorbildlichen Lehrer (*imām*) zu machen."[18] Dabei behauptete er selbst nicht göttlich zu sein und spielte somit zunächst auch keine aktive Rolle beim Aufbau der neuen Religion.

Der Kalif Ḥākim war zu Beginn seiner Regentschaft stets hofiert worden. Man achtete ihn. Als er dann jedoch sah, daß die Menschen des Nachts auf den Straßen zügellos feierten, gelangte er schließlich zu der Überzeugung, daß dem Müßiggang entgegenzuwirken sei. Daß er die Macht dazu hatte, wurde ihm erstmals bewußt, als er 15-jährig seinen Vormund und Erzieher, den Eunuchen Barǧuwān töten ließ, dem vorher durch geschicktes Handeln bereits beinahe alle Macht im Staate zugefallen war.[19]

---

[14] Vgl. Philipp, 1845, S. 234.

[15] So schreibt z.B. Makarem, 1974, der in der Literatur häufig zitiert wird, so detailgenau, daß man meinen könnte, er sei selbst dabeigewesen.

[16] Cahen, 1968, S. 265.

[17] Vgl. van Ess, 1977, S. 17.

[18] Halm, 1987, S. 177.

[19] Angeblich wurde Ḥākim von Barǧuwān herablassend mit "Eidechse" betitelt, worauf Ḥākim ihm eine Nachricht zukommen ließ, in der es hieß: Die kleine Eidechse ist nun ein großer Drache und verlangt nach dir. Vgl. Dupont, 1994, S. 18.

Die nächsten Jahre befaßte sich Ḥākim deshalb mit der "Säuberung".[20] Um zum Beispiel das Verbot des Genusses von alkoholischen Getränken einzuhalten, verbot er nicht nur den Wein, sondern auch die Grundstoffe, die zur Herstellung des Weins dienten, wobei dieses Alkoholverbot bereits im Koran erwähnt wurde und Teil des ismailitischen Rechts war. Weitere Verbote betrafen den Genuß bestimmter Speisen wie der Malve, des Senfkrautes, der Tellmuschel und des schuppenlosen Fisches.

Um den schiitischen Glauben weiter zu verbreiten, ließ er ab 1008 Kirchen, Klöster und Synagogen plündern und zerstören und machte dabei selbst vor der Grabeskirche in Jerusalem nicht halt.[21] Laut Halm war der Beweggrund Ḥākims hier simple Geldnot, da er dies für die Besoldung seiner Soldaten und für die Wiederherstellung verfallener Moscheen benötigte.[22]

Später allerdings machte Ḥākim diese Maßnahmen wieder rückgängig, da es im Koran heißt, daß es im Glauben keinen Zwang geben soll und die Konfiskationen somit auch aus muslimischer Sicht ein Unrecht darstellten, woraufhin er die Grabeskirche wieder an die Christen zurückgab. Dennoch blieb es bei dem Verbot der öffentlichen Prozessionen und den strengen Kleidervorschriften, die er den Juden und Christen auferlegt hatte.

> Die Christen wurden gezwungen, blaue, die Juden, gelbe Kleider zu tragen; es war ihnen auch auferlegt, schwarze Mutzen zu tragen. (...) Statt eines Kreuzes waren die Juden genöthigt, hölzerne Anhänger in der Form von einem Balle (Knäuel) am Halse zu tragen als Symbol des Kalbskopfes, den sie in der Wüste angebetet hatten.[23]

Diese Vorschriften galten selbst im Badehaus, wo die Christen ein kleines Holzkreuz und die Juden ein kleines Glöckchen um den Hals tragen mußten.[24] In der Öffentlichkeit jedoch wurde das Sichbekreuzigen und das Läuten von Kirchenglocken untersagt.

> Anstoß nahmen die muslimischen Frommen lediglich an der allzu aufdringlichen Präsenz christlicher Symbole in der Öffentlichkeit und an der unerwünschten Attraktion, die die christlichen Feste auf den einfachen Muslim ausübten.[25]

Hier übersieht Halm, daß sich die Christen mit der gleichen Begründung gegen die Vorherrschaft des Islam hätten wehren können, sie dazu jedoch aufgrund ungleicher Machtverhältnisse nicht in der Lage waren. Es ist

---

[20] Vgl. van Ess, 1977, S. 26 und Halm, 1987, S. 176.

[21] Der Abriß begann am 28 September 1009 n. Chr., Grundbesitz und Stiftungen wurden konfisziert. Vgl. Halm, 1986, S. 49.

[22] Vgl. Halm, 1987, S. 179.

[23] Phillip, 1845, S. 241.

[24] Eine genaue Auflistung sämtlicher Verbote und Erlasse findet sich unter anderem bei Wolff, 1845, S. 241-264, bei van Ess, 1977, S. 9-22 und bei Halm, 1986, S. 11-72.

[25] Halm, 1986, S. 31.

anzunehmen, daß muslimische Symbole mit der gleichen aufdringlichen Präsenz vorzufinden waren.

Halm ist der Ansicht, daß vor allem die christliche Geschichtsschreibung für das negative Bild des Kalifen verantwortlich sei und die "pro-abbasidische Propaganda" dies begierig aufgegriffen habe.[26] Zu bedenken ist dabei natürlich, daß die Christen die Hauptleidtragenden der Politik Ḥākims waren. Auch Ess sieht diese Problematik und weist darauf hin, daß Ḥākim in zeitgenössischen Texten aber auch gelobt wurde für seinen Einsatz in der Herstellung der Sicherheit in der Hauptstadt und für sein Bemühen um die Milderung sozialer Mißstände.[27]

Auch Abu-izz-ed-Din zeichnet ein recht positives Bild und stellt Ḥākim als großen Idealisten und Reformer dar, der nur Gerechtigkeit herstellen wollte und sich immer gut um seine Untertanen gekümmert habe, wobei aber auch sie starke Widersprüchlichkeiten findet, die sie jedoch direkt von de Sacy übernimmt.

> Al-Hakim was an extraordinary figure. His looks were impressive and his voice commanding. He was an idealist and reformer who aimed at all-embracing reforms: religious, moral and social. His zeal was excessive and when thwarted turned to violence. He was whimsical and enigmatic. His character was one of extremes: lavish generosity, summary justice, renunciation of the splendours of royalty and wordly posessions.[28]

Eine weitere Betonung der positiven Taten Ḥākims findet sich bei Najjar, der betont, wie sehr sich Ḥākim für die Bildung eingesetzt habe. "He built religious schools and academic centers. He sponsored by salary and gift scholars, teachers, religious and secular, and leaders of education and learning."[29]

Auch Halm nennt an dieser Stelle die Gründung einer wissenschaftlichen Akademie (*dār al-'ilm* "Haus der Wissenschaft" oder *dār al-ḥikma* "Haus der Weisheit" genannt) durch Ḥākim, deren Kernstück eine der Öffentlichkeit zugängliche Bibliothek war. Diese Institution diente der Ausbildung der Missionare, aber auch als Stätte der höheren Bildung. Es trafen sich dort Gelehrte der verschiedensten Fachrichtungen, um zu lesen, Manuskripte zu kopieren oder von anderen Gelehrten zu lernen. Angeblich wurden sie vom Kalifen großzügig entlohnt. Jeder Besucher der Bibliothek soll Papier, Tinte und Feder gratis zur Verfügung gestellt bekommen haben.[30]

---

[26] Vgl. Halm, 1987, S. 179.
[27] Vgl. van Ess, 1977, S. 22f.
[28] Abu-izz-ed-Din, 1984, S. 75 und vgl. Wolff, 1845, S. 288.
[29] Najjar, 1973, S. 143.
[30] Vgl. Abu-izz-ed-Din, 1984, S. 83.

Es ist eindeutig, daß Ḥākim wohl recht sprunghaft war und auch als "gefährlich" einzuschätzen gilt. Angeblich seien im Laufe seiner Regierung ca. 18.000 Menschen Opfer seiner Grausamkeit geworden.[31] Halm leugnet ebenfalls nicht, daß "al-Ḥākim mit dem Richtschwert schnell bei der Hand war", wertet dies jedoch analog zu fatimidisch-ismailitischen Quellen als "ein Zeichen seiner unbestechlichen, streng und unerbittlich strafenden Gerechtigkeit."[32]

Laut Hodgson habe man sich gewissermaßen fragen müssen, ob solch ein Verhalten nicht derart "unmenschlich" sei, daß man es nur mit einer übernatürlichen Figur zu tun haben könne und diese müsse folglich göttlich oder teuflisch sein, wobei die "soziale Revolution von oben", die Ḥākim durchgesetzt hatte, doch mehr für ein göttliches Wesen gesprochen habe.

> A man modestly placed might feel that even al-Hakim's violence bore more the imprint of Lordship than that of diabolism. (...) Al-Hakim's lâhût (divinity) is directly expressed in his nâsût (humanity).[33]

Eben auch die Rätselhaftigkeit seines Wesens trug zur Bestätigung seiner göttlichen Natur bei.[34] Ḥamza erklärte zu diesem Phänomen, daß es absolut unmöglich sei, die göttliche Natur (*lāhūt*) Gottes zu verstehen. Die Manifestation Gottes in menschlicher Gestalt könne nur zum Verständnis eines Teils seines Wesens, eben seiner Menschlichkeit (*nāsūt*) führen. [35]

Es ergibt sich hier kein eindeutiges Bild, wie es auch Unklarheiten über das Verschwinden Ḥākims gibt. Im letzten Abschnitt seines Lebens wurde er kontinuierlich asketischer und puristischer. Er begann, sich in weiße Wollgewänder zu kleiden und auf einem Esel zu reiten. Er ließ sich Haare und Nägel wachsen, verzichtete auf alle Titel, mit denen man ihn üblicherweise anzusprechen hatte und verbat sich auch die Proskynese, den Fußfall. Einer der Ausritte wurde ihm denn auch zum Verhängnis. Man nimmt an, seine Schwester Sitt El-Mulk habe ihn aufgrund der ihr auferlegten Restriktionen ermorden lassen.[36] So habe al-Ḥākim alle Immobilien seiner Mutter, seiner Schwester, seiner Tanten und Ehefrauen, sowie deren Eigengüter und Lehen konfisziert und sich angeeignet.[37] Angeblich wurde sein Leichnam nie gefunden. Er ritt am 13. Februar 1021 n. Chr. auf seinem Esel in die Wüste und kam nicht mehr zurück.

Laut Abu-izz-ed Din, die sich auf bisher unveröffentlichte Manuskripte stützt, sei Ḥākim jedoch nach Osten geritten bis nach Sijistan im Ostiran, nahe

---

[31] Vgl. Wolff, 1845, S. 288.
[32] Halm, 1986, S. 61.
[33] Hodgson, 1962, S. 14.
[34] Vgl. Wehr, 1942, S. 188.
[35] Vgl. Bryer, 1976, S. 5.
[36] Vgl. Busch, 1879, S. 5.
[37] Vgl. Halm, 1986, S. 54.

der indischen Grenze und habe sich dort später mit Ḥamza getroffen, von wo aus er weiter Briefe nach Kairo gesandt habe.[38]

2.2 Die Missionare Ḥamza und Darazī

Als Gründer des Drusentums versteht man Ḥamza ibn 'Alī[39]. Im Jahr 1017 wurde der aus Persien stammende Ḥamza zum Imam ernannt. Er begann als erster die neue Lehre, den göttlichen Ruf (*da'wa*) Ḥākims zu verbreiten. Zusätzlich bilden seine Traktate den Grundstock des heiligen Schriftenkanons der Drusen. Dieser Kanon *al-Ḥikmat al-Sharīfa* ("Das Edle Wissen") umfaßt 111 Epistel, die in sechs Büchern angeordnet sind.

Ḥamza, der angeblich Filzmacher war, kam 1005 nach Ägypten, wo er zunächst in Ḥākims Schreibstube tätig wurde. Er sah in Ḥākim einen Messias, die letzte Inkarnation des vierten Kalifen 'Alīs, des Schwiegersohns Muhammads.

Dabei entwickelte Ḥamza ein neues Imamatsverständnis. Sein Anspruch an das Imamat war dennoch nicht Ausdruck von Größenwahn, sondern zielte darauf, die göttliche Figur von jeder Begrenzung zu befreien, die ihr eine hierarchische Position geben würde. Durch eine solche Position wäre sie Vergleichen ausgesetzt, wo der Ausspruch "there is none like him" nicht mehr gelten würde.

> Hence, given, that al-Ḥākim is truly divine, to maintain the divine unity above any contamination al-Ḥākim must not remain imam, must be carrier of none of the Ismaili hudud, must be beyond hierarchy, not head of it.[40]

Hier wird einer der Grundgedanken des drusischen Gottesverständnisses zum ersten Mal deutlich. Gott ist nicht faßbar, nicht über etwas, sondern in allem und überall. Ḥamza betont zudem, daß Gott sich in al-Ḥākim zum letzten Mal auf Erden manifestiert habe und erst am Tag des jüngsten Gerichts wiedererscheinen würde. Ḥamza war es auch, der als erster versuchte das Verhalten, Ḥākims zu erklären.

> Il a supposé que toutes ces actions étaient allégoriques, et ne devaient être considérées que comme des emblèmes qui avaient tous pour l'objet l'établissement de la doctrine unitaires, les dogmes et les mystères de cette religion, et l'anéantissement de toute les autres sectes.[41]

[38] Vgl. Abu-izz-ed-Din, 1984, S. 105.

[39] Hamza wurde im Jahr 985 n. Chr. am gleichen Tag wie Hakim geboren, übrigens einem Donnerstag, was manche zu der Vermutung kommen läßt, die Versammlungen der Drusen fänden auch aus diesem Grund an Donnerstagen statt.

[40] Hodgson, 1962, S. 13.

[41] Sacy, Vol, I, 1838, S. 166.

Diese Vernichtung sämtlicher anderer Glaubensrichtungen scheint den Drusen gerechtfertigt

> car, selon les druzes, toutes les croyances portent en elles le monothéisme qui, une fois revelé, les rend caduques. Le monothéisme est donc la dernière des religions révélés. C`est le couronnement de tous les cheminements obscurs consacré à la recherche de l`unité de Dieu.[42]

Das Drusentum wird hier als letzte Wahrheit und einzig richtige Religion dargestellt. Sie ist der einzig richtige Weg auf der Suche nach Gott.

Indem sich Ḥamza rasch zum herrschenden Anführer entwickelte, eine erfolgreiche missionarische Organisation aufbaute und auch durch seine zahlreichen Schriften, wurde er zum "Stifter der Drusenreligion und zugleich als Verkörperung des *'aql kullī* zur zentralen Gestalt ihres Systems."[43]
Hamza implementierte der Religion den theoretischen Hintergrund und nutze dazu neoplatonische Theorien, ließ Anklänge gnostischer und batinidischer Sekten einfließen und erschuf so ein einzigartiges Gemisch.

Ein weiterer Missionar türkischer oder persischer Herkunft, der 1015 nach Kairo kam, war Muḥammad ibn Ismail ad-Darazī, auch Nashtakīn ad-Darazī genannt, was für die türkische Herkunft sprechen würden, nach dessen Namen die Anhänger der neuen Religion als Gemeinschaft der *darazi* bekannt wurden und die Pluralform *durzi* bestehen blieb.[44] Bei Azzis Übersetzung des Katechismus heißt es allerdings, daß diese Bezeichnung sich aus dem Verb *indaraza, yandarizu, darzan* ableiten lasse, was soviel wie sich angliedern oder eingliedern bedeutet.[45] Viele Drusen aber lehnen diese Bezeichnung ab, da sie der Ansicht sind, Darazī habe die Lehren des Kalifen al-Ḥākim verfälscht, weshalb sie nicht mit Darazī in Verbindung gebracht werden wollen. Es ist offensichtlich, daß sie sich diesen Namen nicht selbst gaben, sondern von anderen Außenstehenden mit *darazī* als Anhänger des ad-Darazī identifiziert wurden. Viele Drusen bezeichnen ad-Darazī heute als ersten Abtrünnigen, als Apostaten.

Es ist auffällig, daß zwei Fremde in einer ihnen vorher gänzlich unbekannten plötzlich eine heilige Person erkennen. Interessant ist hier deshalb die bislang unbeachtete These von Worbs, der auf einen "Hakem, den

---

[42] Azzi, 1992, S. 143.

[43] Wehr, 1942, S. 187.

[44] In den drusischen Schulen in Israel wird gelehrt, er sei persischer Herkunft. Gespräch mit Ghassan Tarif am 19. September 2000 in Hannover.

[45] Vgl. Azzi, 1992, S. 267. Nach dem chrsitlichen Historiker Johannes von Antiochien, einem Zeitgenossen des Darazī, hieß er Mohammed b. Isma'il und war ein Perser. Nach den Büchern der Drusen, aus denen auch die Vokalisierung Darazī stammt, führte er den türkischen Vornamen Neshtegīn.

Mondmacher" verweist. Dieser war ein einfacher Sekretär, der plötzlich glaubte, Gott selbst zu sein und zu seiner Zeit mehrere tausend Anhänger hatte. Er verstarb 246 Jahre vor Darazīs Erscheinen.

> Es bliebe ganz unerklärlich, wie ein Paar fremde Menschen den Khalifen für Gott erklären konnten, zumal, wenn man den Khalifen kennt, wenn man nicht annimmt, sie brachten den Grund dieser Meinung schon aus ihrer Heimath mit nach Egypten. Die Hofnung der Verehrer Hakem's des Mondmachers, daß er wiederkommen würde, mußte sie geneigt machen, unter dem Egyptischen Hakem ihren wieder erschienen Gott zu glauben. (...) Und die Stelle eines Religionsbuchs der neuen Secte, in welcher ihr Gott in schwarzen Kleidern auf einem Esel reitend erwähnt wird, bekommt erst ihr gehöriges Licht, wenn man weis, daß der ältere Hakem auf diese Art wieder zu kommen versprochen habe.[46]

Vielleicht gibt diese Überlegung einen neuen Erklärungsansatz in der Frage, wieso Ḥākim so viele Anhänger hatte, wo er doch andererseits so für sein verbrecherisches Wesen bekannt war. Hodgson hingegen ist der Ansicht, daß Ḥamza nur Ḥākims Wunsch der Ehrerweisung entsprach. Und die beste Ehrerweisung eines extremen Fatimiden gegenüber seinem Imam sei nun mal die Vergöttlichung.[47] Diese These unterstützt auch Wehr, demzufolge die Vergöttlichung des Kalifen den extrem schiitischen Charakter der Sekte bekundet. Demnach ist die Vergöttlichung nur als konsequente Weiterführung der Imamtsidee zu verstehen.[48]

Ḥākims Abwesenheit bedeutete nun eine Prüfung für die Drusen, die zudem der Verfolgung ausgesetzt waren. Das Drusentum erschien nicht nur als neue Sekte des Islam, sondern verstand sich vielmehr als eine neue Religion, die eine neue Weltordnung etablieren wollte[49] und Darazī und Ḥamza taten ihr Bestes, um die neue Lehre *da'wa* weiter zu verbreiten. Die beiden hatten sich jedoch schon im Vorfeld um die Art und Weise der Missionierung zerstritten. Darazī bekehrte die Menschen gewaltvoll und hatte damit im südlichen Libanon auch großen Erfolg. Makarem beschreibt, Darazi habe auf skrupellose Methoden der Einschüchterung und Bedrohung zurückgegriffen. Dabei habe er selbst nicht davor zurückgeschreckt, Münzgeld zu fälschen, um mehr Menschen bestechen zu können.[50] Er sorgte für eine rasche und auch fortwährende Konstituierung des neuen Glaubens vor allem auch in Syrien, im Wadi Taym, wo er sich niedergelassen hatte. Ḥamza jedoch vertraute mehr auf die Stärke des wohlüberlegten Arguments, das heißt des Wortes. Zusätzlich gab es Streitigkeiten um den Rang, den jeder führen wollte und damit um den Titel, mit

---

[46] Worbs, 1799, S. 86 ff.

[47] Hodgson, 1962, S. 12.

[48] Vgl. Wehr, 1942, S. 187.

[49] Vgl. Betts, 1986, S. 11.

[50] Vgl. Makarem, 1974, S. 19. Zu beachten ist, daß Makarem sein Kapitel über Darazi mit "Der erste Apostat" betitelt.

dem sich jeder ausgab, da Ḥamza sich eindeutig als Gründer und Anführer der Bewegung verstand, was er ja auch war.

> Hamza asserts that Darazi had recognized his imamate, but had later claimed to be sayyid al-hādiyyīn (chief guide), i.e. superior to Hamza who was hādī al-mustjībīn (guide of the neophytes).[51]

Hodgson sieht außerdem keinen Zweifel an der Tatsache, daß Darazī einen theoretischen Widerspruch gepredigt habe "and such antinomianism was assumed by his opponents to imply the wine-drinking and incest which he is specifically accused of permitting."[52] Darazī und seine Anhänger wurden als *ta'wīlis* bezeichnet, was an dieser Stelle bedeutet, daß sie das *ta'wīl* (die esoterische Bedeutung) bis zur Verneinung der äußeren Bedeutung führten. Hamza vertrat jedoch die Überzeugung, daß *bāṭin* (die innere Wahrheit) und *ẓāher* (die äußere Form) untrennbar miteinander verbunden seien. Wahrscheinlich hatten beide ähnlich tiefe Überzeugungen. Doch während Darazī mit dem Aufsehen, das er erzeugte, die Anhänger durch seinen Namen an sich band, vermochte es Ḥamza, der Bewegung das gesamte religiöse System auf Dauer zu implementieren.

Der Kalif selbst blieb bei diesem Streit zunächst recht unbeteiligt. Ebenso trat er auch nicht selbst für die Göttlichkeit seiner Person ein, negierte diese Aussage allerdings auch nicht.

Darazī wurde in der blutigen Auseinandersetzung, die die beiden miteinander führten, am letzten Tag des Jahres 1019 ermordet. Aber auch Ḥamza sollte die Gründerzeit nicht lange überleben und verstarb wie Ḥākim noch 1021.[53] Ḥamza hatte aber rechtzeitig Bahā'uddin 'Alī ibn Aḥmad ibn aḍ-Ḍayf zu seinem Nachfolger bestimmt, dem er den Titel al-Muqtanā (etwa: "der vom Imam Auserwählte den göttlichen Ruf weiterzuführen") gab. Al-Muqtanā führte die Gemeinde gewissenhaft weiter und trug mit seinen Schriften den größten Teil zum Drusenkanon bei (3. - 6. Band). Er sammelte alle bereits vorhandenen Schriften und ordnete sie in sechs Büchern an. Außerdem fuhr er mit der Verbreitung der göttlichen Nachricht, der *da'wa,* fort und unterstützte diejenigen, die unter der Verfolgung durch den Kalifen aẓ-Ẓāhir litten. Unter seiner Führung entwickelten sich die Drusen erstmals zu einer eng gebundenen Gemeinde, miteinander verbunden durch den Glauben, den *tawḥīd*.[54] Außerdem sandte er *dā'īs* (Glaubensboten, wörtlich "Berufer") und deren Gehilfen (die *ma'dhūn*) aus, um das "Missionsgeschäft" voranzutreiben, wobei er empfahl, in jedem Sprengel zwölf *dā'īs* (Boten) und sechs *ma'dhūn* (Gehilfen) einzusetzten,

---

[51] Abu-izz-ed-Din, 1984, S. 103.

[52] Hodgson, 1962, S. 7.

[53] Ob er wirklich starb, ist nicht ganz geklärt. Auf jeden Fall verschwand er.

[54] Vgl. Betts, 1986, S. 13.

deren Aufgabe es unter anderem war, den Gläubigern Rundschreiben vorzulesen.[55]

Nach Ḥākims Verschwinden wurden die Anhänger der neuen Religion verfolgt, da der nachfolgende Kalif 'Alī diese nicht anerkannte. Die Drusen gingen in den Untergrund, was im folgenden noch weitere zwei Male geschah.

Die Verfolgung der Drusen (*miḥna*) wurde zum Schlüsselpunkt, um den herum sich eine Volkstradition, eine mythologische Geschichte, entwickelte. *Miḥna* bedeutet nicht nur brutale Verfolgung, sondern wird auch als Test verstanden, da es gemäß der Überlieferung kurz vor Anbruch des neuen Reiches eine *miḥna* geben wird. Das heißt, daß jede Verfolgung die Drusen unter enorme Spannung setzt, da sie nie wissen, ob diese vielleicht die letzte sei.

> The threat of *miḥna* helps the Druzes to override all internal divisions within their community and to achieve full solidarity. It is through *miḥna* that the seven principles or commandments of the doctrine come to fulfillment, in particular *ḥifz al-ikhwān* commanding all Druzes to guard the safety of their fellow believers.[56]

Firro geht davon aus, daß die gemeinsame Bedrohung gemeinschaftsstärkend wirkt und somit Einfluß auf das Zusammengehörigkeitsgefühl der Drusen nehme.

Im Jahr 1043 beschloß al-Muqtanā, daß die neue Lehre *da'wa* ihre Aufgabe erfüllt habe. Seit dieser Zeit werden keine neuen Proselyten mehr aufgenommen, d.h. daß man auch heute nur als Druse geboren werden, aber nicht zum Drusentum konvertieren kann. Dennoch waren die Drusen wohl dazu bereit, auch später noch wenige ausgewählte Familien in ihren Reihen aufzunehmen. Hier gibt es jedoch nur widersprüchliche und keine konkreten Aussagen.

---

[55] Vgl. Wensinck; Kramers, 1941, S. 88.
[56] Firro, 1999, S. 16.

3 Zum Glauben der Drusen

Die Drusen bezeichnen sich selbst als *muwaḥḥidūn* ("Einheitsbekenner" oder "Monotheisten") und ihren Glauben dementsprechend als *din al-tawḥīd* ("Monotheismus"). *Muwaḥḥidūn* sind Menschen, die an die strikte und kompromißlose Einheit Gottes glauben. Zudem ist dieser Begriff abgeleitet von *tawḥīd*, was ebenfalls Einheit bedeutet. Zusätzlich gibt es noch weitere Bezeichnungen für die Drusen wie *Banū Ma'rūf* ("Leute des esoterischen Wissens"). Diesen Titel tragen sie wegen ihrer guten Reputation als Personen, die für ihre überschwengliche Hilfsbereitschaft bekannt sind.[1] In drusischen Texten werden sie auch als *A'rāf* (jene, die esoterisches Wissen besitzen) bezeichnet und ihr Glaube als *madhhab 'irfāni* (gnostische Sekte). Samy Swayd findet in der Literatur außerdem Bezeichnungen wie *Abnā' al-Yaqīn* (Söhne der Gewißheit), *Abnā' al-Tawḥīd wal-yaqīn* (Söhne der Einheit und der Gewißheit), *Abnā' al-Ma'rifah wal-yaqīn* (Söhne des Wissens und der Gewißheit) und *Ahl maslak al-Ḥikmah wal-Tawḥīd* (das Volk auf dem Pfad der Weisheit und der Einheit).[2]

3.1 ġayba - die Abwesenheit des Kalifen

Nach dem Glauben der Drusen hat sich Gott zehn Mal in menschlicher Form offenbart (*maqāmat*)[3] und somit zuletzt in Hakim, der im Jahr 1021 verschwand. Es herrscht demnach nun die Zeit der *ġayba*, das heißt der Abwesenheit. Die *ġayba* ist nicht spezifisch drusisch, sondern in der Mehrheit der schiitischen Strömungen bekannt. Die drusische *ġayba* unterscheidet sich durch zwei wesentliche Punkte: Zunächst einmal hat die Idee der *ġayba* bei den Drusen einen zyklischen Charakter, was bedeutet, daß Gott sich abwechselnd offenbart oder verschwindet und zweitens handelt es sich nicht um das 'Verborgensein' eines Imam, der - nach dem Tod des Propheten - die *huğğa* (das Zeugnis oder das Argument) Gottes auf Erden ist. Bei den Schiiten wird der verborgene Imam nicht durch weltliche Herrscher, sondern durch schiitische Gottesgelehrte kollektiv vertreten. Die Gelehrtesten unter ihnen, die den Titel *Mujtahīd* tragen, weisen ihre Gemeinde an. "Dies gibt den schiitischen Geistlichen, im Gegensatz zu den sunnitischen, die bloße Prediger oder juristische Fachleute des Gottesgesetzes sind, eine besondere Macht."[4] Bei den Drusen hat sich ein absolut transzendentes Wesen mehrfach den Menschen auf

---

[1] Vgl. Swayd, 1998, S. 5.

[2] Vgl. Swayd, 1998, S. 5.

[3] Vgl. Azzi, 1992, S. 265, Epistel 22.

[4] Hottinger, 1989, S. 24.

Erden geoffenbart. Dadurch hatten sie direkten Zugang zum *tawḥīd*, zum göttlichen Glauben, und konnten so in einer vollständigen Harmonie mit ihrem Schöpfer leben. Doch stets vermochten es die Kräfte des Bösen (*ḍidd*), die Menschen Gott zu entfremden und wieder eine neue Periode der Okkulatation, des Verborgenseins des Übersinnlichen, einzuführen. Gott und der *tawḥīd* verbargen sich, und eine neue *ġayba* brach an.[5] Laut de Smet verschwand Ḥākim aufgrund der Undankbarkeit der Menschen, die es bevorzugten, der Gegenseite zu folgen, statt sich dem Schöpfer zuzuwenden und gemäß ihrer Natur in Harmonie mit dem *tawḥīd* zu leben.[6]

Die *ġayba* hat bei den Drusen den menschlichen Aspekt (*nāsūt*) der göttlichen Essenz und des göttlichen Wissens des *tawḥīd* (Glaubens), der diesem zugrunde liegt.[7] Die *ġayba* ist eine Zeit der Probe und der Prüfung, in der die Drusen keinen direkten Zugang mehr zum *tawḥīd* haben und sie deshalb umso standfester in ihrem Glauben sein müssen. So heißt es im Drusenkanon:

> Wer sich durch das Verschwinden der irdischen Scheingestalt nicht im Glauben irre machen läßt, wird seinen Lohn im Jenseits finden. [8]

Man geht davon aus, daß Hakim eines Tages zurückkehren und dann ein neues göttliches Reich der Gerechtigkeit auf der Erde erschaffen werde.[9]

3.2 ḥudūd - das kosmische Prinzip

Die Drusen glauben an die Einigkeit und Einzigartigkeit Gottes.[10]

Nach ihrem Glauben ist Gott nicht nur der Schöpfer der Welt, sondern die Welt selbst.

> God is not therefore only beyond the universe, nor is He only higher than it; God is Existence as such, and accordingly He is the only Existent; nothing outside Him exists. He is the whole. No limitation can be attributed to Him. He is unlimited.[11]

Gott kennt keine Grenzen. Gott erschuf durch sein Licht (*nūrihi ash-sha'sha'ānī*) die universelle Intelligenz (*al-'aql al-kullī*). Das *'aql* (die Weisheit) in seiner hohen Stellung wurde jedoch zu stolz, weshalb es zum Erscheinen des *ḍidd* (das Böse) als Realisierung des opponierenden Prinzips kam (das "Gegenteil" oder das "Entgegengesetzte"). Diese Theorie von der reziproken

---

[5] Vgl. de Smet, 1986, S. 143.
[6] Vgl. de Smet, 1986, S: 144.
[7] Vgl. de Smet, 1986, S. 142.
[8] Halm, 1986, S. 72.
[9] Eine genaue Darstellung dieses zukünftigen Reiches findet sich bei Busch, 1879, S. 34ff.
[10] In der Literatur besondere Beachtung findet hier das 'Exposé de la Religion des Druzes' von Silvestre de Sacy aus dem Jahr 1838, der sich auf Originaltexte bezieht und diese auch übersetzt hat.
[11] Makarem, 1974, S. 41.

Existenz des Guten und des Bösen spiegelt sich auch in Hakims Wesen wider. Gut und Böse repräsentieren den direkten Willen des Einen. Nach Antes diente dieses theoretische Konzept der Schiiten dazu "den Machtkampf zwischen dem Imam und dem Kalifen (in späterer Zeit: den bösen Herrschern) zum kosmischen Kampf zwischen dem Prinzip des Guten und dem des Bösen auszuweiten."[12]

Das Gegenteil drückt eine Balance aus - zum Licht kam die Dunkelheit, Überheblichkeit zur Bescheidenheit, Ungehorsam zum Gehorsam, Kriegslust zum Großmut. Dies sollte dem *'aql* seine Abhängigkeit von Gott und die ihn so begleitende Hilflosigkeit deutlich machen, welches dem *'aql* bewußt wurde und es deshalb um Hilfe anfrug, die ihm in Form des *nafs* gewährt wurde.

Vom Licht des *'aql* erschuf Gott die universelle Seele (*an-nafs al-kullīya*) als seinen Partner im Kampf gegen das Dunkle und Böse, also das *ḍidd*. Vom Licht der Seele entstand das Wort (*al-kalima*) und vom Wort der Vorhergehende (*as-saqīb*) und von diesem der Folgende (*al-talī*). Diese fünf kosmischen Prinzipien Intelligenz, Seele, Wort, Vorhergehender und Nachfolgender bilden das *ḥudūd* (spirituelle Würdenträger) mit seinen menschlichen Ebenbildern auf der Erde.[13] Die Ebenbilder stellen sich dabei wie folgt dar: Ḥamza als Personifikation der universellen Intelligenz, Ismā'il al-Tamīmī, genannt auch al-Mujtāba, als die universelle Seele, Muḥammad b. Wahb al-Qurashī als das Wort. Gefolgt werden sie von Salāma al-Sāmurrī als dem Vorhergehenden oder dem "rechten Flügel" und Bahā' al-Dīn als dem Folgenden oder dem "linken Flügel".[14] Die Aufgaben dieser Würdenträger wurden von Ḥamza im Drusenkanon festgelegt. Auch hier muß betont werden, daß al-Ḥākim nicht Teil des *ḥudūd* ist, eben, weil er als Gott nicht in einer Hierarchie anzusiedeln ist. Zwischen dem ersten Erscheinen der Würdenträger und der Entstehung des Menschen liegen nach drusischer Auffassung 343 Millionen Jahre.[15] Die fünf Würdenträger werden auch durch Farben repräsentiert, die in der drusischen Flagge und im Drusenstern wiederzufinden sind.

[12] Antes, 1997, S. 64.
[13] Vgl. Firro, 1992, S.11.
[14] Vgl. Abu-izz-ed-Din, 1984, S. 104.
[15] Vg. Bryer, 1975, S. 241.

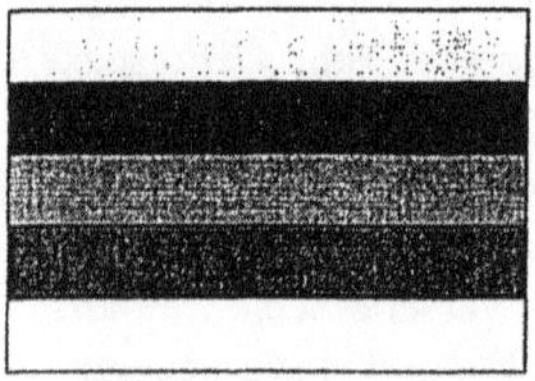

Figure 1: Druze Flag

Figure 2: Druze Star

Abbildung 1: Drusische Flagge und Drusenstern. Quelle: Atashe, 1995, S. 34,

Laut Betts wurde diese Flagge von religiösen und säkularen Drusen jedoch erst 1922 erschaffen, als Frankreich den Jabal Druze als autonomen Staat deklarierte.[16]

Nur der Mensch kann den Willen Gottes befolgen, der das *'aql,* die göttliche Vernunft bedeutet, da er als einziger unter den Kreaturen mit Intelligenz und Verstand ausgestattet ist und die Möglichkeit hat, seinen Verstand durch Lernen zu verbessern und zu erweitern. Damit der Mensch in Frieden und Einheit mit Gott leben kann, muß er sieben Gebote befolgen:

---

[16] Betts, 1986, S. 26. Hier tauchen plötzlich nationalstaatliche Symbole auf. Eine Flagge wird normalerweise als Hoheitszeichen verwendet, um die Zugehörigkeit zu einer Nation erkennen zu lassen. Diese Nation scheitert bei den Drusen jedoch. Daß eine Religionszugehörigkeit durch eine Flagge symbolisiert wird, ist ungewöhnlich. Sicherlich dienen Flagge und der Stern als Ersatz in Ermangelung eines bestimmten Symbols, so wie Juden den Davidstern, Christen das Kreuz und Muslime den Halbmond als Symbol haben. Auch nach Untergang des "Druzistans" in Syrien bleiben Flagge und Stern im Gebrauch und dienen nach wie vor als Symbol der Zugehörigkeit zum Drusentum.

1. Treue zur Wahrheit (*ṣidq al-lisān*).
2. Sich gegenseitig helfen entlang des Pfades der Wahrheit, Gerechtigkeit und Liebe (*ḥifz al-ikhwān*).
3. Abschwören aller Glaubensrichtungen, welche die Einzigartigkeit Gottes verneinen und die somit in das Dunkel, die Verderbnis, führen würden (*tark 'ibādat al-awthān*).
4. Sich distanzieren von Ungläubigen, da solche einen Drusen auf dem rechten Weg behindern. Der Mensch kann nicht glücklich werden, solange er sich nicht von seiner Selbstsucht lossagt (*barā'ah min al-abāsilah wal-ṭughyān*).
5. Die Einheit Gottes anerkennen und so sehr in Einheit mit Gott leben wie menschlich nur möglich (*tawḥīd al-bāri*).
6. Zufrieden sein mit Gottes Handeln, d.h. Freude aus Gott schöpfen (*riḍa*).
7. Sich Gottes Handeln und Willen unterwerfen, da man nur so in Gottes Reich eintreten kann, in dem wirkliches Leben, wahre Freude und absolute Güte herrschen (*taslīm*).[17]

Diese sieben Gebote sind Interpretationen der fünf Pfeiler des Islam, als da wären: Glaubensbekenntnis (es gibt keinen Gott außer Gott und Mohammed ist der Gesandte Gottes (*shahādah*)), fünfmal täglich beten (*ṣalāt*), Pflichtalmosen (*zakāt*), Fasten (*ṣawm*) und Wallfahrt nach Mekka (*ḥajj*).

Das drusische Gebot der Wahrheit entspricht dem Gebot des Gebets (*ṣalāt*). Während die exoterische Tradition des Islam dieses Gebot als Aufforderung zum fünffachen Gebet verstand, interpretierte die esoterische Tradition, daß der Weg zu Gott über den Imam führe und deshalb Gehorsam gegenüber dem Imam gefordert sei. Für Drusen bedeutet das Gebet, sich Gott näher zu begeben und sich selbst in einer mystischen Weise im Einen zu realisieren.

Das zweite Gebot meint den Schutz der Glaubensbrüder und Freunde. Dies ist als Interpretation des Almosens zu verstehen, da der esoterische Islam *zakāt* als Spenden von Treue und nicht als Spenden von Geld versteht. Diese Spende ist jedoch nur dann eine gute Spende, wenn sie auch ohne zu fragen gegeben wird, also aus "reinem Herzen" kommt.

Das dritte Gebot des Abschwörens von Götzen meint das Aufgeben der Sünde, wobei hier vor allem menschliche Schwächen wie Faulheit, Widerwärtigkeit und ähnliches gemeint sind. Dieses Gebot hat seine Referenz im Gebot des Fastens. Die Drusen verstehen das Fasten als einen Selbstschutz gegen die Unwissenheit.

Das vierte Gebot verlangt das Flüchten vor Teufeln und Unterdrückung und meint Purifizierung, in dem Sinne als der Mensch dem entgegensteuern soll,

[17] Vgl. Makarem, 1974 , S. 51f.

was die Seele schädigt. Dieses Gebot rührt aus dem Gebot der Wallfahrt her. Für die Drusen bedeutet Wallfahrt das Insichgehen, das heißt Wallfahrt zur eigene Seele auf der Suche nach Frieden.

Das fünfte Gebot deklariert die Einheit Gottes und hat deshalb direkten Bezug zum ersten Pfeiler des Islam.

Das sechste Gebot "Zufriedensein" fügt sich zum manchmal als islamischen Pfeiler verstandenen Gebot des Kampfes für den Glauben (*jīhad*). Im *tawḥīd* wird der *jīhad* rein spirituell verstanden und symbolisiert die vertikale Relation zwischen Gott und Gläubiger. Das siebte Gebot ist eine Version des siebten Pfeilers des Islam, der Ergebenheit (*walāya*), was bedeutet, jemandem zu folgen und ihn zu unterstützen.[18]

3.3 taqammus - die Seelenwanderung

Die Drusen glauben an die Reinkarnation (*taqammus*).[19] Nach drusischer Auffassung ist der Körper nur eine Hülle, der die Seele beherbergt. Sobald also ein Druse stirbt, wird er in einen anderen drusischen Körper wiedergeboren, wobei man immer nur als Mensch und nicht wie in anderen Religionen möglich beispielsweise als Tier wiedergeboren werden kann. Deshalb bleibt nach ihrer Auffassung die Zahl der Drusen immer konstant, was in der Realität natürlich nicht stimmt, da sie eine sehr hohe Geburtenrate haben. "Überschüssige" Drusen kommen deshalb angeblich in China zur Welt, wobei dieses Land wahrscheinlich aufgrund seiner großen Entfernung gewählt wurde und somit eine Verifizierung unmöglich schien.

> It is common in Druze funerals to hear the mourning chant: 'niyyal ahl al-sean sa'at wasltak, ' which translates as, 'happy are the people of China at the hour of your arrival.'[20]

Der Körper stimuliert die Existenz der Seele und fördert ihr Wachstum. Jede Seele erlebt alle Arten des Lebens: Wohlstand und Armut, hohe und niedrige Positionen, Gesundheit und Krankheit. Wenn dies nicht der Fall wäre, gäbe es keine göttliche Gerechtigkeit unter den Menschen und Gerechtigkeit ist einer Hauptpunkte der Drusenreligion.[21]

In Epistel 70 heißt es:

---

[18] Vgl. Swayd, 1998, S. 36ff.

[19] Welchen theologischen Ursprung diese Überzeugung hat, ist nicht eindeutig geklärt, wobei Bryer der Ansicht ist, Darazi habe diesen Glauben eingeführt, nachdem er ihn von den Batiniden übernommen habe. Vgl. Bryer, 1975, S. 71. Perillier hingegen ist der Ansicht, Pythagoras selbst habe diese Überzeugung in Ägypten eingeführt. Perillier, 1986, S. 52.

[20] Alamuddin, 1993, S. 62, der dies bei Hitti, 1928, S. 46 abgeschrieben hat.

[21] Vgl. Makarem, 1974, S.55.

> The fact about this is that man's previous deeds are paid back, and human souls are rewarded or punished to what they had aquired. This is what divine justice necessitates and reason determines and asserts.[22]

Jeder Druse wird demzufolge im folgenden Leben für seine Taten im vorangegangenen Leben bestraft oder belohnt. Der Körper wird als Medium verstanden, durch das die Seele sich selbst realisiert, wobei Körper und Seele während des Lebens untrennbar miteinander verbunden sind und nicht unabhängig voneinander existieren können. Alles, was dem Körper schadet und somit seiner Effektivität als Medium schaden könnte, ist deshalb verboten. Aufgrund dieser Tatsache ist den Drusen der Genuß von Alkohol, Nikotin und anderen Stimulanzien untersagt, wobei diese Verbote heute nur noch von eingeweihten Drusen, den *'uqqāl,* eingehalten werden. Um den Glauben an die Reinkarnation aufrecht zu erhalten, werden viele Geschichten erzählt; so von Kindern, die in Nachbardörfern plötzlich Verwandte aus ihrem vorangegangen Leben wiedererkannten und detailgenaue Angaben machen konnten. Es kursieren viele solcher Geschichten, die sicherlich nicht ihren Zweck verfehlen.[23]

Da die Seele als unsterblich verstanden wird, ist die Zeit der Trauer nach dem Ableben eines Angehörigen relativ kurz. Dies birgt die Gefahr einer pathologischen Trauer, die jedoch meist nur auftritt, wenn die mentale Balance zum Beispiel durch Wechsel in eine andere Kultur gestört wird.[24] Innerhalb eines Dorfes hingegen wird der Glaube an die Reinkarnation als eine Grundüberzeugung des menschlichen Daseins verstanden. Er unterstützt die Solidarität und den Zusammenhalt der drusischen Gemeinde.

Der Glaube an die Reinkarnation entbindet sie von dem Glauben an ein Paradies, wie es die Muslime haben, da für die Drusen das Paradies rein spirituellen Charakter hat. Das höchste Glück ist die Einheit mit Gott, und sie werfen den Muslimen deshalb den Glauben an ein Paradies vor, das für die Drusen nichts Heiliges hat. Das drusische Paradies ist die Sublimierung der Vernunft,

> la connaissance des sciences divines par laquelle l`âme délaissse l`ignorance pour atteindre la vérité de Dieu. L`Enfer est le feu qui brûle les corps et les fait souffrir moralement. L`Enfer, c`est la charia musulmane qui a induit les âmes en erreur et les a fait se détourner du monothéisme pour adopter le polythéisme et l`idolâtrie.[25]

Vielmehr wird es einen "Tag des Jüngsten Gerichts" oder einen "Tag der Wiederauferstehung" geben, der das Ende einer langen Reise nach wiederholten Reinkarnationen zur vollen Entwicklung der Seele darstellt.[26] Jener Tag wird

---

[22] Zit. in: Makararem, 1974, S. 56.
[23] Eigene Beobachtungen.
[24] Vgl. Ianacu et al., 1984, S. 58.
[25] Azzi, 1992, S. 220.
[26] Vgl. Najjar, 1973, S. 117.

durch verschiedene Zeichen angekündigt werden. Eines der Zeichen, beschrieben in Epistel 12, wird sein, daß die Christen die Oberhand über die Muslime haben werden.[27]

Hakim wird erneut in menschlicher Gestalt erscheinen und die Welt mit dem Schwert regieren. Sodann werden die Drusen die unumschränkten Herrscher sein und alle Macht und alles Vermögen wird ihnen gehören.

Alle Abtrünnigen und Andersgläubigen haben ein hartes Schicksal vor sich. Alles, was sie essen und trinken, wird ihnen bitter erscheinen. Sie werden die Diener der Monotheisten sein. Am Ohr tragen sie einen Ring aus schwarzem Glas, der im Sommer wie Feuer brennen und im Winter kalt wie Eis sein wird.[28] Dabei soll nach der Schwere des Ringes zwischen drei Klassen differenziert werden zwischen Sunniten und Juden, Schiiten und Christen und abtrünnigen Drusen, die sich nach dem Verschwinden Hakims wieder vom Drusentum abgewendet hatten.

3.4 taqiyya - die Verstellung

Die Drusen kennen das aus dem schiitischen Islam bekannte Konzept der *taqiyya* ("Verstellung" oder "Heuchelei"), um ihren Glauben zu schützen. *Taqiyya* ist die Bezeichnung für den Dispens von den Forderungen der Religion unter Zwang oder bei drohendem Schaden. *Taqiyya* beinhaltet das "Tun des Tabuierten" und das "Unterlassen des Pflichtmäßigen".[29] Dies bedeutet, daß es hier um das Gegenteil der Präsentation des Glaubens geht. Wichtig ist, daß *taqiyya* kein Freibrief für Lügen ist, sondern ein Weg, bestimmte Dinge einfach nicht zu nennen. Dabei muß stets beachtet werden, daß durch *taqiyya* niemandem Schaden zugefügt wird.

> So darf die Taqiyya nicht die Tötung von tabuiertem Leben, die Verbreitung von Lug und Trug, Verderbnis für die Religion oder zumindest überwiegenden Schaden für die Muslime, indem sie irregeleitet werden oder Unrecht und Gewalt in ihrer Mitte Platz greifen, zur Folge haben.[30]

Als Ausnahmen gelten bei den Schiiten das Abwischen der Schuhe und das Trinken von Wein.

---

[27] Vgl. Eichhorn, 1783, S. 158 und Azzi, 1992, S. 263.
[28] Vgl. Azzi, 1992, S. 265, Epistel 21 und Busch, 1879, S. 38f.
[29] Vgl. Meyer, 1980, S. 252.
[30] Meyer, 1980, S. 249.

Der Koran erlaubt diese Praxis in Sure 3; 28-29[31], wobei die *taqiyya* durch die Drusen eine erste Anwendung zur Zeit der Verfolgungen der Drusen durch aẓ-Ẓāhir nach dem Verschwinden Hakims fand.[32] Ein weiterer wichtiger Grund ist die Sorge, daß diejenigen, die nicht richtig und ausreichend auf den Glauben vorbereitet sind, ihn mißinterpretieren und seine Wahrheit entstellen könnten. Die These unterstützte zum Beispiel auch Kamal Jumblatt.[33] Demnach sei die *taqiyya* eine originär gnostische Methode, um die Weisheit und die Geheimnisse des *tawḥīd* vor jenen zu schützen, denen die spirituelle Qualifikation nicht gegeben sei. Diese seien nur in der Lage, die Wahrheit in der "gewöhnlichen akzidentellen Relativität", in der sie lebten, zu interpretieren; Verdrehungen und Verfälschungen seien daher die Konsequenz.[34]

Als weiteren Schutz gibt es auch eine Vielzahl von Symbolen in allen Bereichen. So sollen das Alphabet, die Zahlen, Farben und Worte Symbolträger sein, ebenso wie die Suren des Korans und die Verse des Evangeliums eigene Schlüssel haben. Diese Symbole können jedoch nur von Exegeten oder eingeweihten Drusenscheichs (*shuyyukh al-'aql*) entschlüsselt werden.[35]

Taqiyya kann aber auch Schmeichelei bedeuten. "Die Taqiyya als *Schmeichelei* ist frei von Furcht vor einem Schaden, sie hat lediglich das Bestreben, Einigkeit zu erzielen und die Sympathie der Gegner zu gewinnen."[36] Das würde bedeuten, daß man sich insoweit verstellt, als man glaubt, damit die Gunst des Gegners für sich gewinnen zu können. Wie Firro feststellt, glauben die meisten Autoren, die Verhaltensweise der Drusen mittels der *taqiyya* erklären zu können, das heißt "going along with the dominant majority and joining the side that seems likely to win."[37]. Wie er betont, werde das Wort *taqiyya* in keinem drusischen religiösen Buch benutzt, sondern sei ein im Ursprung schiitisches Prinzip, um sich vor der Verfolgung durch die Sunniten zu schützen. Daß die Drusen aber eben nicht immer in Einklang mit der Mehrheit lebten, zeigten unter anderem die Aufstände der Drusen gegen die Ägypter 1838, gegen die Osmanen 1890 und gegen die Franzosen 1925.

Dennoch findet man bei Eichhorn die Übersetzung von Epistel 100, wo es heißt:

---

[31] "Sure 28: Die Gläubigen sollen nicht die Ungläubigen zu Freunden nehmen. Wer das tut, hat keine Gemeinschaft mit Gott, es sei denn, ihr hütet euch wirklich vor ihnen. Gott warnt euch vor sich selbst. Und zu Gott führt der Lebensweg.
Sure 29: Sprich: ob ihr das geheimhaltet, was in eurem Innern ist, oder es offenlegt, Gott weiß es. Und Er weiß, was in den Himmeln und was auf der Erde ist. Und Gott hat Macht in allen Dingen." Zitiert nach der Koranübersetzung von Khoury, 1993.

[32] Vgl. Bryer, 1975, S. 247.

[33] Vgl. Jumblatt, 1982, S. 11-16.

[34] Vgl. Schenk, 1994, S. 140.

[35] Vgl. Azzi, 1992, S. 197.

[36] Meyer, 1980, S. 251.

[37] Vgl. Firro, 1988, S. 186.

> F.: Warum hat uns Hamzah der Sohn Ali befohlen, daß wir die Religion verbergen und nicht entdecken sollen?
>
> A.: Weil sie die Geheimnisse unseres Herrn, und sein Testament enthält. Und dies dürfen wir nicht entdecken, weil darin das Heil der Seelen und das Leben unserer Geister liegt.[38]

und weiter

> Ep. 22: F.: Und was sagen wir von Mohammed?
>
> A.: Er ist ein böser Dämon (Satan) und ein Sohn der Hurerei.
>
> Ep. 23: F.: Warum lehren wir aber sein Buch, hängen ihm an (erklären ihn für einen Propheten), und klagen bei Leichen wie sie (die Mohammedaner)?
>
> A.: Das müssen wir thun; weil seine Religion durch das Schwerd vertheidigt wird. Daher hängen wir an ihm auch nur mit dem Mund, nicht mit dem Herzen an. Und dies ist uns auch nicht von unserem Herrn, dem unumschränkten Herrscher verboten.[39]

Auch Azzi findet eindeutige Belege für *taqiyya* im Katechismus der Drusen, wo es heißt, daß der äußere Aspekt der Religion wie ein Kleidungsstück sei, das man an- und ablegen könne und es eine Aufgabe sei, die Epistel geheim zu halten, damit Fremde nicht wissen können, was die Drusen in ihrem Innersten glauben und fühlen.[40]

Es ist wichtig festzuhalten, daß Firro standhaft behauptet, daß es *taqiyya* in dem Sinne gar nicht gäbe, wohingegen Layish versucht, alles aus *taqiyya* heraus zu erklären. *Taqiyya* ist sicherlich einer der Gründe für den Glauben vieler Forscher, daß die Drusen besonders geheimnisvoll seien.

> Es ist ein Erbteil schiitisch-ismailitischer Werbearbeit und Organisation, d a s Merkmal überhaupt aller esoterischen Kreise: über Stufen und Ränge in die Wahrheit einführende Lehrpraxis, Abschirmung des "gefährlichen" heilswichtigen Wissens vor Unbefugten, Nichteingeweihten (Geheimhaltung: 'sirriya'!); dann ein enges Zusammenrücken um das Geheimnis; Kohärenz, Geschlossenheit, Solidarität und Brüderlichkeit der für das Wohl und die Erschließung des Depositums verantwortlichen Mitglieder; Beschränktheit, Geheimniskrämerei und ähnliches, kluge Verstellung ('taqiya').[41]

Auffällig ist, daß viele Drusen nur ungern zu *taqiyya* befragt werden und nur unwillig darüber Auskunft erteilen. So ist die generelle Negierung der *taqiyya* durch Firro vielleicht auch als eine Flucht nach vorn zu verstehen. Und selbst Najjar, der als erster den Bruch mit der Arkandisziplin vollzog, bezeichnet

---

[38] Eichhorn, 1783, S. 198.
[39] Eichhorn, 1783, S. 212f.
[40] Vgl. Azzi, 1992, SS: 188.
[41] Schmucker, 1979, S. 55.

die *taqiyya* der heutigen Zeit nur noch als Legende: "The Taquiyyah survives in our days not as a useful tool, but as a legend, not a protection but a symbol of diffidence and shyness."[42]

Es mag zwar sein, daß das Wort *taqiyya* in keiner Schrift explizit erwähnt wird, Fakt ist jedoch, daß die Praxis der *taqiyya* durchaus erwähnt wird.[43] *Taqiyya* ist keine statische, sondern vielmehr eine dynamische Doktrin, die an das Umfeld adaptiert werden kann. Nur gibt heute scheinbar kaum noch Gründe für die Anwendung von *taqiyya*, da eine offene Verfolgung der Drusen nicht mehr stattfindet. Hier ist jedoch auch anzumerken, daß mir von zwei Personen berichtet wurde, daß in den letzten Jahren *fatwas*[44] gegen die Drusen ausgesprochen wurden und es ihrer Ansicht nach deshalb noch immer genügend Anlaß gebe, seinen Glauben, vor allem im Ausland zu verbergen.[45]

Vielleicht trägt *taqiyya* zum Glauben der einzelnen Drusen an eine eingeschworene Gemeinschaft bei, innerhalb derer alle aufrichtig zueinander sind, nach außen hin eine Verstellung jedoch erlaubt, wenn nicht sogar gefordert wird.

Dies sind wichtige Aspekte, wenn man das Verhalten der Drusen in Israel untersucht, und es stellt sich die Frage, inwieweit ihr Verhalten denn nun wirklich von *taqiyya* - Überlegungen geleitet wird oder nicht. So stellt sich auch die Frage, ob die golanischen Drusen gegenüber Israel revoltieren oder einfach nur gegenüber Syrien, also der wahrscheinlich zukünftigen Mehrheit, loyal bleiben, in dem Sinne von "das Wahre verborgen halten, solange das Falsche epochal ist, damit es nicht von diesem ausgetilgt wird."[46]

---

42 Najjar, 1973, S. 37.

43 So z.B. bei de Sacy, 1838, Vol. II, S. 651-661.

44 Eine *Fatwa* ist ein Gutachten mit unbedingter Gesetzeskraft, welches nach denn Grundsätzen einer anerkannten Rechtsschule durch einen staatlich anerkannten Rechtsgelehrten (*mufti*= arab. Entscheider) angefertigt wird.

45 Interview mit Shakeeb Salih am 20. April 2000 in Mughar und mit Reema Mustafa am 18 April 2000 in Daliyat al-Carmel.

46 Meyer, 1980, S. 257.

4 Gesellschaft der Drusen

Wie bei vielen Arabern üblich, ist auch für die Drusen die *hamūla*, die Großfamilie, eine der wichtigsten sozialen Einheiten. Die Loyalität einer Person gilt immer primär der Familie.

Die Drusen teilen ihre Gemeinschaft in zwei Klassen, in die *'uqqāl* (die "Wissenden" oder die "Eingeweihten") und in die *juhhāl* (die "Unwissenden"), wobei die *'uqqāl* nach Einschätzung von Drusen selbst kaum ein Fünftel aller Drusen ausmachen.

> The *'uqqāls* only have the honor of understanding the philosphy of the Divine Call and the privilege of interpreting its teachings. The Druzes are thus united by their moral and social codes, which were widely taught under the Divine Call.[1]

An dieser Stelle wird deutlich, warum man die Drusen eine "Geheimsekte" nennt. Ein wichtiger Grund für die Geheimhaltung ist die Überlegung, den Glauben von denen fernzuhalten, die, da sie nicht vorbereitet sind, die "Nachricht" (*da'wa*, den göttlichen Ruf) zu empfangen, ihn falsch interpretieren und seine Wahrheit verfälschen könnten.[2]

Die Initiierung, das Verändern von *juhhāl* zu *'uqqāl*, geschieht auf freiwilliger Basis, wobei über den Prozeß selbst oder ihn begleitende Riten fast nichts bekannt ist. Jemand, der *'uqqāl* werden möchte, muß sich an einen Scheich (*Shaykh*) wenden und ihm seinen Aufnahmewunsch mitteilen. In Folge muß er sofort beginnen, ein asketisches Leben zu führen, welches beobachtet wird. Nach circa sechs Monaten ist dann eine Aufnahme möglich.

Die *'uqqāl* werden in Doktrinen und Dogmata der Drusenreligion eingeführt und dürfen die Texte lesen, die im Laufe der drusischen Geschichte geschrieben worden sind. Diese Schriften, vornehmlich von ßamza und al-Muqtan¡ verfaßt, umfassen 111 Epistel, gesammelt und angeordnet in sechs Büchern, dem sogenannten Drusenkanon oder *al-Ḥikmat al-Sharīfa* ("Das Edle Wissen" oder "Die Bücher der Weisheit").[3] Da sich Bücher in verschiedenen Bibliotheken auch in Europa befinden, ist ihr Inhalt der Wissenschaft wohl bekannt und nicht mehr geheim.[4] Viele der von mir befragten Drusen wissen erstaunlich wenig über ihre eigene Religion, das heißt sie ist selbst in mittlerweile bekannten Punkten nur noch ihren eigenen Anhängern geheim.

Doch obwohl die *juhhāl* keinen Zugang zu den Schriften besitzen, leben sie dennoch gemäß der drusischen Ethik. Sie erhalten zwar nur eine vereinfachte Darstellung ihres Glaubens und folgen einem weniger strikten Verhaltenskodex,

---

[1] Alamuddin, 1933, S. 57.

[2] Vgl. Abu-izz-ed-Din, 1984, S. 119.

[3] Vgl. Betts, 1986, S. 13; Makarem, 1974, S. 38; Abu-izz-ed-Din, 1984, S. 108; Busch, 1879, S. 3f.

[4] Vgl. allein die Aufstellung drusischer Katechismen in italienischen Bibliotheken durch Branca, 1997, und die 73 erwähnten Manuskripte durch Swayd, 1999, wobei diese Texte zwar vorliegen und teilweise auch übersetzt sind, sich der wahre Inhalt nach Ansicht der Drusen jedoch nur einem *'uqq¡l* erschließen kann.

sind aber dennoch an die gleichen Gesetze und Glaubenssätze gebunden wie die *'uqqāl*. Da die Religion aufgrund der Geheimhaltung in der Schule nur sehr sporadisch und eher in bezug auf die Geschichte der Drusen gelehrt wird, ist sie Bestandteil der häuslichen Erziehung und wird so von einer Generation zur nächsten weitergegeben.

Die *juhhāl* und *'uqqāl* unterscheiden sich auch durch ihre Kleidung. So haben die männlichen *'uqqāl* buschige Schnurrbärte, tragen weite schwarze oder dunkelblaue Hosen und einen weißen Turban über dem geschorenen Schädel. Bei jüngeren *'uqqāl* sieht man häufig auch eine weiße Pudelmütze. Die Kleiderordnung der *'uqqāl* ist Ausdruck für das Prinzip des Puritanismus, der von Hakim eingeführt wurde. Er zeichnet sich aus durch den Verzicht auf grelle Kleidung, Alkohol und Schweinefleisch. Laut Müller dürfen die *'uqqāl* sich auch nicht an kriegerischen Operationen oder handgreiflichen Auseinandersetzungen beteiligen und höchstens im Verteidigungsfall zur Waffe greifen,[5] da der *jīhad* eben rein spirituell verstanden wird.

Die weiblichen *'uqqāl* tragen lange dunkle Kleider und ein leicht durchsichtiges langes weißes Kopftuch, das meist nur Augen und Nase frei läßt.[6] Man nimmt an, daß die Verschleierung der Drusinnen nicht unbedingt auf den Islam zurückgeht, sondern alteinheimischer Tradition entspreche. Die Verschleierung der Frau war schon im vorislamischen Arabien gebräuchlich und ist in den meisten alten Völkern des Orients nachweisbar.[7]

Die *juhhāl* tragen heute moderne, westliche Kleidung, wobei Frauen und Mädchen dabei etwas zurückhaltender sind und meistens lange Röcke tragen.[8]

Die Führer der *'uqqāl*, die *shuyyukh*, werden aus den Gelehrtesten und Belesensten ausgewählt und erhalten dann eine besondere Ausbildung in speziellen Schulen. Aus allen *shuyyukh* werden dann die *ra'is* (Führer) ausgewählt, die auch als *shaykh al-'aql* bezeichnet werden. Die religiöse Führung der Gemeinden liegt in den Händen der *shuyyukh* (sing. *shaykh*) oder der religiösen Älteren (*mashā'ik al-dīn*). In Israel liegt die religiöse Führung durch Vererbung in den Händen der Familie Tarif aus Julis in Westgaliläa und wird derzeit von Muwarfaq Tarif ausgeübt.

Der Gebetsort der Drusen nennt sich *khalwa* ("Einsiedelei"). Sie liegt außerhalb des Ortes und dient zum stillen Gebet. Die Einrichtung ist meist recht karg. An den Wänden befinden sich bezogene Bänke und der Boden ist mit dicken Teppichen belegt. Einziger Schmuck ist allenfalls eine Flagge mit den fünf drusischen Farben. In der *khalwa* finden jeweils in der Nacht von Donnerstag auf Freitag Versammlungen statt, während derer gebetet als auch

5 Vgl. Müller, 1967, S. 79.
6 Eigene Beobachtungen.
7 Vgl. Müller, 1967, S. 242 f.
8 Hier sind von Ort zu Ort Variationen möglich. Eigene Beobachtungen.

Rat über weltliche Angelegenheiten gehalten wird.[9] Über den genauen Ablauf dieser Sitzungen ist recht wenig bekannt, da Nichtdrusen keinen Zugang haben und die Drusen selbst darüber schweigen. Dies hat dazu geführt, daß in der Vergangenheit abenteuerliche Geschichten über die Vorgänge in der *khalwa* entstanden. Man mutmaßte, daß sich die Drusen dort nackt auszögen, Orgien feierten und zusätzlich noch ein goldenes Kalb anbeteten.

> Perhaps because of the secrecy of their rites, the Druze have been accused by their neighbours of many peculiar and dissolute practices among them incest and communal sexual rites and the worship of a golden calf.[10]

Hier wird einmal mehr deutlich, wie der Geheimniskult durch Außenstehende geschürt wurde und man die Drusen so stigmatisierte.

Für Versammlungen nichtreligiösen Charakters gibt es einen Versammlungsraum, genannt *majlīs*, in dem allgemeine und alltägliche Probleme der Dorfgemeinschaft diskutiert werden.

4.1 Drusische Ethik

Unter Ethik verstehe ich in diesem Zusammenhang Normen und Maxime des Handelns gegenüber anderen.

Es stellt sich zunächst die Frage, ob es überhaupt eine spezifisch drusische Ethik gibt oder ob hier nicht auch nur der Geheimniskult um die Drusen intensiviert worden ist.

So heißt es im Brockhaus von 1898:

> Die Drusen sind tapfer, gastfrei, nüchtern, reinlich und fleißig, aber rachsüchtig und, wo es nationale Interessen gilt, rücksichtslos grausam.[11]

Und bei Puget de S. Pierre heißt es:

> Les Druses ont le jugement juste & solide, l`esprit fin, le sentiment delicat; ils sont d`une taille avantageuse, d`une force & d`une agilité extraordinaires, sobres, laborieux, droits, fidèles, humains, attachés à leurs maximes jusqu`à la superstition, sincères quand on est à leur égard, constans dans leurs promesses & leurs affections, se supportant mutuellement dans l`adversité, mais impacable dans leur haine.[12]

---

[9] Nach dem Mondkalender fängt der neue Tag unmittelbar nach Sonnenuntergang an. Deshalb finden die Gebete am Donnerstag statt, da der Freitag als Feiertag gilt.

[10] Betts, 1986, S. 28.

[11] Brockhaus, 1898, Fünfter Band, Leipzig, S. 543.

[12] Puget, 1763, S. 131.

Hier werden sie dargestellt als kräftige Menschen, die zwar treu, redlich und fleißig sind, gleichzeitig aber auch unvorstellbar in ihrem Haß sein können. Dies soll sicher ein Hinweis auf die Blutrache sein, die zur damaligen Zeit unter den Drusen praktiziert worden sein soll.

Die oberste Pflicht für den Drusen ist Selbstdisziplin und Unterwerfung gegenüber Gott. Leid wird als Herausforderung für die Seele verstanden. Wahre Freude ergibt sich aus der Beziehung zu Gott, laut Najjar eine Begründung für das asketische Leben der *'uqqāl* und ihre Indifferenz gegenüber weltlichen Freuden wie gutem Essen, Musik und Tanz.[13]

Welches sind die heutigen Normen und Werte, an denen sie ihr Handeln ausrichten? Es sind zum Großteil Werte, die für die meisten Araber gelten, so wie die Gastfreundschaft, der Respekt gegenüber Frauen, das Erhalten der Ehre der Frauen und somit der ganzen Familie. Eines der wichtigsten Gebote ist, daß es als verwerflich gilt zu lügen, wobei dies im besonderen innerhalb der Gemeinde gilt, gegenüber Nichtdrusen aber durchaus erlaubt sein kann.[14] Wahrheit steht für Respekt und Treue. Sie wird als Substitut für das Gebet, somit als Band zwischen Mensch und seinem Schöpfer verstanden.

Najjar vertritt die Ansicht, daß die Drusen sich vor allem durch Aufrichtigkeit, Treue, Großzügigkeit, vornehme Abstammung und ihren ehrenhaften Stolz auszeichnen.[15] Hier wird romantisiert und stereotypisiert. In einem Buch, das primär für drusische Leser geschrieben wurde, ist dies jedoch ein guter Ansatz, um das Zugehörigkeitsgefühl mit Stolz zu belegen und so zu stärken.

Laut Makarem ist den Drusen das Land eines der wichtigsten Güter. "The Druzes have always been so attached to their land that it is traditional for them to die on their land rather than to leave it."[16] Firro widerspricht dieser These, da es genug Beweise gebe, daß Drusen häufiger umgesiedelt seien, ihr Land folglich verließen.[17] Auch Salih betont, daß dies ein neuer Aspekt in der Werteskala der Drusen sei. So hätten doch während des 17. Jahrhunderts Drusen ihr Land verlassen, um sich in Galiläa und auf dem Hauran anzusiedeln. Die Bedeutung von Land stehe immer in Verbindung zu den Bedingungen, in denen die Menschen lebten.[18] Auch daß den Drusen nicht soviel Land enteignet worden sei wie Muslimen und Christen hänge damit zusammen, daß ein guter Teil schon vor der Staatsgründung verkauft worden sei. Damals habe man einem Radio zum Beispiel eine höhere Priorität beigemessen. Land habe nicht einen solchen Wert gehabt, da ursprünglich genügend davon dagewesen sei.[19]

---

[13] Vgl. Najjar, 1973, S. 208.
[14] Vgl. Alamuddin, 1993, S. 58.
[15] Vgl. Najjar, 1973, S. 212.
[16] Makarem, 1974, S. 3.
[17] Interview mit Kais Firro am 24. Februar 1998.
[18] Interview mit Shakeeb Salih am 20. April 2000 in Mughar.
[19] Interview mit Shakeeb Salih am 20. April 2000 in Mughar.

5 Die Drusen und ihre Allianz zu den Juden vor der Staatsgründung

Das Machtzentrum der Drusen befand sich von jeher im Libanon. Bei den meisten Kämpfen und Auseinandersetzungen bewahrten die Drusen in Palästina Neutralität. Sie spielten keine unabhängige und erst recht keine Schlüsselrolle in den Ereignissen und Entwicklungen der Region.

Als die Drusen in Syrien sich 1925 gegen die Franzosen auflehnten[1], verblieben die Drusen in Palästina ruhig, nahmen aber hilfsbereit drusische Flüchtlinge auf.

Während des britischen Mandats (1917-1948) in Palästina entwickelten sich die ersten guten nachbarschaftlichen Kontakte zwischen Drusen und Juden. Als Paradebeispiel wird hier oft der Kibbuz Yagur am Fuße des Karmelberges genannt, wo Drusen und Juden nebeneinander liegendes Land bewirtschafteten.

> Particularly noteworthy was the role of kibbutz Yagur as a way station for Druze leaving Syria as a result of the uprising against the French. These refugees were allowed to pass through the kibbutz, where indeed, they sometimes stayed as guests for short periods.[2]

Zudem begann die Jewish Agency offizielle Vertreter in die Dörfer zu schicken, um die guten nachbarschaftlichen Kontakte zu intensivieren. Die 1920 gegründete Agency hatte die Aufgabe, mit den Briten zu verhandeln und Palästina als nationale Heimstatt der Juden aufzubauen. Landesweiter, institutionalisierter Dialog zwischen Drusen und Juden begann allerdings erst im Jahr 1930 nach der Etablierung des Joint Bureau for Arab Affairs durch die Jewish Agency und das Jewish National Council.[3] Eine wichtige Figur in dieser Zeit war Yitzhak Ben-Zvi, der später der zweite Präsident des Staates Israel werden sollte und damals Vorsitzender des 'National Council' und Vizedirektor des 'Joint Bureau' war. Er bemerkte schnell, daß es für die neue jüdische Gemeinde von Vorteil sein könnte, die Drusen auf ihre Seite zu bringen, da "... one can find among them loyal and educated men who will willingly consent to cooperate."[4] Außerdem glaubten die Juden, daß die Drusen als Nichtmuslime eine endemische Animosität gegenüber der arabischen Majorität hegten. Die Drusen erhofften sich von den Juden Einfluß auf die französische Mandatsregierung in Syrien, da dort Franzosen gegen Drusen kämpften. Die galiläischen Drusen wollten den syrischen Drusen helfen, diesen Konflikt beizulegen. Auf der anderen Seite konnte Ben-Zvi seinen Einfluß geltend machen und bat die Drusenführer, Übergriffe von drusischer Seite auf jüdische

---

[1] Weshalb sie sich auflehnten wird in Kapitel IV,2 erläutert.

[2] Atashe, 1995, S. 27.

[3] Vgl. Gelber, 1992, S. 352.

[4] Ben-Zvi, zit. in: Atashe, 1995, S. 29.

Siedler zu unterlassen. Ein Streit zwischen Juden und Drusen in der drusischen Gemeinde Buqay'a wurde durch Ben-Zvi und Salman Tarif beigelegt.[5] Außerdem konnte er sie überzeugen, sich nicht den arabischen Gruppen anzuschließen, die sich gegen die massive jüdische Immigration wehrten. Die Juden glaubten, in den Drusen einen stabilisierenden Faktor gefunden zu haben und erhofften sich so wohl auch Zugang zu anderen arabischen Gemeinden.

1930 beantragten die Drusen, unabhängig in der parlamentarischen Versammlung, die Palästinas verschiedene Gruppen repräsentierte, vertreten zu sein. Denn nach dem Tod des drusischen religiösen Oberhauptes Shaykh Tarif Muhammad Tarif im Jahr 1928 hatte die britische Mandatsregierung die Drusen der religiösen Vertretung der Sunniten überlassen. Die Drusen jedoch bestanden darauf, daß die drusische Gemeinde in ihren Gesetzen, ihren Doktrinen, Riten und Gebräuchen vollkommen unabhängig sei und eine Einbeziehung in die muslimische Gemeinschaft ihre Einheit gefährden würde. Die Briten hingegen weigerten sich, sie als separate ethnische Gemeinschaft anzuerkennen. Deshalb war es für die Juden leichter, ihr Vertrauen zu gewinnen, da diese die Drusen von Anfang an anders als die übrigen Araber behandelten.

In den Jahren 1936-39 begann der arabische Widerstand gegen die stark anwachsende Einwanderung der Juden, an dem sich zu Beginn auch Drusen aus Syrien und Libanon beteiligten. Im Juli 1936 schlossen sich einige Drusen aus 'Isfiyia den muslimischen Rebellen aus der Umgebung Haifas an. Als Reaktion darauf begannen Zionisten wie Yosef Nahmani, der Direktor der nördlichen Abteilung des Jewish National Fund, brieflich die Drusen aufzufordern, dies zu unterlassen. Eine weitere Figur war dabei auch Abba Hushi, späterer Bürgermeister von Haifa und damals Repräsentant der jüdischen Organisationen in Nordgaliläa. Ihm gelang es, enge Bindungen zu wichtigen drusischen Familien wie der Abū Rukūn Familie zu knüpfen. [6]

Allmählich wurden die ursprünglich geheim gehaltenen Treffen zwischen Drusen und Juden jedoch publik, was dazu führte, daß muslimische Rebellen anfingen, drusische Dörfer anzugreifen. Als "Rettungsmaßnahme" begannen Mitglieder der Jewish Agency deshalb, einen Transferplan auszuarbeiten, der die Umsiedlung der galiläischen Drusen in den Hauran, d.h. nach Syrien zum Ziel hatte. So heißt es in einem Bericht von Eliahu Cohen vom 02. November 1937:

> We are faced with the partition of the country and the establishment of a Jewish state, which, according to the proposed plan, would contain eighteen villages inhabited by ten thousand Druzes. It is possible that relations with the leader of the Druze people in the Mountain [Jabal ad Durūz] will help us to transfer in the future those who are living among us to the Mountain or to another place in

[5] Vgl. Firro, 1999, S. 24. Worum es in dem Streit ging, schreibt Firro leider nicht.
[6] Detaillierte Angaben über alle Kontakte siehe bei Firro, 1992, S. 327 ff.

> Syria... Only such acts can give us greater standing in the eyes of the important Arab governments.[7]

Die Drusen waren diesem Plan gegenüber nicht abgeneigt, vor allem nachdem im Herbst 1938 Rebellen im Dorf 'Issfiya die heiligen Bücher entehrt hatten und Frauen bei dem Versuch, die Bücher zu schützen, geschlagen hatten. Außerdem war es vorher bereits zu einigen Todesfällen gekommen, wobei besonders der Mord an Ḥasan Abū Rukūn Aufsehen erregte.[8] Ein weiteres erschreckendes Attentat war der Mord an dem drusischen religiösen Führer Shaykh Ḥasan Khayfis aus Shafa'amr am 04. Januar 1939.

Diese Taten versetzten die meisten Drusen in Angst und Schrecken. Sie begannen allmählich, sich um Käufer für ihre Ländereien zu kümmern und die Auswanderung vorzubereiten. Zwischenzeitlich waren schon Kontakte zu den syrischen Drusen aufgenommen worden, die gerne bereit waren, ihren drusischen Brüdern zu helfen. Sultan al-Atrash, der syrische Führer der Drusen, äußerte allerdings verständliche Bedenken:

> I think that there are many obstacles; money, housing, acclimatization, etc. All this should be studied and a plan should be prepared so that our brothers, the Muslims, will not see us as traitors.[9]

Es ist jedoch anzumerken, daß sich in den israelischen Archiven kein einziges Dokument finden läßt, das von Sultan Al-Atrash selbst geschrieben oder unterzeichnet ist. Autoren wie Atashe fragen sich deshalb, ob Al-Atrash wirklich etwas von dem Transferplan gewußt hat oder ob Abba Hushi nicht versucht hat alle zu täuschen - die Juden wie die Drusen.[10]

1939 begannen drusische Scheichs (*Shuyyukh*) und muslimische Führer eine Schlichtung (*sulḥa*) des Konflikts auszuarbeiten, welcher am 14. Januar 1940 zugestimmt wurde. Bis zum Jahr 1948 nahmen die Drusen eine neutrale Position ein und kehrten damit zurück zu ihrem traditionellen Partikularismus, wobei nur einzelne sich schon früh wieder auf die jüdische Seite stellten. Aber auch die Zionisten hatten den Transferplan aufgegeben, da es zu viele Hindernisse für die Durchführung gab. Ihre Aufmerksamkeit konzentrierte sich zunehmend auf die Ereignisse im Deutschland unter Hitlers Führung.

Da die Briten ihr Mandat über Palästina im Jahr 1948 niederlegten, schlug die UNO durch die Resolution Nr. 181 einen Teilungsplan für das Mandatsgebiet vor, der ein Nebeneinanderleben und ein wirtschaftliches Miteinander von Juden und Arabern garantieren sollte. Jerusalem sollte dabei eine Sonderstellung unter internationaler Verwaltung bekommen. Die Araber

---

[7] Eliahu Cohen, zit. in: Firro, 1992, S. 336.
[8] Die Rukun Familie war durch ihre jüdischen Kontakte bekannt geworden.
[9] Abba Hushi's Report on the visit to Sultan Pasha Al-Atrash, 30.04.39, zit. in: Firro, 1992, S. 343.
[10] Vgl. Atashe, 1995, S. 81.

lehnten diesen Plan ausdrücklich ab. Daraufhin proklamierte David Ben-Gurion am 14. Mai 1948 den Staat Israel, was Auslöser für den ersten Arabisch-Israelischen Krieg wurde, der bis zum Frühjahr 1949 andauerte.

Während dieses Krieges blieben viele Drusen zunächst bei ihrer neutralen Position. Oft wird ihnen von palästinensischer Seite vorgeworfen, damals nur als praktische Realisten gehandelt und sich nicht genügend gewehrt zu haben.

Dennoch gab es eine drusische militärische Einheit, die der arabischen Befreiungsarmee angeschlossen war und von Damaskus aus kommandiert wurde. Auch Sultan al-Atrash unterstützte die Drusen vom Hauran in ihrem Kampf gegen die Zionisten und in ihrer Solidarität mit den Palästinensern.

Das Bataillon bezog zunächst in Shafa`amr Stellung, wo es zwar sehr gastfreundlich aufgenommen wurde. Die Bewohner jedoch befürchteten, durch diese Stationierung mit in einen Kampf hineingezogen zu werden, in dem sie aufgrund des Mangels an Waffen nur wenige Chancen hätten. Der Kampfort wurde dann in die Nähe der jüdischen Siedlung Ramat Yohanan verlegt.

Nachdem im April 1948 Tiberias und vier Tage später Haifa in die Hände der jüdischen Hagana gefallen waren und keine weitere Unterstützung durch die Arabische Befreiungsarmee zu erwarten war, desertierten 212 Drusen der einstmals 500 Mann starken Truppe und zogen sich zurück nach Syrien und in den Libanon.[11]

Der jüdische Geheimdienst nutzte diese Niederlage und überzeugte die Drusen, sich ruhig zu verhalten und in ihren Dörfern zu bleiben oder in ihre Heimat zurückzukehren. Zusätzlich wurde eine Einheit aus drusischen Freiwilligen eingerichtet, die an die im Mai 1948 gegründeten Israelischen Verteidigungskräfte (Israeli Defense Forces - IDF) angeschlossen wurde. [12]

Nach 1948 wurde es still um die sich in Israel befindlichen Araber. Der Schock der Bildung des Staates Israel, in dem sie plötzlich eine Minderheit darstellten, lähmte ihre politischen Aktivitäten.[13] Der Krieg war Anlaß für eine enorme Flüchtlingswelle der Palästinenser. Die Anzahl der Flüchtlinge, die vor allem in Nachbarstaaten wie Ägypten, Jordanien, Syrien und den Libanon zogen, ist nicht ganz eindeutig. Sie schwankt - je nach Quelle - zwischen 500.000 und einer Million.[14] Fast alle der Flüchtlinge hatten sich nur auf eine kurze Abwesenheit von vielleicht zwei Wochen eingestellt und deshalb den Großteil ihrer Güter und Habseligkeiten zurückgelassen. Fast alles wurde anschließend von der israelischen Armee konfisziert und geplündert. Es kam zur vollständigen Übernahme der Städte Jaffa, Akko, Nazareth, Lydda, Ramallah, Beer Sheba, Beisan, Majdal, Isdud, Beit Jibrin und Shafa `amr, den arabischen

[11] Vgl. Firro, 1999, S. 43-50.
[12] Vgl. Firro, 1999, S. 43 ff.
[13] Einen Tag nach der Staatsgründung lebten in Israel 650.000 Juden und nur noch 156.000 Araber.
[14] Vgl. Klein, 1996, S. 17.

Vierteln von Jerusalem, Haifa, Tiberias, Safed und von circa 800 Dörfern.[15] Eine Rückkehr wurde durch das israelische Einwanderungsgesetz unmöglich.

Die in Israel verbliebenen Araber waren bis in die späten sechziger Jahre einer Militärverwaltung unterworfen, die sie in ihrer Bewegungsfreiheit stark einschränkte. Die Wohngebiete der Palästinenser wurden in Sicherheitszonen aufgeteilt. Die Bevölkerung durfte ihr Gebiet nicht einmal zwecks Arbeitsuche ohne Passierschein verlassen. Die Araber konnten jederzeit unter Polizeiaufsicht gestellt oder deportiert werden, ohne die Möglichkeit zu haben, etwas dagegen zu unternehmen.[16]

Zudem gab es nicht genügend Nahrung, so daß Essensmarken verteilt werden mußten. Selbst den Drusen wurde erst 1962 erlaubt, sich im Land frei zu bewegen. Erst 1963 wurde das Nachtfahrverbot für die Palästinenser in den Distrikten aufgehoben.[17] 1966 wurde die Verfügungsgewalt über die Zivilbevölkerung an die Polizei delegiert. Es folgten zwei Fünfjahrespläne, die den Ausbau des arabischen Sektors betrafen und zur Folge hatten, daß nun Straßen, Schulen und Gesundheitszentren gebaut wurden und endlich viele Siedlungen an das Stromnetz und die zentrale Wasserversorgung angeschlossen wurden.

---

[15] Vgl. Cattan, 1973, S. 111.
[16] Vgl. Sharaf, 1983, S. 139 f.
[17] Vgl.Grossman, 1992, S. 271.

III Die Drusen im heutigen Israel

1 Wohngebiete

Nachdem die Drusen im 11. Jahrhundert wegen ihrer Abspaltung vom schiitischen Islam als Häretiker der Verfolgung ausgesetzt waren, wanderten sie von Ägypten in den Libanon ein. Nach nur einer Generation siedelten sie sich an den Westhängen des Mount Hermon an und verbreiteten sich weiter westwärts in die Schuf-Berge, nach Galiläa, auf den Berg Karmel und ostwärts nach Syrien. Aufgrund der stetigen Verfolgung siedelten sie meist in gebirgigen Gegenden, die entlegen und leicht zu verteidigen waren.[1]

In Israel leben sie in 18 verschiedenen Dörfern in Galiläa und auf dem Karmel. Auf dem Golan befinden sich weitere vier Ortschaften.

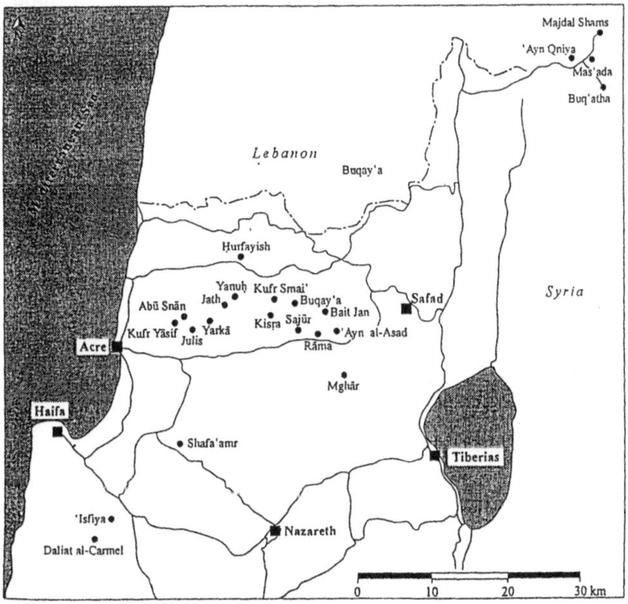

Abbildung 2: Karte drusischer Ortschaften in Israel und auf den Golanhöhen. Quelle: Firro, 1999, S. 56

[1] Vgl. Perillier, 1986, S. 14.

Orte mit drusischer Bevölkerung in Galiläa[2]

Dorf	Bevölkerung	
	Drusen 1997	Gesamt 1995
Abu Snan	2.475	8.700
Ayn al-Asad	750	600
Beit Jan	8.100	7.800
Buqay`a	2.965	4.000
Hurfaysh	3.965	4.030
Jath	1.600	1.800
Julis	4.385	4.240
Kufr Smai`	2.120	2.000
Kufr Yasif	380	6.700
Kisra	3.000	2.800
Mghar	8.770	14.900
Rama	3.010	6.680
Sajur	2.736	2.660
Shafa`amr	6.200	23.500
Yahuh	2.555	2.220
Yirka	9.660	9.320
Daliat al-Carmel	11.610	11.300
`Isfiya	6.790	8.240
Gesamt	81.071	121.590

Die meisten der Dörfer sind überwiegend drusisch bevölkert, wobei die Drusen in gemischten Dörfern bevorzugt mit Christen zusammenleben und Shafa`amr eine Ausnahme darstellt, da dort Christen, Muslime und Drusen leben.

Allgemein sind Juden und Araber durch ihre Wohngebiete relativ stark voneinander getrennt. So gibt es zwar sechs gemischte Städte, doch leben in diesen nur 10 % der arabischen Bevölkerung, wobei die einzelnen Gruppen innerhalb der Städte nach Vierteln getrennt sind. Dennoch kann man von einer Urbanisierung der Araber sprechen, wenngleich sich diese primär auf arabische Siedlungen konzentriert.

Lebten 1948 76,4 % der Araber in ländlichen Siedlungen und nur 23,6 % in Städten, so zeigte sich 1988 eine vollkommene Umkehrung dieser Daten, da 1988 nur noch 10,2 % in ländlichen Siedlungen lebten.[3]

---

[2] Daten entnommen aus Firro, 1999, S. 141 und aus Jerusalem Center for Public Affairs, 1997, S. 29.

Bei den Drusen ist diese Tendenz kaum vorzufinden, das heißt sie bleiben auf dem Land und ziehen nicht in die Städte. Es gibt wohl einige, die nach Eilat gezogen sind, um im dortigen Hafen zu arbeiten, doch handelt es sich dabei um eine verschwindend geringe Minderheit. Laut Friendly/Silver waren es Anfang der siebziger Jahre ca. 500 Personen, zehn Jahre später jedoch bereits nur noch 350.[4]

Auffällig ist, daß für Araber in Israel weit weniger Wohnraum zur Verfügung steht als für Juden, was sicherlich mit der höheren Geburtenrate als auch mit der Nichterteilung von Baugenehmigungen zusammenhängt.

2 Politisches System

Israel ist eine parlamentarische Demokratie mit freien Wahlen, wobei das ganze Land einen Wahlkreis bildet und reines Verhältniswahlrecht nach Listen vorherrscht. Der Name der Knesset und die Zahl ihrer Mitglieder - 120 - folgen dem Vorbild der "Knesset Hagdola" ("Große Versammlung"), die von Ezra und Nehemia[5] im fünften Jahrhundert vor unserer Zeit einberufen wurde. Juden und Nichtjuden sind gleichermaßen wahlberechtigt (andere Regelungen gelten für die arabischen Bewohner der besetzten Gebiete und für die arabischen Bewohner Jerusalems), wobei jeder Bürger das aktive Wahlrecht ab dem Alter von 18 und das passive Wahlrecht ab dem Alter von 21 besitzt.

Jede in der ausgehenden Knesset vertretene Partei hat das Recht, sich an den Neuwahlen zu beteiligen. Weitere Parteien können ebenfalls an den Wahlen teilnehmen, wenn sie Unterschriften von mindestens 2500 Wahlberechtigten gesammelt haben und ein Geldpfand hinterlegen, das ihnen zurückerstattet wird, wenn sie 1,5 % der Stimmen und damit mindestens ein Mandat erhalten. Wegen der Bedeutung, die dem demokratischen Prozeß beigemessen wird, ist der Wahltag ein arbeitsfreier Tag. Wählern, die sich an diesem Tag außerhalb ihres Stimmbezirks aufhalten, steht gebührenfreier Transport zur Verfügung. Dem Militärpersonal in aktivem Dienst wird die Teilnahme an den Wahlen durch besondere Vorkehrungen ermöglicht.

Die große Anzahl von Parteien, die es in Israel gibt, läßt sich in drei Blöcke einteilen:

1. Maarach ("Gruppierungen"): sozialdemokratisch-liberale Arbeiter- und Linksparteien mit Mapai und Mapam an der Spitze,

2. Likud ("Vereinigung"): bürgerliche bzw. rechte Parteien,

---

[3] Vgl. Wolffsohn, 1991, S. 277 und Central Bureau of Statistics, 1995, S. 69.

[4] Vgl. Friendly; Silver, 1981, S. 10.

[5] Vgl. die Bücher Ezra und Nehemia im Alten Testament.

3. Nationalreligiöse Parteien, bekannt durch Agudat Israel und die Shasspartei.

Die Drusen verstehen ihre Familie, die *hamūla,* als wichtigste soziale Einheit. Die politische Macht der *hamūlas* ist proportional zur Zahl ihrer Mitglieder und ihren Führungsqualitäten.

Die israelischen Parteien versuchen deshalb, die Unterstützung der Familienoberhäupter und somit die Stimmen der gesamten Familienangehörigen zu gewinnen. Deshalb spielen ideologische Gründe häufig nur eine geringfügige Rolle bei der Stimmabgabe - die Loyalität zur Familie hat Priorität. Die Familienoberhäupter wiederum versprechen sich von der Loyalität zu einer bestimmten Partei Belohnungen in Form von Zuwendungen für die Gemeinde.

Im Gegensatz zu den anderen Arabern, die mit der Flüchtlingsbewegung von 1948 ihre Elite verloren hatten und lange Zeit politisch gelähmt waren, waren die Drusen von Anfang an aktiv an der israelischen Politik beteiligt. Früher leiteten die Dorfältesten aufgrund ihres traditionellen Prestiges und ihrer religiösen Position die Gemeinde. Die junge Generation und dabei vor allem jene, die ihren Dienst bei der Armee absolviert hatten, suchten nach alternativen Formen der Leitung und der Machtausübung. Diese boten sich in der Politik, die eher den Erfahrungen und Überzeugungen der modernen jungen Menschen entsprach.

> The Druze elders, who function as priests of the community, have ruled and still do, this denomination, thanks to their traditional prestige and religious position. However, not a few young Druzes who have served in the Defense Forces, as well as a small urban group of intellectuals, have been looking around for an alternative leadership, better experienced in Israeli politics and socioeconomic conditions, and more compatible with these young men's ideas.[6]

Hinderlich für den Aufstieg in der Politik war, daß Mapai erst ab 1969 drusische Mitglieder zuließ, der Likud erst ab 1970.

Heute setzen die Arbeiterpartei und auch der Likud Drusen in sorgfältig ausgewählten Wahlbezirken ein. Die Kandidaten müssen dabei ein Auswahlverfahren durchlaufen, das auf internen Vorwahlen nach US-Vorbild, dem Primary System, beruht.

Für den Likud bedeutet das Aufstellen eines drusischen Kandidaten den Erhalt der meisten Stimmen seiner Familie.

> Voting was often divided within villages between the lists of rival leaders each receiving support from one or other of the local-level factions which are such a prominent feature of this part of the Middle East. Support for these lists was, in part, a pragmatic effort by individuals and groups to establish good relations with

---

[6] Landau, 1993, S. 125 f.

> the then-dominant Labour Party. However, it was also an act within the network of patronage through which such relations were to be implemented, and through which, it was hoped, the rewards for political loyalty would flow.[7]

Später gab es auch stärkere Unterstützung für andere Parteien wie die Nationalreligiöse Partei und andere Parteien des rechten Flügels. Diese Unterstützung basierte jedoch mehr auf materiellen, als auf ideologischen Erwägungen. Die Nationalreligiöse Partei, die lange Zeit das Ministerium für religiöse Angelegenheiten dominierte, hatte die Kontrolle über finanzielle Mittel für die Dorfgemeinden und offerierte den Dorfältesten materielle Vorteile im Austausch für ihre Stimmen. So kam es zu der paradoxen Situation, daß 1969 und 1973 jüdisch-zionistische Parteien, die sich normalerweise in keiner Weise für die Interessen der Araber engagieren, in kleineren arabischen Dörfern ebenso viele Stimmen erhielten wie im gesamten Israel.

Auch 1981 stimmten weite Teile der arabischen Bevölkerung für den Maarach (Arbeiterblock) und andere zionistische Parteien. Nach Eisenstadt demonstrierten diese Wähler damit ihr Empfinden, "daß sie eine Teilnahme an der israelischen Tagespolitik für möglich hielten, aber nur entweder durch paternalistische oder aber extrem oppositionelle Parteien."[8] Diese Leute suchten nach einer Möglichkeit, eine kollektive Identität innerhalb des israelischen Rahmens, aber in enger Verbindung zu ihrer arabischen Identität aufzubauen.

Die Bereitschaft der Araber zur Zusammenarbeit mit zionistischen Parteien hat nun aber abgenommen, wobei dies sicherlich mit dem neuen Bewußtsein der Palästinenser zusammenhängt. Außerdem haben sie festgestellt, daß von den vielen Versprechen der zionistischen Parteien kaum eines gehalten wurde und ihre Situation unverändert blieb. Daß die Ressourcen und öffentlichen Dienstleistungen bislang noch immer ungleich verteilt und israelische Araber deshalb benachteiligt sind, ist aus den Regierungsrichtlinien des Staates Isael vom Juli 1999 ersichtlich, wo festgehalten ist, daß die Regierung bestrebt ist, diese Ungleichheiten zu korrigieren.[9]

Deshalb konzentrieren die Palästinenser sich jetzt auf ihre eigenen Ziele. So gründete zum Beispiel bereits im März 1988 der ehemalige Knessetabgeordnete der Arbeiterpartei, Darusch, eine rein arabische Partei, die Arabische Demokratische Partei, die aber auch Israels Existenzrecht nicht angreift und bei den Wahlen vom November 1988 ein Mandat errang.

"Die Progressive Friedensliste, die 1984 zwei Knessetmandate, 1988 eines errang, war die erste und bislang einzige wirklich jüdisch-arabische, nicht-kommunistische Partei, die sich für einen binationalen Staat einsetzt."[10] Die

---

[7] Oppenheimer, 1985, S. 275 f.

[8] Eisenstadt, 1987, S. 547.

[9] Vgl. www.israel.de/botschaft/Regierungsrichtlinien.html, 18.11.1999.

[10] Vgl. hier und im Folgenden: Wolffsohn, 1991, S. 290 f.

meisten Parteien haben nur eine sehr geringe Anzahl von arabischen Mitgliedern, wobei die Matzpengruppe, die auch die zionistisch geprägte Staatsideologie Israels angreift, immerhin einen Anteil von 10 % arabischer Mitglieder vorweisen kann. Mapai IAP öffneten ihre Mitgliederreihen 1969 für Drusen und seit 1973 auch für die anderen Araber. Insgesamt sind die israelischen Araber im Vergleich zu ihrem Anteil an der Bevölkerung Israels deutlich unterrepräsentiert.

Eine besondere Bedeutung hat die kommunistische Partei, die Ansprenger als einzige "einigermaßen integrierte jüdisch-arabische Partei"[11] bezeichnet. Die Rakach (= *Reshima Kommunistit Chadashal*, Neue Kommunistische Liste-NKL) ging 1965 aus der Spaltung von Maki (*Miflaga Kommunistit Israelit*, Israelische Kommunistische Partei) hervor. Da die Rakach laut Wolffsohn

> einerseits Israels Existenzrecht uneingeschränkt anerkennt, andererseits die eigentliche Partei der israelischen Araber ist, erfüllt sie inzwischen eine wichtige Brückenfunktion zwischen der zionistisch-jüdischen und arabischen Bevölkerung des Landes.[12]

Sie bot als erste eine organisierte und legale Alternative zu den zionistischen Parteien Israels und kam deshalb trotz ihrer kommunistischen Ideologie dem Wunsch nach einer Partei der arabischen Minderheit am nächsten. Rakach war außerdem die erste Partei, die ernste und längerfristige Maßnahmen zur politischen Bildung der jungen Araber unternahm.

Dies tat sie in psychologisch geschickter Art und Weise. Statt sich wie die anderen Parteien an den Oberhäuptern der *Hamūlas* (Großfamilien) zu orientieren, gründete und unterstützte die Rakach Gruppierungen wie das 1975 gegründete "National Committee for the Defense of the Land" oder das "Druze Initiative Committee", wobei die Anführer dieser Gruppen stets betonten, keine Kommunisten zu sein, um ihre Unabhängigkeit gegenüber der Partei zu bewahren.

> Leaders of the party calculated that it was possible and desirable to channel the ferment aroused in the Arab public into channels of established protest that will be directed by RAKAH.[13]

Rakach streitet nicht das Existenzrecht Israels ab und ist deshalb nicht anti-zionistisch, sondern nur *nicht* zionistisch. Wenn die Palästinenser zunächst also die NKL wählten, so war dies nicht eine Entscheidung für den Kommunismus, sondern vielmehr eine Demonstration ihrer Entscheidung gegen den Zionismus,

---

[11] Ansprenger, 1978, S. 94.
[12] Wolffsohn, 1991, S. 133.
[13] Teitelbaum, 1985, S. 349.

den 1985 übrigens 65% der Araber als rassistisch einschätzten.[14] Unter den Drusen war die Unterstützung für Rakach jedoch weitaus geringer als unter den anderen Arabern. Dennoch bekam sie in Orten wie Beit Jann und Yirka, deren Bevölkerung zu 90 % drusisch ist, weit mehr Stimmen als in anderen arabischen Gemeinden.

Seit 1967 ist eine Reislamisierung der israelischen Araber feststellbar.

> The successive defeats by Israel culminating in the June 1967 War produced shock waves among Arabs and Muslims, engendering deep feelings of fear, insecurity and anger. The manifest inability of Arab leaders to end Israeli occupation of Arab territory has sapped their residual legitimacy and promoted widespread disillusionment, anguish and despair.[15]

Viele Moslems glaubten, die Ursache für die Niederlage liege im vermeintlichen Abweichen vom rechten, das heißt religiös-islamischen Weg. Zusätzlichen Auftrieb bekam die Islamisierung durch die erfolgreiche schiitische iranische Revolution von 1979. Große Erfolge konnte die Islamische Bewegung dann auch bei den Kommunalwahlen von 1989 feiern. Sie wurde stärkste Partei in sechs arabischen Ortschaften, weil sie als einzige den religiösen Vorstellungen zahlreicher Araber entsprechen konnte. Bei den letzten Wahlen im Jahr 2001 boykottierte die Großzahl der israelischen Araber aus Protest gegen die inkonsequente Friedenspolitik der Regierung die Wahl.

Für die Drusen stellt sich weiterhin die Frage, ob sie sich politisch als Teil der arabischen Minderheit verstehen und sich in deren Parteien engagieren wollen oder primär als Israelis, die die Allianz zu den Zionisten aufrecht erhalten wollen.

Saleh Tarif zum Beispiel, Abgeordneter der Knesset, versteht sich als israelischer Araber, der sich für die Rechte der Drusen in Israel einsetzt und auch kritisiert, daß der Staat Israel sich primär den Juden widmet und den Drusen nicht genug Unterstützung gewährt. "The Israelis don't want to keep us as stupid people but they are just thinking of themselves first. Because it is their state. We have a problem with this attitude of the government." Dennoch ist Salih Tarif überzeugter Israeli und beteiligt sich auch an den Feiern zum israelischen Unabhängigkeitstag, weshalb es zu Aversionen seitens anderer arabischer Gemeinden kommt.[16]

---

[14] Wolffsohn, 1991, S. 295.

[15] Dekmejian, 1985, S. 31.

[16] Interview mit Salih Tarif am 24. April 1998 in Julis.

3 Rechtssystem

In Israel gibt es Magistrats- und Distriktgerichte sowie den Obersten Gerichtshof. Neben diesen gibt es einen zweiten Zweig der Gerichtsbarkeit: die religiösen Gerichte, welche für Angelegenheiten des Personenstandrechtes zuständig sind. Dies bedeutet, daß es jüdische Rabbinatsgerichte, aber auch entsprechende muslimische, christliche und auch drusische gerichtliche Instanzen gibt.

Während der Zeit der Osmanen (1299-1922) begehrten die Drusen den Status einer *Millet*, das heißt einer religiös definierten Gemeinschaft mit eigenen Gerichten.[17] Eine Millet beinhaltet das

> droit d`exercer la justice conformément à leurs principes religieux propres pour chaque communauté religieuse, et d`administrer les biens «waqfs» selon leurs coutumes. Droit de posséder leurs propres institutions religieuses, cours de justice, système d`instruction et d`assistance.[18]

Während die libanesischen Drusen den Millet-Status im Jahr 1890 erhielten, wurden die Drusen in Palästina offiziell weiter als Teil der muslimischen Gemeinde angesehen. Dadurch waren sie in das Gesetz der Scharia eingebunden.[19] Oppenheimer weist aber darauf hin, daß dies besonders in persönlichen Angelegenheiten für die Drusen nicht so sehr von Belang gewesen sei.

> At the local level, problems of personal status, and indeed all matters of customary law, were generally dealt with informally through mediation and arbitration, by local religious sheikhs and secular leaders.[20]

Dies war besonders dort der Fall, wo die religiös-legale Norm der Drusen frappierend vom islamischen Gesetz abwich, so zum Beispiel in Fragen der Polygamie und des Scheidungs- und Erbrechts.[21]

Im Jahr 1909 gestand ihnen der leitende Rat der Provinz Beirut die gleiche Autonomie wie den libanesischen Drusen zu. Dennoch war dies nur eine rein theoretische Anerkennung, da keine offizielle Veränderung erfolgte.[22] Auch die Briten der Mandatszeit weigerten sich, die Drusen als autonome Gemeinde

---

[17] Vgl. Oppenheimer, 1985, S. 267.

[18] Pic, 1988, S. 93.

[19] "Scharia" meint die Pflichtenlehre und das religiöse begründete Recht des Islam. Sie umfaßt die fünf Grundpflichten des Muslims, ethische Normen und verschiedene Rechtszweige wie Erb-, Familien-, Prozeß-, Staats-, Steuer- und Strafrecht.

[20] Oppenheimer, 1985, S. 268.

[21] Vgl. Layish, 1985, S. 258.

[22] Vgl. Bensimon, 1989, S. 361.

anzuerkennen, doch erhielten sie 1922 wenigstens einen rechtlichen Status, wenn auch ohne eigene Rechtsetzung und Rechtsprechung.

Nach der Errichtung des jüdischen Staates bemühten sie sich weiter um eine Loslösung vom islamischen Recht, was ihnen dann auch nach relativ kurzer Zeit gelang. [23]

Im Jahr 1957 erkannte der Minister für religiöse Angelegenheiten durch die Religious Communities Order von 1926 den Status der Drusen als einer unabhängigen religiösen Gemeinschaft an. Die rechtliche Anerkennung beinhaltete die juristische Autonomie in persönlichen Angelegenheiten und der *awqaf* (sg. *waqf* = religiöse Besitztümer). Diese Anerkennung hatte jedoch keinerlei Einfluß auf ökonomische und politische Aspekte der Beziehung zwischen den Drusen und dem Staat Israel. Vielmehr vermochte die Regierung dadurch den Graben zwischen Drusen und Muslimen und Christen zu vertiefen, indem sie eine "drusische Nationalität" erfand.[24]

Vier Jahre später, im Oktober 1961, wurde die spirituelle Führung der Gemeinde als "Religiöser Rat" anerkannt. Der Rat hat drei Mitglieder und wurde damals von Sheikh Amin Tarif angeführt. Heute hat sein Enkel Muwarfaq Tarif dieses Amt inne.

Am 25. Dezember 1962 ratifizierte die Knesset die Druze Law Courts Bill. Auf der Basis einer Entscheidung des Religiösen Rats vom 02. Dezember 1961 übernahm man das Gesetz des Persönlichen Status` der drusischen Gemeinde im Libanon (verkündigt im Jahr 1948) als religiöses Gesetz der israelischen Drusen. Dieses dient nun als Basis aller Entscheidungen der drusischen Gemeinde.

> This law synthesizes a variety of religious and secular, local and foreign sources: the Sunnī doctrine (mainly according to the Ḥanafī school) and the Twelver Shī'a doctrine; the Ottoman Family Rights Law of 1917, which, with the exeption of its reformist provisions, is also based on the Ḥanafī school; modern Egyptian matrimonial and succession legislation, which in turn draws on a pragmatic selection (takhayyur and talfīq) of elements of different Sunnī schools; and Lebanese legislation, which in turn seems to be influenced by French legislation.[25]

Die drusischen Richter *(qāḍīs)* können auf der Basis religiöser Überzeugungen Recht sprechen und werden von der drusischen Gemeinde selbst ernannt. Ihre Hauptaufgaben liegen im Registrieren von Ehelichungen und Scheidungen.

Im Jahr 1963 verabschiedete die Knesset ein Gesetz, welches das drusische Rechtssystem in ein Eingangsgericht und ein Berufungsgericht, das sich durch drei Mitglieder des Drusischen Religiösen Rates zusammensetzte, einteilte. Der

---

[23] Vgl. hier und im folgenden Stendel, 1973, S.42.

[24] Vgl. Firro, 1999, S. 167.

[25] Layish, 1985, S. 259.

Staat festigte dabei die Position Amin Tarifs, indem er ihn als Vorsitzenden des Berufungsgerichtes einsetzte.

Nach 1970 wurden die Belange der Drusen nicht mehr über das Ministerium für arabische Minderheiten, sondern über die israelischen Ministerien verwaltet.

3.1 Besonderheiten im drusischen Recht

Die Drusen unterschieden sich in ihrer Rechtsprechung in wesentlichen Punkten vom muslimischen und vom christlichen Recht. Dies bedeutet, daß hier Unterschiede zu anderen Arabern in Israel deutlich werden und die Drusen in ihrem Bewußtsein der Abgrenzung gestärkt werden.

Polygamie ist nicht gestattet und die zweite Ehe wird somit für null und nichtig erklärt.

Scheidungen sind unter allen Umständen absolut. Das bedeutet auch, daß einmal geschiedene Personen sich nicht noch einmal heiraten können. Außerdem dürfen die beiden Geschiedenen keinen Kontakt mehr miteinander haben (*infiṣāl*) und müssen zueinander eine bestimmte Distanz einhalten (*tabā'ud*). Die Scheidung ist dann rechtsgültig, wenn die Ehefrau alle ihre Besitztümer aus dem Haus entfernt und den Anteil erhalten hat, der ihr als Geschiedener zusteht.

Bei den Drusen gibt es außer einvernehmlichen Scheidungen auch noch *ṭalāq*. Dies ist die Bezeichnung für das unilaterale Recht des Mannes, sich ohne die Einwilligung der Frau und sogar in ihrer Abwesenheit scheiden zu lassen. Dennoch sind die meisten Richter (*qāḍīs)* dazu übergegangen, mit der amtlichen Registrierung so lange zu warten, bis alle gegenseitigen finanziellen Verpflichtungen erledigt sind.

Der Staat Israel erließ zwar 1959 ein Gesetz, das die Scheidung gegen den Willen der Frau verbietet und mit bis zu fünf Jahren Haft bestraft, doch wissen nur wenige drusische Frauen von ihrer Einspruchsmöglichkeit. Zudem hält sich der Staat hier zurück, da eine Einmischung in drusische Angelegenheiten die guten Beziehungen zur drusischen Gemeinde stark gefährden könnte.[26]

Eine auffällige Besonderheit bei den Drusen im Vergleich zu den Muslimen ist, daß auch Frauen das Recht haben, die Scheidung einzureichen.

---

[26] Vgl. Edelmann, 1987, S. 59.

Es besteht die vollkommene Freiheit des letzten Willens. Das bedeutet, daß sowohl Frauen wie Männer frei über ihr Erbe verfügen können und sie sogar das Recht haben, Nichtdrusen als Erben einzusetzen. Muslime dagegen können nur Muslime als Erben einsetzen. Das Testament hat keine spezifische Auflage in der Form. Bedingung ist nur, daß es handgeschrieben und von einem *qāḍī* oder *shaykh* bezeugt werden muß.[27]

3.2 Der Religiöse Rat

1961 etablierte das israelische Ministerium für religiöse Angelegenheiten den "Religiösen Rat der Drusen" (Druze Religious Council), der im Arabischen mit "spirituelle Präsidentschaft" (*al-ri`asa al-ruḥiyya*) übersetzt wurde.[28]

Die rechtliche Anerkennung der religiösen Führung führte zu einer Institutionalisierung der *awqaf* (sing. *waqf*= religiöse Besitztümer). Die *awqaf* der heiligen Stätten blieben unter Kontrolle der Familie Tarif. Mit Ausnahme der Gebetsstätten (*khalawāt)* wurden die meisten *waqf*-Besitztümer wie Land, Olivenbäume, Ölpressen und Getreidemühlen in den sechziger und siebziger Jahren verkauft und die Erlöse daraus unter den *khalawāt* und heiligen Stätten verteilt.

Man wählte Amin Tarif zum Vorsitzen des Rates, der aus drei Mitgliedern bestand. Die Familie Tarif gehört mit den Khayrs aus Abu Snan und den Mu`addis aus Yirka zu den bedeutendsten drusischen Familien in Israel. Die Position eines religiösen Vorsitzenden hatte in der Familie Tarif gewissermaßen schon seit circa 1880 Tradition. Damals entwickelte sich aus dem Haus der Tarifs allmählich eine religiöse Versammlungsstätte, wo verschiedene Sheiks aus Galiläa zusammen kamen. Zudem betrieben die Tarifs schon damals massiv den Wiederaufbau der Pilgerstätte Nabī Shū'ayb.

Die Pilgerschaft (*ziyara*) zum Schrein al-Nabī Shū'ayb war ursprünglich eine rein religiöse Pilgerfahrt und fand zwischen dem 20. und 27. April statt. Bis 1880 war der Ort wohl nur Drusen der Region bekannt und diente primär als Ort der *nizr* (Weihe), da die Drusen glauben, Nabī Shū'ayb sei eine Inkarnation der Weisheit, des *'aql*. Erst Tarif Muhammad Tarif machte aus der *ziyara* ein jährliches Treffen drusischer Sheiks.

> The Tarifs needed the *ziyara* to share up their legitimacy which was being challenged by a new and pro-Israeli Druze leadership, and the Israelis needed it to

---

27 Vgl. Al-Imad, 1994, S. 123.

28 Vgl. Frisch, 1997, S. 583.

further drive a wedge between the Druzes and the other Palestinian Arabs in the state.[29]

Und obwohl sich Amin Tarif dem Zionismus gegenüber später recht zurückhaltend verhielt, war er es doch, der die obligatorische Einberufung junger drusischer Männer stark befürwortete und mit durchsetzte. Schon 1948 betonte in diesem Zusammenhang Amins Bruder Salman Tarif die Bedeutung von Nabī Shū'ayb, indem er auf die historische Beziehung zwischen Juden und Drusen einging, da Shū'ayb das arabische Wort für Jethro und dieser der Schwiegervater Moses sei.[30] Die "historische Verbindung" zwischen Drusen und Juden wird allerdings auch angezweifelt. Zeidan Atashe zum Beispiel, drusischer Politiker und Diplomat, ist der Auffassung, daß es zwar so in der Bibel stehe, es aber bekannt sei, daß drusische Propheten nie verheiratet gewesen seien und somit auch keine Töchter und Schwiegersöhne gehabt haben könnten.[31]

Zum Ende des osmanischen Reiches (1922) wurde Sheikh Tarif Muhammad Tarif von den Osmanen als *qāḍī* (religiöser Richter) der Drusen der Provinz Beirut eingesetzt. Als dieser Shaykh 1928 verstarb, war er bereits 40 Jahre lang das religiöse Oberhaupt der Drusen Palästinas gewesen. Sein Sohn Amin wandte sich nun an die Briten, damit das Amt offiziell auf ihn übertragen werde. Dies führte zu einer Spaltung der drusischen Gemeinde, da die Khayr-Familie diese Vormachtstellung der Tarifs nicht akzeptieren wollte.

Die israelische Regierung stärkte die Position Tarifs entscheidend. So wurden Besuche wichtiger Politiker und Vertreter der Regierung schon fast zu einem Ritual, welches sich besonders bei der Pilgerfahrt nach Nabī Shū'ayb offenbarte. Aus dieser wurde eine jüdisch-drusische Festlichkeit zur Untermauerung der guten Beziehungen, die einem Staatsakt glich.

Vor Amin Tarif gab es keine ähnliche Führerfigur in der drusischen Geschichte Palästinas. Während sich die Vorgänger Tarifs auf ihre religiösen Aufgaben als Schlichter und Richter beschränkten, wurde Amin Tarif auch als politischer Vertreter der Drusen verstanden. Frisch ist deshalb der Auffassung, daß hier die Drusen durch den Staat Israel gezielt ethnisiert werden sollten. "Gradually a community, perennially divided, became identified with a supreme community and a religious elder".[32] Vor der Etablierung des Staates Israel habe man kaum von einer drusischen Gemeinde, sondern allenfalls von einem

[29] Firro, 1999, S. 96.

[30] Vgl. Firro, 1999, S. 74. Tatsächlich heißt es in Ex 4,18 "Darauf kehrte Mose zu seinem Schwiegervater Jitro zurück." Jitro wird jedoch in Ex 2,18 und in Num 10,29 Reguël genannt, in Ri 4,11 aber Hobab.

[31] Interview mit Zeidan Atashe am 14. April 1998 in 'Issfiya.

[32] Frisch, 1997, S. 584.

Cluster verstreuter Dörfer in Galiläa und auf dem Berg Carmel sprechen können.

Der Staat traditionalisierte auf diese Art und Weise eine kollektives Bewußstein, das heißt eine kollektive Identifizierung, indem er einen Führer dort unterstützte, wo vorher keinerlei Führung vorhanden war. Zudem sollten somit die Unterschiede der Drusen zu den anderen Arabern Israels deutlich gemacht werden. Die Gegner Tarifs und seines Erben Muwarfaq Tarif glauben, daß diese spirituelle Führerschaft nur eine Erfindung des Staates Israel gewesen sei, um es mit Hobsbawm auszudrücken: eine "invention of tradition".[33]

Als Amin Tarif am 03. Oktober 1993 95jährig starb, wurde dies in den israelischen Medien so gewürdigt, als habe es sich um einen Staatsmann gehandelt.

Und noch immer gibt es viele, die ihn verehren. So ist in Julis sein Haus zu besichtigen. Dort sind zahlreiche Fotos von Treffen mit wichtigen Persönlichkeiten aufgehängt, Tarifs Umhang und sein Turban sind in einer Vitrine ausgestellt.[34]

Das heutige religiöse Oberhaupt Mu'warfaq Tarif, der 1993 von Salih Tarif, Mitglied der Knesset, eingesetzt worden war, wird im Gegensatz zu Amin Tarif in der Bevölkerung nicht besondes geschätzt. Amal Jamal, drusischer Dozent für Geschichte an der Universität zu Tel Aviv, faßt die Gründe dafür zusammen:

> Es gibt das Problem des Mangels einer drusischen Elite, die genug Stand hat, die gesamte Gemeinde im Nahen Osten zu führen. Ich nehme Mu'warfaq nicht ernst. Er hat nie etwas geschrieben, und es gibt somit keine Stellungnahme in schriftlicher Form von ihm. Er ist jung, hat nicht studiert, hat kein Charisma, und es gibt keine eindeutige moralische Haltung. Wir brauchen eine Erläuterung seiner Weltvorstellung, um Ordnung zu erhalten. Er ist jetzt für fünf Jahre im Amt, und danach wird es Wahlen geben.[35]

Diese Einschätzung war in zahlreichen Gesprächen mit Drusen in Israel wiederzufinden. Fast alle Gesprächsteilnehmer hielten nur wenig von Mu'warfaq Tarif. Sie nahmen ihn nicht ernst und vermißten die Aura, die sein Vorgänger Amin Tarif gehabt habe.

---

[33] Hobsbawm, 1983.

[34] Eigene Beobachtungen.

[35] Interview mit Amal Jamal am 11. April 2000 in Tel Aviv.

3.3 Israelisches Recht

In allen anderen Bereichen, also allen außer persönlichen Belangen, gilt für die Drusen das israelische Gesetz.

Dem Staat Israel liegt keine Verfassung, sondern nur eine Prinzipienerklärung zugrunde. In dieser wird deklariert, daß der Staat die volle Gleichheit der sozialen und politischen Rechte aller seiner Bürger, unabhängig von Religionszugehörigkeit, Rasse oder Geschlecht, bewahrt.[36] Die meisten Gesetze beruhen auf Grundlagen der Normen aus der britischen Mandatszeit, aus Notverordnungen dieser Zeit, Gesetzen, die die Knesset seit 1948 erlassen hat und israelischen Notverordnungen.

Einige dieser Gesetze tragen eindeutig zur Diskriminierung der Araber in Israel bei, wie zum Beispiel das "Absentee Property Law" von 1950. Für abwesend wurde jeder erklärt, der "...zwischen dem Teilungsbeschluß der Vereinten Nationen (29. Dezember 1947) und dem 01. September 1948 (seinen) Wohnort verlassen [...] hatte."[37] Dieser Status trifft auf die vielen arabischen Kriegsflüchtlinge zu, denen man trotz zahlreicher UN-Resolutionen bis heute die Rückkehr verwehrt.

Dieses Gesetz trifft jedoch nicht die Drusen, da von diesen nicht ein einziger geflohen ist und sie somit die einzige intakt gebliebene arabische Gemeinde in Israel sind. Dennoch gibt es auch Gesetze, die ihre Rechte einschränken, wie das "Law Concerning Uncultivated Lands" von 1953, das "Expropriation Law" von 1950, das "Land Acquisition Law", von 1953 und das "Law of Limitation" von 1958. Das Land Acquisition Law wurde angewendet, um Land aus Sicherheitsgründen oder für Entwicklungsvorhaben konfiszieren zu können. Ebenso trug auch das Law of Limitation zur Enteignung bei. In diesem Gesetz wurde festgelegt, daß der Landbesitzer den Besitz von Land für die Dauer der letzten 15 Jahre beweisen müsse. Leider waren diese Beweise häufig nur schwer zu erbringen, weil das Land der Araber oft an keiner Stelle registriert war. Dies war auch auf dem Golan der Fall, wo das Land in der Gemeinde als Privatbesitz bekannt war, dies aber oft nicht schriftlich festgehalten war. Die Regierung deklarierte dieses Land deshalb als Staatseigentum. Diese Gesetze führten schließlich dazu. daß die Araber von 80 % ihres Landes enteignet wurden und auch heute nur ca. 3 % des Landes in Israel besitzen.

Auch Drusen wurden enteignet, was besonders im Rahmen der Judaisierung Galiläas geschah, die von David Ben-Gurion ausgehend ab dem Jahr 1975 ihren Verlauf nahm.[38]

---

[36] Vgl. McDowall, 1989, S. 123.
[37] Schölch, 1983, S. 18.
[38] Vgl. Oppenheimer, 1985, S. 270.

Die letztgenannten Gesetze betreffen vor allem die Drusen auf dem Golan, da Israel nach dem Sechs-Tage-Krieg von 1967 über 90 % des Landes konfiszierte und den verbliebenen sechs drusischen Dörfern somit nur noch 100 km^2 blieben. Von diesen sind mehr als 30 % für die Bewohner aus militärischen und anderen Gründen nicht zugänglich.[39] Zudem wurde das Baurecht eingeschränkt, was dazu führte, daß viele Häuser illegal gebaut wurden oder mehrstöckig gebaut werden mußten.

Eine beispielhafte Analyse des Verlaufs einer Landenteignung ist die Studie von Yiftachel und Segal. Dort geht es um den Fall Beit Jann: Land wurde mit der Begründung enteignet, daß dies Naturschutzgebiet sei und dort deshalb keine Landwirtschaft betrieben werden dürfe. Später wurde an gleicher Stelle ein militärischer Stützpunkt errichtet.[40]

4 Nationalität

Alle Bürger des Staates Israel besitzen die israelische Staatsbürgerschaft, wobei hier anzumerken ist, daß für jüdische Immigranten das "Law of Citizenship" von 1952 gilt, das ihnen automatisch die Staatsbürgerschaft garantiert. Diesem Gesetz geht das "Law of Return" von 1950 voraus, wonach jeder Jude, gleich welcher Staatsangehörigkeit das Recht auf "Rückkehr", d.h. das Recht auf Einwanderung nach Israel besitzt. Nach dem Staatsbürgerschaftsgesetz Nr. 5712 kann die israelische Staatsbürgerschaft auf vier verschiedenen Wegen erworben werden - kraft Rückkehr gemäß §2, kraft Ansässigkeit gemäß §3, kraft Geburt gemäß §4 oder durch Einbürgerung gemäß §§ 5-9. Folglich hat der Erwerbsgrund des §3 sein Anwendungsgebiet bei der nichtjüdischen Bevölkerung, den Arabern in Israel, wobei für Araber die Staatsbürgerschaft zunächst nicht so selbstverständlich eingeführt worden war.[41]

Praktisch besitzen Juden und Araber in Israel den gleichen Reisepaß, jedoch unterschiedliche Personalausweise. Unter der Kategorie Nationalität, die im deutschen Sprachgebrauch häufig auch mit Staatsbürgerschaft gleichgesetzt wird, wird hier zwischen Jude und Araber unterschieden. Seit dem Jahr 1962 werden die Drusen allerdings nicht mehr als Araber kategorisiert, sondern haben in ihrem Personalausweis "Druse" stehen. Damit wurden sie offiziell zu "Nichtarabern", obwohl sie dadurch die dubiose Stellung von "nichtarabischen Arabern" erlangten. Die israelische Regierung ging sogar so weit zu sagen, daß

---

[39] Vgl. Arab Association for Development, 1994, S. 15.

[40] Vgl. Yiftachel; Segal, 1998, S. 490.

[41] Vgl. McDowall, 1989, S. 123.

die Drusen nicht Araber seien, sondern eine separate ethnische Größe, die "irgendwie arabisiert" wurde.[42]

Es ist paradox, daß Religionszugehörigkeit wie Jüdischsein und ethnische Zugehörigkeit wie Arabischsein auf eine Stufe gestellt werden. Diese beiden sind nicht miteinander vergleichbar. Es ist fraglich, ob es besser gewesen wäre, im Paß nach Religionszugehörigkeit und nicht nach Nationalität zu fragen. Man hätte dann von Anfang an besser differenzieren können, denn daß für die Juden Araber nicht gleich Araber sind, ist klar. Man differenziert mittlerweile zwischen Drusen, Christen, Muslimen, Tscherkessen, Beduinen und Samaritanern, erfaßt sie im Personalausweis aber mit Ausnahme der Drusen gebündelt als Araber. Auffällig ist auch, daß in den Statistiken häufig einfach nur die Rede von Nichtjuden ist, ansonsten heißt es "Araber und andere", wenn von Christen, Muslimen und Drusen die Rede ist. In der offiziellen Statistik werden die Drusen nicht als Araber gewertet, sondern werden als "andere" geführt. Daß nicht alle Bürger Israels einfach als Israeli geführt werden, liegt an der Tatsache, daß ein "echter Israeli" nur ein jüdischer Israeli sein kann, da Israel ein jüdischer Staat ist.

Diese Maßnahmen sollten den Drusen wirklich deutlich machen, daß sie "anders" sind und nicht zu den restlichen Arabern Israels gehören. Israel förderte den ersten Austausch der Personalausweise Anfang der sechziger Jahre mit dem Versprechen, daß Drusen sich dann ohne militärische Erlaubnis frei im Land bewegen durften.[43] Diese Freiheit wurde den restlichen Arabern zunächst weiterhin vorenthalten.

Besondere Regelungen gelten jedoch für die Drusen vom Golan. Nachdem der Staat Israel die Golanhöhen am 14. Dezember 1981 annektiert hatte, kam es zu Massenprotesten der Drusen auf dem Golan. Ihren Höhepunkt fanden sie in einem fast sechs Monate währenden Streik, der am 14. Februar 1982 begann und bis zum 19. Juli 1982 andauerte.[44] Einer der Hauptgründe für das Ende des Streiks war sicherlich die Invasion Israels in den Libanon, die am 05. Juni 1982 begann und alle Aufmerksamkeit auf sich zog.

Seit 1979 bot die israelische Regierung den golanischen Drusen an, die israelische Staatsbürgerschaft erwerben zu können, doch zeigten sich nur wenige interessiert. Weniger als 50 sollen zu Beginn den Ausweis angenommen haben, und ca. 1300 gaben ihn wieder zurück. Bis zum Oktober 1984 sollen es 250 Personen gewesen sein, die den Ausweis akzeptierten.[45]

---

42 Vgl. Betts, 1986, S. 101.
43 Vgl. Firro, 1999, S. 175.
44 Vgl. Tarabieh, 1995, S. 45.
45 Vgl. Druzes of Israel and the Golan Heights, 1994, S. 192 und Betts, 1992, S. 102.

Nach der Annektierung wollte man ihnen jedoch die Staatsbürgerschaft aufzwingen, wogegen sie sich massiv wehrten.

> ...the strike was rooted in a deep sense of the people's identity: their identity as Druze. Their symbol of the campaign was provided by the Israelis: the identity card. And the objective of their resistance was simple, attainable, and brought these elements together in a compelling way: if you are a Syrian Druze, you cannot be Israeli, so don't accept the identity card! It was as simple as that.[46]

Zudem hatten die traditionellen drusischen Führer des Golan im März 1981 eine Versammlung abgehalten. Ergebnis war ein Memorandum, das an ausländische Diplomaten in Israel, an die Vereinten Nationen, israelische Politiker und die Presse weitergeleitet wurde.[47] Es enthielt folgende Erklärungen:

1. Der Golan ist integraler Bestandteil Syriens.
2. Die Bewohner des Golan sind Syrer.
3. Die golanischen Drusen sind mit dem Boden verbunden und sie beteuern ihren Landbesitz.
4. Jeder, der Land an Israelis verkauft, wird aus der religiösen Gemeinschaft der Drusen ausgestoßen.
5. Die lokalen Gemeinderäte, die von der Militärverwaltung eingerichtet wurden, sind illegal.
6. Jeder Druse, der die israelische Staatsbürgerschaft annimmt, wird ebenfalls aus der religiösen Gemeinde der Drusen ausgestoßen.

Diese Ausstoßung kam einem gesellschaftlichen, religiösen, ökonomischen und sozialen Boykott gleich, der auch Beerdigungen und Hochzeiten einschloß. Religiöses und soziales Ausstoßen (*Hermann* und *Mukat'a*) sind die härtesten Sanktionen, die eine drusische Gemeinde gegen eines ihrer Mitglieder erheben kann.[48]

Dies übte einen ungeheuren Druck aus. Letztendlich einigten sich die beiden Parteien, Israelis und golanische Drusen, auf einen Kompromiß. Die Drusen würden die israelischen Personalausweise akzeptieren, und die israelische Regierung würde auf ihre Forderungen eingehen. Dazu gehörten die sofortige Freilassung der inhaftierten Drusenführer, keine weitere Konfiszierung von Land und keine Verstaatlichung von Wasserquellen durch Israel.[49]

Dennoch haben die golanischen Drusen keinen üblichen Personalausweis, sondern eine Karte, die sie als "non-citizen residents" klassifiziert, das heißt sie

---

[46] Kennedy, 1984, S. 60.
[47] Vgl. Atashe, 1995, S. 137.
[48] Vgl. Atashe, 1995, S. 136.
[49] Vgl. Atashe, 1995, S. 141.

sind Bewohner, doch nicht Bürger Israels.[50] Außerdem besitzen sie keine Reisepässe, sondern nur einen amtlichen Paßersatz, sogenannte 'Laissez-Passer'-Papiere (= Passierscheine oder Paßersatzpapiere).

5 Bildung in Schule und Universität

5.1 Schule

Das israelische Schulsystem gliedert sich wie folgt auf.

1. Vorschulische Erziehung für 3-6jährige Kinder, deren letztes Jahr obligatorisch ist.
2. Sechs Jahre Primarstufe (Grund-oder Volksschule) für 6-13jährige Kinder.
3. Sechs Jahre Sekundarstufe (drei Jahre Sekundarstufe I (Mittelschule) und drei Jahre Sek. II (Oberschule))
4. Hochschulbildung.

Dabei ist besonders hervorzuheben, daß jüdisches und arabisches Schulwesen getrennt sind. Im jüdischen Schulsystem gibt es außerdem noch staatliche, religiöse (sing. *Jeshiva*) und unabhängige Schulen.[51]

In Israel sind Juden und Araber vom Kindergartenalter an in verschiedenen Institutionen untergebracht und treffen sich erst in der Universität wieder. Den größten Anteil an arabischen Studenten hat die Universität Haifa mit ca. 20 %.[52]

Während der Mandatszeit waren die Briten für das arabische Schulsystem verantwortlich, wohingegen die Juden ihr Schulsystem selbst verwalteten.

Damals lag die Analphabetenquote der Drusen angeblich bei 95 %.[53]

Heute wird die arabische Erziehung durch eine Sonderabteilung des Ministeriums für Bildung und Kultur verwaltet. Die Schulen erhalten ihre finanziellen Mittel aus lokalen Steuern und vom Ministerium, wobei im israelischen Rechnungshofbericht von 1992 festgestellt wurde, daß das

---

[50] Vgl. Tarabieh, 1995, S. 45.
[51] Vgl. Becker, 1980a, S. 99ff.
[52] Vgl. www.research.haifa.ac.il, 06.12.1999.
[53] Friendly; Silver, 1981, S. 10.

Ministerium für jedes jüdische Kind 308 NIS (entspricht etwa 154 DM) ausgab, für jedes arabische jedoch nur 168 NIS (entspricht etwa 84 DM).[54]

1955 gab es nur 33 drusische Lehrer, darunter nur vier Frauen. Nur drei Drusen studierten, und die Anzahl der Schüler an weiterführenden Schulen betrug nur 25 Personen.[55] Schon 1953 wurden die Ziele der staatlichen Erziehung durch das State Education Law von 1953 folgendermaßen definiert:

> To base elementary education in the State on the values of Jewish culture and the achievements of science, on love of the homeland and loyalty to the State and the Jewish people.[56]

Hier werden die Bedürfnisse der Minoritäten Israels völlig außer acht gelassen. Die Araber Israels sollen Loyalität zu einem Staat entwickeln, der per definitionem nicht der ihre ist. Dieser Loyalitätskonflikt ist bei den Drusen im Vergleich zu den anderen Arabern weniger stark ausgeprägt, da sie im Gegensatz zu den Palästinensern nie den Anspruch auf einen eigenen Staat hatten und sich meist loyal zu dem Staat verhalten, in dem sie leben.

Während der sechziger Jahre begannen drusische Intellektuelle, sich für das Schulsystem einzusetzen. Die Abteilung für arabische Erziehung im Bildungsministerium erstellte darauf hin einen Bericht, aus dem hervorging, daß es im Schuljahr 1968/69 keine einzige weiterführende drusische Schule gab, sondern nur drei gemischt arabische in Shafa'amr, 'Issfiya und Rama. In Schulen mit drusischer Mehrheit waren nur 38 % der Lehrer Drusen, weshalb das Ministerium beschloß, Armeeveteranen und Frauen mit Oberschul-Abschluß als Lehrer zuzulassen, wodurch sich die Quote auf 45 % erhöhte.

Was nun neu etabliert wurde, war die Einrichtung einer pädagogischen Hochschule in Haifa, in der drusische Mädchen zu Lehrerinnen ausgebildet wurden. Diese Aufgabe vertraute man Salman Fallah an, der heute stellvertretender Generaldirektor im Bildungsministerium ist.[57] Wie er mir berichtete, war es zunächst nicht einfach, die Mädchen täglich nach Haifa zu bringen. Viele Eltern widersetzten sich dem Gedanken, ihre Töchter täglich alleine aus dem Dorf zu lassen. Nachdem allerdings das erste Jahr ohne Zwischenfälle verlaufen war und Salman Fallah versprochen hatte, sich persönlich um die Mädchen zu kümmern, wurden es immer mehr, so daß es bis heute sogar einen Überschuß an Mädchen gibt. Dies gab vielen jungen Frauen die Möglichkeit, eine höhere Bildung zu erlangen, selbst erwerbstätig zu werden und auch das Vertrauen ihrer Eltern zu bestätigen.[58]

---

[54] Vgl. CEGAS-News, 1994, S. 3.
[55] Vgl. Firro, 1999, S. 154.
[56] Zit. in: Mar'i, 1988, S. 13.
[57] Ein ausführliches Gespräch mit ihm führte ich am 16. April 2000 in Haifa.
[58] Interview mit Salman Fallah am 16. April 2000 in Haifa.

Außerdem strebten einige Drusen nach einem eigenen Lehrplan, da sie der Auffassung waren, daß die drusische Geschichte Bestandteil des Unterrichts sein sollte. Wie Salman Fallah erläutert, konnten sich die Drusen im damaligen Lehrplan nicht wiederfinden. Sie wünschten sich die Behandlung der drusischen Identität als feste Unterrichtseinheit. Außerdem erhofften sich die Drusen eine Verbesserung der Bildungssituation im allgemeinen. Durch eine Loslösung vom arabischen Sektor, der finanziell nachgerade miserabel dastand, erhoffte man sich bessere Möglichkeiten.[59] Dieses Ansinnen wurde vom Staat Israel bereitwillig unterstützt, da sich die Regierung von der Kreation eines rein drusischen Schulsystems versprach, der Radikalisierung und Palästinensierung der Drusen vorzubeugen.

Das Ministerium hatte zudem eine Studie in Auftrag gegeben, in der festgestellt wurde, daß die mündliche Traditionsweitergabe immer mehr vernachlässigt wurde. Die israelische Kultur nahm immer mehr Einfluß auf das Bewußtsein der jungen Drusen.

> The Druze community is facing the challenge of problems having to do with its identity and fostering its particularity. The expansion of education, the impact of mass media, the everyday contacts with members of other religions and communities, with Western culture, the Arab-Israeli conflict - all these are aggravating the problem of identity and fostering the particularity of the community.[60]

Vertreter der Regierung versprachen eine Ausweitung der Sekundarstufe und ein spezielles Förderprogramm, um die damals extrem niedrige Immatrikulationsrate von Drusen an israelischen Hochschulen zu erhöhen.

In Anlehnung an die Vorgabe des Ministeriums mußten neue Schulbücher konzipiert werden, was allerdings erst 1985/86 bewerkstelligt wurde. Doch schon 1976 begann man, in drusischen Schulen das neue Unterrichtsfach "Drusisches Erbe" zu unterrichten und richtete im Ministerium eine eigene drusische Abteilung ein, die nicht mehr der allgemeinen arabischen Abteilung angehörte. In dem neuen Fach wird die drusische Geschichte nur insoweit gelehrt als die Arkandisziplin nicht verletzt wird. Zur drusischen Tradition zählen Kais Firro, Professor für Geschichte an der Universität Haifa, und Fayez Assam, Autor der ersten drusischen Schulbücher und heute Inspektor für drusisches Erbe am Bildungsministerium,[61] die drusische Ehre, die Ehre der Frau, drusische Helden, Literatur und Volkssagen. Weitere Inhalte des neuen Fachs "Drusisches Erbe" sind frühe Beschreibungen der Drusen in den

---

[59] Interview mit Salman Fallah am 16. April 2000 in Haifa.

[60] File "Education" von 1978 des Bildungsministeriums, zit. in Firro, 1999, S. 233.

[61] Vgl. Firro, 1999, S. 231 und Interview mit Fayez Assam am 12. April 2000 in Haifa.

Chroniken, die Drusen in Israel, ihre Beziehungen zu den Juden während der Mandatszeit, die religiösen Überzeugungen, Gesetze des drusischen Rechts, der Status der Frau, Drusen in arabischen Staaten, die Integration der Drusen in Israel, das israelische Sicherheitssystem, die Wehrpflicht und drusisches Bewußtsein.

Die Ziele des drusischen Unterrichts wurden demzufolge 1976 vom Ministerium für Bildung und Kultur folgendermaßen definiert:

> The objective of the state education in the Druze sector is to base it on Druze and Arabic cultural values, the achievements of science, hopes for peace between Israel and its neighbours, love of the country common to all its citizens, loyalty to the state of Israel, and commonalty in the construction of Israel and its defence, emphasizing interests common to all, encouraging the special relationship between Jews and Druzes and acquaintance with Jewish culture, fostering the Israeli-Druze identity, rooting Druze youth in their community`s heritage and in the commonality of fate of Druzes everywhere.[62]

Hier wird deutlich, wie durch Erziehung Traditionen und Einstellungen vermittelt werden sollen, die als "historisch gewachsen" dargestellt werden, es aber nicht sind. Besonderes Augenmerk verdient hier die Betonung der "special relationship" zwischen Drusen und Juden, mit der auf die Verbindung von Mose zum drusischen Propheten Jethro angespielt wird.[63] Somit wäre die Verbindung zwischen Drusen und Juden schon über 3000 Jahre alt. Zudem ist mit der besonderen Beziehung der "Blutpakt" gemeint, den Drusen und Juden 1948 miteinander eingegangen sind, da seitdem Drusen in der israelischen Armee dienen und demzufolge ihr Blut für Israel vergießen. [64]

Beachtenswert ist auch die Nennung der israelisch-drusischen Identität, die den Schülern vermitteln soll, daß man in einem Staat, der sich als jüdisch definiert, auch als Nicht-Jude anerkanntes Mitglied sein kann. Die Hoffnung der jüdischen Israelis stützt sich in diesem Punkt auf die Stärkung der Lebenszufriedenheit der Drusen und somit auf eine Verhinderung von Rebellion aus Mißmut. Zudem wird die Distanz zu den anderen Arabern Israels verstärkt, unter denen es verpönt ist, sich öffentlich als Israeli zu bekennen.[65]

Für das Zusammengehörigkeitsgefühl der Drusen ist es nötig zu betonen, daß der Glaube allen Drusen gleich ist und alle Drusen weltweit einer Gemeinschaft des Glaubens angehören.

Der Erfolg dieser Maßnahmen zeigte sich im Jahr 1987/88, als die Immatrikulationsrate der Drusen an israelischen Universitäten die der anderen Araber deutlich übertraf, wenngleich sie noch erheblich unter dem Durchschnitt

---

[62] Zit. in: Landau, 1993, S. 66.

[63] Vgl. Ex 4,18.

[64] Vgl. Teitelbaum, 1985, S. 346.

[65] Eigene Beobachtungen.

der jüdischen Studenten lag (7,7 Drusen pro 1000 im Vergleich zu 16,6 bei den Juden). [66]

Schüler in Bildungseinrichtungen in absoluten Zahlen (ohne Kindergarten und ohne Hochschulbildung) im Schuljahr 1998/1999[67]

	Drusen	Araber (gesamt)	Juden
Gesamt	28.265	253.826	1.010.845
Grundschule	16.435	160.197	564.139
Mittelschule	6.782	49.288	188.122
Oberschule	5.048	44.341	258.584

Circa 20 % aller Schüler in Israel sind arabisch, was ungefähr auch der Verteilung in der gesamten Bevölkerung Israels entspricht. Im letzten Quartal des Jahres 1999 waren etwa 78 % der Bevölkerung Israels jüdisch. Diesen Schülerzahlen steht die Zahl der Lehrer gegenüber. Von 85.509 Lehrern gesamt waren 12.516 arabisch (= 14 %) und 76.993 jüdisch (= 86 %).

Die Situation im drusischen Sektor ist noch nicht völlig zufriedenstellend. Denn obwohl die Drusen sicherlich ein großes Interesse an einer speziell drusischen Erziehung haben, ziehen es einige doch vor, ihre Kinder auf jüdische oder andere arabische Schulen zu schicken. Um in einer größeren Gesellschaft im Wettbewerb mithalten zu können und die Universität zu besuchen, braucht man größere und besser ausgestattete Schulen als die drusischen, die primär in ländlichen Gegenden angesiedelt, meist recht klein und einfach gehalten sind.[68]

Den Drusen wie den anderen Arabern in Israel ist klar, daß zum Beispiel das Beherrschen der hebräischen Sprache Hauptschlüssel zu einer guten beruflichen Qualifikation ist. Dennoch ist bei den Drusen die Bereitschaft, sich auf das Hebräische einzulassen größer, als bei anderen israelischen Arabern. Abu-Rabia[69] konnte in einer Untersuchung mit 76 drusischen Schülern im Alter von 15 und 16 Jahren feststellen, daß drusische Schüler eine positive Einstellung gegenüber dem Hebräischen und hebräisch sprechenden Personen haben. Jedoch verbessern vertraute Inhalte das Textverständnis. Die Schüler zeigten größeres Interesse an Texten, die sich auf ihre eigene Kultur bezogen. Zusätzlich versprachen sich viele Schüler bessere Chancen bei der Armee durch

[66] Vgl. Frisch, 1997, S. 586.
[67] Daten entnommen aus www.cbs.gov.il, 04.12.2000.
[68] Vgl. Frisch, 1993, S. 56.
[69] Vgl. Abu-Rabia, 1996.

gute Hebräisch-Kenntnisse. Laut Abu-Rabia stehen diese Untersuchungsresultate in eindeutigem Widerspruch zu Ergebnissen bei anderen israelischen Arabern.[70]

Er schließt, daß die jungen Drusen sich hier bereits in einem Loyalitätskonflikt zwischen ihrer drusisch-arabischen Kultur und Sprache und dem Staat Israel befinden.

1992 beschloß das Ministerium, daß Salman Fallah seine Aufgabe erfüllt habe und schloß den drusischen Sektor verwaltungsmäßig wieder an den allgemeinen Schulsektor an. Dies bedeutet, daß die Etablierung erfolgreich war und das Projekt „Drusischer Schulsektor" nun wieder von der Verwaltung her in den arabischen Sektor integriert werden konnte, die Trennung der Schulen jedoch bestehen bleibt.

3.2 Universität

In Israel gibt es sechs Universitäten, an denen die Abschlußprüfungen zum B.A., M.A. und PhD. abgelegt werden können.

Vor dem Eintritt in die Universität ist ein Psychometrischer Eingangstest (PET) zu bestehen, der sechs verschiedene Fächer abdeckt und vollständig auf hebräisch gehalten ist. Dieser Multiple-Choice-Test und die Ergebnisse des Abiturs (Bagrut) sind ausschlaggebend für die Zulassung zu den einzelnen Fächern.[71]

Die arabischen Israelis schneiden bei diesem Test weitaus schlechter ab als ihre jüdischen Kommilitonen. So wurden 1993 51,5 % der arabischen Bewerber, jedoch nur 16,3 % der jüdischen Bewerber um einen Hochschulplatz abgelehnt. Während immer mehr Araber abgelehnt werden, werden immer mehr Juden angenommen.[72]

Bei den Drusen hingegen ist eine starke Zunahme an Studierenden festzustellen. Hatte während der britischen Mandatszeit nur ein einziger Druse sein Studium absolviert, so waren es im 1987/88 530 Studierende, zuzüglich 50, die im Ausland studierten.

Im Rahmen einer Doppelstudie des Jerusalem Centers for Public Affairs[73] wurden 1320 Personen mit Hochschul-oder Fachschulabschluß (Post-Sekundar) befragt. Deutlich zeigt sich, daß die Anzahl der Personen mit Abschluß

[70] Vgl. Abu-Rabia, 1996, S. 423.

[71] Vgl. Fletcher, 1993, S. 1-4.

[72] Vgl. Central Bureau of Statistics, 1995, S. 677.

[73] Vgl. Jerusalem Center for Public Affairs, 1997.

kontinuierlich steigt. Ein Großteil dieser Personen hatte sich für geisteswissenschaftliche Fächer wie Sprachen, Sozialwissenschaften und Pädagogik entschieden. 87 % der befragten Absolventen waren berufsstätig, und 86 % waren in einem Bereich tätig, der dem studierten oder erlernten entsprach. Außerdem wurden im Schuljahr 1995/96 Schüler der 12. Klassen in neun Sekundarschulen in drusischen Dörfern befragt (n = 792). 77 % der Befragten gaben an, ein Studium beginnen zu wollen. Außerdem zeigten die Schüler im Jahr 1995 ein mittlerweile höheres Interesse an Fächern wie Mathematik, Informatik und Statistik. Die Drusen befinden sich in Fragen der Bildung auf einem guten Weg, und es ist zu erwarten, daß sich die Situation kontinuierlich weiter verbessern wird.

Die Anzahl der weiblichen Studierenden ist nach wie vor recht gering, was mit der patriarchalen Struktur der drusischen Gesellschaft zusammenhängt. So besuchten 1981 zwar 90 % der Mädchen die Grundschule, jedoch weitaus weniger die weiterführenden Schulen und nur 10 % die Universität.[74] 1997 waren 30 % aller drusischen Absolventen von weiterführenden Schulen und Universitäten weiblich.[75] Mittlerweile streben immer mehr Mädchen (80 % der Mädchen in Klasse 12) eine weiterführende Bildung an. Leider wird in der Studie des Jerusalem Centers jedoch nicht weiter zwischen Jungen und Mädchen differenziert. Es ist nicht klar, wer und wieviele an einer Universität studieren möchten und wer und wieviele eine weiterführende Schule (ähnlich der Berufsschulen in Deutschland) besuchen möchten.

Um das Studium der drusischen Abiturienten zu fördern, vergibt das Ministerium für Bildung und Kultur seit 1987 Leistungsprämien, die die bereits bestehenden Stipendien ergänzen sollen, die bereits im ersten Jahr der Einführung von 200 drusischen Studierenden der Universität Haifa in Anspruch genommen wurden.[76]

Die Quote der drusischen Studierenden übertraf 1987 erstmals die Quote der anderen israelischen Araber. Anscheinend machten die Drusen eine schnellere Entwicklung durch, denn während die Bevölkerung von 1967 bis 1980 um 62 % anwuchs, so wuchs die Anzahl der Studierenden im gleichen Zeitraum doch um 525 % (sic!).[77]

Die Auffassung, daß das Studium für den weiteren Lebensweg von sehr großer Ausschlagskraft ist, ist bei den Studenten weit verbreitet. In einer leider recht alten Untersuchung stellt Ben-Dor fest, daß 54 % der von ihm befragten Studenten die Verbesserung der Bildung als eine der größten Herausforderungen der drusischen Gemeinde verstehen. Der Mangel an

---

[74] Vgl. Friendly; Silver, 1981, S. 10.
[75] Vgl. Jerusalem Center for Public Affairs, 1997, S. 9.
[76] Vgl. Landau, 1993, S. 83.
[77] Vgl. Teitelbaum, 1985, S. 347.

adäquaten Bildungseinrichtungen- und möglichkeiten sei mit das größte Hindernis auf dem Weg zur Modernität und zum Fortschritt. Ebenfalls 54 % waren der Ansicht, daß Bildung die drusische Frau voranbringen könnte, und 36 % sahen die Universität und 12 % die Bücher als wichtigste Symbole von Modernität und Fortschritt an.[78]

An der Universität Haifa, die in der Nähe verschiedener Drusendörfer liegt, wurde bereits Anfang der siebziger Jahre ein Archiv eingerichtet. Kurze Zeit später gab es im Fachbereich Geschichte des Nahen Ostens bereits eine eigene Einheit, die sich nur mit drusischer Geschichte befaßt und an das Jüdisch-Arabische Zentrum der Universität angeschlossen ist.

1992 studierten ca. 270 Drusen an der Universität Haifa, ca. die Hälfte aller drusischen Studierenden in Israel. Sie werden unterstützt durch ein "Druze Social Involvement Program". Dieses Programm sieht verschiedene Maßnahmen vor. Dazu gehören die akademische Beratung bei der Fächerwahl, die Vorbereitung auf den PET (den Psychometrischen Eingangstest), Tutorien zur Hilfe bei Verständnisproblemen des Lehrstoffes, finanzielle Hilfen in Form von Stipendien, die Steigerung des sozialen Bewußtseins durch Weitergeben des Gelernten und Arbeit mit und an drusische Studierende und außerdem ein kulturelles Programm. Das Gesamtprogramm wird zu 50 % vom Ministerium finanziert.[79] Zusätzlich vergibt das Ministerium Stipendien, die von ca. 70 % der Studierenden in Anspruch genommen werden.

Seit 1980/81 werden an der Universität Haifa Seminare zur Geschichte, Gesellschaft und Kultur der Drusen angeboten, die nach zwei Jahren zu einer Prüfung führen und speziell für drusische Lehrer vorgesehen sind.

Es gibt für Araber noch immer viele Hindernisse an israelischen Universitäten. So gibt es zum Beispiel ein Wohnungsproblem, da es nur wenige Wohnheimplätze gibt und die Miete für ein Zimmer in der Stadt oft doppelt so hoch ist wie für ein Zimmer im Studentenwohnheim.[80] Die Universität Haifa zum Beipiel kann nur für 4,9 % ihrer Studierenden einen Platz im Wohnheim anbieten. Des weiteren sind von den 450 Plätzen nur 80 für arabische Studierende vorgesehen, wobei sich die Vergabe nach den Ergebnissen des PET und des Bagrut orientiert und diese bei den Arabern bekanntlich durchschnittlich schlechter sind als bei den Juden. Ein weiteres Problem besteht in den hohen Studiengebühren und anderen Kosten, die sich auf eine Mindestsumme von 5000-7000 US-Dollar jährlich pro Student belaufen. Viele arabische Studierende und deren Familien verfügen nicht über entsprechend

---

[78] Vgl. Ben-Dor, 1976, S. 137.

[79] Vgl. The Druzes and the University of Haifa, 1992, S. 9. Woher die restlichen 50 % stammen, konnte leider nicht ermittelt werden.

[80] Vgl. Klein, 1996, S. 37.

viel Geld. Sie müssen häufig nebenberuflichen Tätigkeiten nachgehen und können deshalb oft nicht soviel Zeit für ihr Studium aufwenden wie ihre jüdischen Kommilitonen. [81]

Während von 100 Israelis 72 einen Hochschulabschluß haben, sind es von 1000 Drusen weniger als 10. Zu bedenken ist jedoch, daß es sich bei vielen jüdischen Immigranten um Intellektuelle handelte und sie in ihren Familien eine "Tradition des Studierens" hatten, während sich die Option zu studieren für Drusen erst sehr spät aufgetan hat. In ihrer ursprünglich sehr landwirtschaftlich geprägten Gesellschaft gab es auch nicht einen solchen Bedarf an Hochschulabsolventen[82].

3.3 Probleme der Bildung auf dem Golan

Während es im Schuljahr 1966/67, dem letzten Jahr unter syrischer Flagge, 1300 drusische Schüler gab, wuchs ihre Anzahl auf 5000 Schüler im Jahr 1993 an, die heute in neun Schulen untergebracht sind.[83]

Sofort nach Besetzung des Golan begann Israel, das syrische Schulsystem durch ein israelisches zu ersetzen. Die Regierung erhoffte sich, mittels der Schulbildung die golanischen Drusen zu ähnlich loyalen Israelis erziehen zu können wie die israelischen Drusen. Nachdem jedoch ein Großteil der arabischen Bevölkerung 1967 geflohen war, mußte das Bildungsministerium zunächst Schüler aus Oberschulen als Lehrer einsetzen, da mit der Flüchtlingsbewegung auch viele der Lehrer nach Syrien entflohen waren.

Während die meisten Drusen in der Landwirtschaft beschäftigt sind, ist das Schulsystem mit einer der größten Arbeitgeber auf dem Golan.[84] Doch befinden sich die drusischen Lehrer in einer Zwangslage. Da sie nicht als israelische Staatsbürger gelten, werden ihnen nicht die gleichen Rechte zugestanden wie arabischen Lehrern im restlichen Israel. So erhalten sie stets nur Einjahresverträge, die relativ willkürlich wieder aufgelöst werden können. Entscheidendes Kriterium bei der Vertragsverlängerung ist ihre Haltung gegenüber dem Staat Israel.[85]

Auf dem Golan gibt es jedoch unter den Drusen zwei divergierende Gruppen- die pro-israelische und die pro-syrische.

---

[81] Vgl. Klein, 1996, S. 38.

[82] Becker zum Beispiel spricht von der "großen jüdischen Tradition des Lernens um seiner selbst willen." Vgl. Becker, 1980, S. 258.

[83] Vgl. Shamai, 1993, S. 108.

[84] Vgl. Tarabieh, 1995, S. 43.

[85] Vgl. Shamai, 1990, S. 454.

Dabei gelten die pro-israelischen Anhänger als israelische Kollaborateure, wohingegen die pro-syrischen Anhänger meist mit recht großer Unterstützung aus der Gemeinde rechnen können. Um nicht in einen Konflikt mit beiden Gruppen zu geraten, vermeiden die meisten drusischen Lehrer deshalb politische Statements und Themen solcher Art während des Unterrichts soweit als möglich. Dies kann zu einer Marginalisierung der Position des Lehrers führen. Sobald die Lehrer sich positiv gegenüber Syrien äußern, riskieren sie ihren Arbeitsplatz, wenn sie jedoch Israel zu sehr loben, stehen sie als Kollaborateure und Verräter da.[86]

Problematisch ist diese Divergenz auch für die Schüler, da Stipendien für das Studium in Syrien meist von politischer Aktivität abhängig gemacht werden. So ist es seit 1976 jährlich ca. 10-15 Drusen erlaubt, in Syrien zu studieren, wobei die Studierenden eine Genehmigung durch den Staat Israel benötigen, da Syrien als feindlicher Staat gilt. Syrien selbst fördert den Austausch von Studierenden, indem es jährlich mehrere Stipendien zur Verfügung stellt. Diese wiederum werden von in den Dörfern ansässigen Komitees vergeben, die meist eindeutig pro-syrisch geprägt sind. Laut Shamai muß man pro-syrisch eingestellt sein, um in Syrien studieren zu dürfen[87], während Tarabieh beschreibt, daß die Studierenden von der lokalen jüdisch-israelischen Verwaltung befragt werden und dabei jedes Familienmitglied versprechen muß, anti-israelische Aktivitäten sofort zu unterlassen.[88]

Wie Tayseer Mara'i, Druse aus Majdal Shams, mir erläuterte, akzeptiere Syrien jeden Studenten, der vom Golan stammt. Die Erlaubnis zur Überquerung der Grenze erfolge jedoch durch die Israelis. Er berichtet, daß man seinen Antrag, in Syrien studieren zu dürfen, abgelehnt habe. Er wäre jedoch akzeptiert worden, wenn er bereit gewesen wäre, mit den israelischen Sicherheitsbehörden zu kooperieren und Informationen aus Syrien zu liefern, was er jedoch verweigert habe.[89]

Obwohl ein Großteil der Schüler lieber in Israel studieren würde, ist es häufig einfacher in Syrien zu studieren.[90] Die Hebräisch-Kenntnisse der golanischen Drusen sind im allgemeinen nicht besonders gut, da sie aufgrund ihrer isolierten geographischen Lage nur wenig Kontakt zu Juden haben und nicht in der Armee dienen. In Syrien jedoch können sie auf Arabisch studieren,

---

[86] Vgl. Shamai, 1990, S. 462.
[87] Vgl. Shamai, 1990, S. 454.
[88] Vgl. Tarabieh, 1995, S. 46. Hier ist offensichtlich, daß die jeweilige Ethnie des Autors dessen Text so geprägt hat, daß nicht mehr erkennbar ist, was als Fakt und was als propagandistische Verdrehung zu identifizieren ist.
[89] Interview mit Tayseer Mara'i am 09. April 2000 in Shafar'amr. Tayseer Mara'i wohnt in Majdal Shams auf dem Golan und arbeitet als Biologe bei der Galilee Society in Shafar 'amr. Er ist Mitglied der Arab Association for Development.
[90] Vgl. Shamai, 1993, S. 111.

brauchen keine Studiengebühren zu bezahlen und werden eher für Fächer zugelassen, für die in Israel der Numerus Clausus zu hoch ist. Nur ca. 20 % der Abiturienten verspürten 1993 den Wunsch, in westlichen Saaten zu studieren, was sicherlich primär aufgrund finanzieller Hürden von den meisten ausgeschlossen wurde. Bis zum Zusammenbruch der UdSSR vermittelte Syrien viele Stipendien in Ost-Block-Staaten, welche bereitwillig in Anspruch genommen wurden. So studierten zwischen 1983 und 1989 ca. 250 Golanis in der UdSSR.[91]

Große Probleme gibt es für weibliche Drusen, denen es meist nicht gewährt wird, das Dorf allein zu verlassen. Da jedoch 97 % der Golanis Verwandte in Syrien haben, können sie im Falle eines Studiums bei Familienangehörigen wohnen und befinden sich somit wieder in einer "geschützten Gesellschaft".

1995 gab es mehr als 200 golanische Drusen mit Hochschulabschluß von israelischen Universitäten, unter denen sich immerhin 50 Frauen befanden. Dennoch bleibt es recht schwierig, eine Anstellung in dem studierten Fach zu finden, da der lokale Markt sehr klein ist. Nur ca. 60 % der Absolventen arbeiten in ihrem Fach, während der Rest vornehmlich in der Baubranche oder in der Landwirtschaft angestellt ist.

Da die Zukunft des Golan bislang ungewiß und ein Friedensabkommen nicht in Sicht ist, erhoffen sich die Drusen dort, mittels Bildung sich in jedwedem Staat in einer guten Position zu befinden.

4 Arbeitsmarkt

1999 gab es in Israel 2,136.6 Mio. Erwerbspersonen, von denen 279.500 (13,1 %) Araber waren. Der Anteil der Erwerbspersonen an der Gesamtbevölkerung betrug 53,6 %. Die Arbeitslosenquote lag 1999 bei 8,9 %. Sie lag bei den jüdischen Arbeitslosen bei 8,5 % und bei arabischen Arbeitslosen bei 11,4 %[92].

Nach der Staatsgründung kam es zu Landenteignungen, was dazu führte, daß sich die arabischen Bauern auf andere Erwerbsmöglichkeiten umorientieren mußten. Problematisch war dabei jedoch der im Verhältnis zu den Juden niedrige Bildungsstand der Araber.

1948 waren mehr als 70 % der drusischen Erwerbstätigen in der Landwirtschaft tätig. Die meisten der drusischen Frauen waren Hausfrauen oder

[91] Vgl. Tarabieh, 1995, S. 46.
[92] Vgl. www.cbs.gov.il, 01.03.2001.

mithelfende Familienangehörige ohne eigenes Einkommen.Weitere Probleme für die arabische Landwirtschaft ergaben sich aus der Tatsache, daß Israel den Handel mit arabischen Produkten nach 1948 zunächst nur über staatliche Büros oder jüdische Unternehmen zuließ und unterschiedliche Preise für jüdische und arabische Waren festgelegt worden waren. Zudem wurde den arabischen Arbeitern ein weitaus geringeres Gehalt ausgezahlt. Erst 1953 wurden diese Preisdifferenzen per Gesetz unterbunden.

Zudem führte die Sorge der Juden, jeder Araber sei ein potentieller Kollaborateur der feindlichen arabischen Nachbarstaaten dazu, daß den Arabern der Zugang zu bestimmten Berufszweigen aus Sicherheitsgründen verwehrt wurde. Dazu gehörten zum Beispiel Wasser- und Energiewirtschaft, Diplomatie und Rüstungswesen.

Die Araber entwickelten sich von Bauern zu ungelernten Industriearbeitern. Oppenheimer stellt auch für die Drusen fest, daß sie in diesem Bereich nur auf dem niedrigsten sozio-ökonomischen Level in die israelische Gesellschaft integriert wurden und somit Bestandteil des israelischen Proletariats seien.[93]

Das Einkommen der arabischen Bevölkerung Israels beträgt im allgemeinen nur ca. 60 % des Einkommens der europäischen Juden. [94]

Mar`i deutet die Entwicklung der Araber von Bauern zu Arbeitern als eine Strategie der israelischen Politik. Die Minderheit der Bevölkerung solle von der Mehrheit ökonomisch abhängig gemacht werden, um sie besser kontrollieren zu können. Ebenso sei die geringe Präsenz der Araber in bestimmten Berufszweigen nicht ein Resultat des Sicherheitsbedürfnisses der Juden, sondern vielmehr Ergebnis des Bedürfnisses nach Statussicherung. Hier gehe es nicht um Klassendifferenzierung, sondern vielmehr um ein strukturelles, kastenähnliches System, das auf nationaler Ebene trenne und ausgrenze. [95]

Diese Theorie wird von vielen Arabern bestätigt, von jüdischer Seite jedoch als Hirngespinst abgetan. Hier ist anzumerken, daß es immer mehr junge Araber gibt, die studieren und einen Beruf ergreifen, der ein Auskommen verspricht, welches einen gehobenen Lebensstil ermöglicht. Das heißt, sie setzen sich über das System hinweg und weichen die Grenzen auf. Dennoch sind diese jungen Menschen noch in der Minderheit. Die meisten jungen Araber in Israel fühlen sich diskriminiert und sind der Ansicht, daß sie besonders aufgrund von Restriktionen durch den Staat in ihrer Entwicklung beeinträchtigt sind. Heute wird von israelischer Seite zwar immer wieder betont, daß Araber die gleichen Chancen und Rechte im Land hätten, auf der anderen Seite ist aber

---

[93] Vgl. Oppenheimer, 1985, S. 262.

[94] Vgl. Schreiber; Wolffsohn, 1993, S. 167.

[95] Vgl. Mar`i, 1988, S. 10.

deutlich, daß sie keine wirkliches Interesse an der wirtschaftlichen Entwicklung des arabischen Sektors haben.

Im Vergleich zu den anderen Arabern Israel, die vor allem in der Industrie, im Bauwesen und in Restaurants und Hotels beschäftigt sind, eröffneten sich für die Drusen aufgrund ihrer demonstrierten Loyalität zu Israel weitere Berufszweige wie die Grenzpolizei, die Armee, der Zoll und das Justizwesen.

Ca. 40 % der Drusen im Vergleich zu ca. 15 % der Juden sind in sicherheitsrelevanten Bereichen wie Polizei, Armee und Zoll angestellt.[96] 35 % versuchten vergeblich, eine Anstellung in anderen Bereichen zu finden. Meist finden Drusen eine Beschäftigung in den Häfen, in petrochemischen Fabriken (speziell in Haifa), in privaten Sicherheitsfirmen und in anderen, oft angelernten, handwerklichen Berufen.

1994 waren ca. 10 % der Drusen Berufssoldaten, ca. 700 Personen waren in der Verwaltung tätig, mehr als 1.500 in den Häfen von Haifa und Eilat und ca. 1.000 als Kellner in jüdischen Gaststätten angestellt. Es gab weniger als zehn drusische Ärzte, 2-4 % waren in handwerklichen Berufen tätig. Von den Frauen waren ca. 10-15 % berufstätig.[97]

Allmählich treiben die Drusen die Industrialisierung voran und versuchen sich vom Arbeitnehmer zum Arbeitgeber hochzuarbeiten. So gibt es die erste drusische Fabrik für die Herstellung von Strümpfen in Yirka und in Daliat al-Carmel eine Miederwarenfabrik, in der vornehmlich weibliche Drusen angestellt sind.[98]

Insgesamt gibt es wohl neun solcher Unternehmen, wobei es hier leider keine genaueren Daten gibt.

Die meisten Drusen arbeiten in und um Haifa, das mit seinem Hafen und den Raffinerien zu einem der wichtigsten Industriestandorte Israels gehört.

Da die Drusen von großen Teilen ihres Landes enteignet worden waren oder sich aus finanziellen Nöten gezwungen sahen, ihr Land zu verkaufen, müssen viele einer Erwerbstätigkeit außerhalb ihres Ortes nachgehen.

Mehr als 40 % der Familien mit einem Haushalt besitzen mit Ausnahme des Grundstückes, auf dem ihr Haus steht, kein eigenes Land mehr. [99]

Heute wird dem Staat Israel von drusischer Seite vorgeworfen, nicht genügend im drusischen Sektor zu investieren. Diese Kritik wird öffentlich vor

---

96 Daten erhalten von Prof. Fadil Mansour. Interview am 14.04.1998 in 'Issfiya.

97 Vgl. Dupont, 1994, S. 165.

98 Vgl Stendel, 1973, S. 44.

99 Vgl. Firro, 1999, S. 139.

allem von Saleh Tarif, Abgeordneter der Knesset geäußert. Es sei noch immer ein großer Unterschied im Lebensstandard zwischen Juden und Drusen feststellbar.[100] Er kritisiert außerdem, daß vermehrt jüdische Gemeinden als "Development Areas" deklariert werden, was bedeutet, daß dort verstärkt finanziell gefördert wird. Dieser Status wird drusischen Dörfern nicht gegeben, weshalb sich die Industrialisierung rein privatwirtschaftlich entwickeln muß. In den späten achtziger Jahren waren deshalb mehr als 60 % der drusischen Erwerbstätigen außerhalb ihrer Dörfer angestellt.

Ein weiteres Problem für die drusische Landwirtschaft besteht in der Wasserversorgung. Denn obwohl die arabischen Israelis ca. 18 % der israelischen Bevölkerung ausmachen, erhielten sie 1994 nur 3,4 % des für die Landwirtschaft bestimmten Wassers. Die Drusen mit einem Anteil von 1,6 % an der Gesamtbevölkerung erhielten nur 0,056 %.[101] Firro übersieht an dieser Stelle, daß die großflächigen Agrarbetriebe in Israel mehrheitlich in jüdischer Hand sind und deshalb auch mehr Wasser verbrauchen und benötigen.

Viele Drusen hoffen, daß sich in der Zukunft einiges hinsichtlich der sozio-ökonomischen Situation der Drusen ändern wird. So heißt es in den Regierungsrichtlinien der Regierung des Staates Israel vom Juli 1999:

> Die Regierung ist bestrebt, vollständig gleiche Rechte für alle Araber, Beduinen, Drusen, Tscherkessen und andere Bürger Israels zu schaffen. Die Regierung wird auf die Gleichheit in der Ausbildung, Beschäftigung, im Wohnungswesen und in der Infrastruktur hin arbeiten und ist bestrebt, Ungleichheiten in der Vergangenheit hinsichtlich der Verteilung von Ressourcen und öffentlichen Dienstleistungen zu korrigieren.
>
> Die Regierung ist bestrebt, die Situation der arabischen Behörden zu verbessern und Arbeitsplätze durch die Industrialisierung von arabischen und drusischen Gemeinden zu schaffen, während schrittweise die Lücken zwischen verschiedenen Bevölkerungsgruppen in Israel ökonomischer und sozialer Infrastruktur geschlossen werden.[102]

Auch wenn in der Prinzipienerklärung von 1948 des Staates Israel steht, daß alle Bürger Israels die gleichen Chancen und Rechte haben sollen, muß der Staat mittlerweile eingestehen, daß er diese gleichen Rechte und Chancen bislang nicht gewährt hat. Um ein friedliches Zusammenleben in der Zukunft zu sichern, muß er diese jedoch garantieren.

Die Interessenvertretung der israelischen Arbeitnehmer wird durch die Gewerkschaft Histadrut vorgenommen. Diese wurde 1920 unter dem Namen "Verband der hebräischen Arbeiter" als Arbeitnehmerorganisation der

---

[100] Vgl. Interview mit Saleh Tarif am 24. April 1998 in Julis.

[101] Vgl. Firro, 1999, S. 219.

[102] Vgl. www.israel.de/botschaft/regierungsrichtlinien.html, 18.11.1999.

linkssozialistischen Parteien gegründet. Sie verstand sich von Beginn an nicht nur als Interessenvertretung, sondern zusätzlich als organisatorische und ideologische Vertreterin des staatlichen Aufbauwerkes. Sie fungierte lange Zeit als Arbeitgeberin und Arbeitnehmerin zugleich und engagierte sich stark in Politik, Gesellschaft, Wirtschaft, Kultur und im Gesundheitswesen. Sie hatte wesentlichen Anteil an der Besiedelung des Landes und am Aufbau des Staates Israel. Sie kümmerte sich um die Gesundheitsfürsorge, die Beschäftigung von Neueinwandereren, übernahm Verantwortung für das Bildungswesen, für Wirtschaft, Kultur und Sport, finanzierte Altersheime, Jugendzentren und Theater.

Noch 1980 betrug der Anteil der Histadrutwirtschaft am Nettoinlandsprodukt 23 %.

Dabei konzentrierte sich die Histadrut seit ihrer Gründung nur auf jüdische Arbeit und Arbeitnehmer. Wolffsohn interpretiert dies folgendermaßen:

> Jüdische Arbeit war schon vor der Staatsgründung eine zentrale Forderung der Histadrut. Sie war nicht antiarabisch gemeint, sondern bezweckte die 'Produktivisierung' des Jüdischen Volkes: Im Jüdischen Staat sollten alle Juden alle Arbeiten verrichten. Jüdische Arbeitnehmer wurden von Anfang an gewerkschaftlich organisiert und politisch bewußt. [103]

Wolffsohn übersieht, daß es von der arabischen Seite sehr wohl als antiarabisch empfunden wurde, daß die Arbeitskraft von 668.000 Arabern, die es 1922 gegenüber 84.000 Juden in Palästina gab, völlig außer acht gelassen werden sollte. Erst 1959 wurden Araber in der Histadrut überhaupt zugelassen. 1984 machten die arabischen Israelis 10,5 % der Mitglieder aus, wobei diese in den Führungspositionen eindeutig unterrepräsentiert sind.[104]

1996 waren bereits über 65 % der arabischen ArbeitnehmerInnen in der Histadrut organisiert.

Seit 1994 erfolgte unter dem neuen Vorsitzenden Chaim Ramon jedoch eine Umstrukturierung der Histadrut. Die Bank Hapoalim wurde abgestoßen, genauso wie der Industriekonzern Koor. Die Krankenkasse wurde ausgegliedert, die Gesellschaft für Wohnungsbau wurde verkauft, die Zeitungen ebenfalls. Dennoch lag der Anteil der Histadrutwirtschaft am Bruttosozialprodukt 1996 noch immer bei 11 %. [105]

Heute organisiert die Histadrut etwa 700.000 von insgesamt 1,6 Millionen abhängig Beschäftigten. Von 39 Berufsverbänden sind noch 20 übrig.

---

103 Wolffsohn, 1991, S. 385.

104 Vgl. Neserat, 1990, S. 93.

105 Vgl. Schrems, 1996, S. 3.

5 Armee

Die israelische Armee gibt es seit dem 31. Mai 1948.

Schon 1909 hatten zionistische Pioniere den Haschomer ("Der Wächter") gegründet, eine Verteidigungsorganisation, die allerdings schon am 20. Juli 1920 wieder aufgelöst wurde. Nachdem es jedoch zu vermehrten Zusammenstößen zwischen Juden und Arabern kam, wurde am 15. Juni 1921 als Nachfolgeorganisation des Haschomer die Haganah ("Verteidigung") gegründet. Anläßlich des 1. Arabisch-Israelischen Krieges 1948-49 erklärte man die Haganah zur offiziellen Armee Israels, zur Israelischen Verteidigungsarmee Zahal.

In Israel gehen junge Männer im Alter von 18 bis 29 Jahren drei Jahre und unverheiratete Frauen im Alter von 18 bis 26 Jahren zwei Jahre lang zum Militär. Die Frauen werden im allgemeinen in nichtkämpfenden Einheiten eingesetzt und arbeiten oft in den Schreibstuben. Bis zum Alter von 54 Jahren bleiben Männer Reservisten, unverheiratete Frauen bis zum Alter von 38 Jahren. Die Reservisten werden jährlich für rund 30 Tage einberufen.[106]

Die Armee ist eine der wichtigsten Institutionen in Israel. Neben ihrer Rolle als Bollwerk der staatlichen Sicherheit transformiert sie jüdische Immigranten zu Israelis und flößt ihnen ihre Verpflichtung gegenüber dem Staat Israel ein. Da in Israel die Armeezeit so lange dauert, eine Wehrdienstverweigerung nur den ultraorthodoxen Juden erlaubt ist und sowohl Männer als auch Frauen diesen Dienst leisten müssen, ist die Armee prägend für die israelische Kultur geworden. Dort wird zum Beispiel der hebräische Slang entwickelt und somit die hebräische Sprache in einer armeespezifischen Art und Weise verändert. Azmi Bishara, arabischer Abgeordneter der Knesset, formuliert dies so:

> Das ist der melting-pot, der Schmelztiegel der israelischen Gesellschaft. Dort werden die Menschen national uniformiert, nicht nur in ihrer Kleidung, sondern auch in ihrer Kultur. Ohne die Armee kann man meiner Meinung nach nichts verstehen.[107]

Der Militärdienst ist außerdem eines der Hauptkriterien bei der Vergabe staatlicher Ressourcen innerhalb der verschiedenen Sektoren der israelischen Bevölkerung.[108]

---

[106] Vgl. Wolffsohn, 1991, S. 174 ff.

[107] Interview mit Dr. Azmi Bishara am 30. August 1995 in Jerusalem. Dr. Bishara ist mittlerweile Mitglied der Knesset und war zur Zeit des Gesprächs am Van-Leer-Institute in Jerusalem als Forschungsdirektor tätig. Er hat in Ost-Berlin Philosophie studiert und galt lange als der führende palästinensische Intellektuelle. Siehe auch das Interview mit ihm im Magazin der Süddeutschen Zeitung vom 19. Januar 1996, S. 24-33.

[108] Vgl. Frisch, 1993, S. 58. Man spricht in Israel im allgemeinen vom arabischen und jüdischen Sektor. Hier ist jedoch auch der drusische Sektor gemeint.

Zusammen mit den Beduinen, den Tscherkessen und einigen wenigen anderen Arabern sind die Drusen die einzigen Araber, die den Wehrdienst in der israelischen Armee ableisten, wobei er für die Beduinen freiwillig, für die Drusen jedoch obligatorisch ist. Schon früh erkannten die drusischen Führer, daß der Wehrdienst dazu dienen könnte, ihre Position zu stärken und die Unterstützungen der Juden für kommunale Zwecke zu garantieren.

> Leaders and heads of hamullahs (= Großfamilien. Anm. P.K.) who sought to reinforce their ties with the Jews also wanted to merit esteem or at least attention from the authorities and responsible officials (mainly the military governors in the villages). Accordingly they prompted members of their families to join the IDF. It was their belief that the more recruits a *paterfamilias* could present, the better his standing with the military Governor, the Unit commanders and Israeli leaders, and with government officials in the Druze areas.[109]

Für die israelische Seite stellten die Drusen als einheimische arabische Gemeinde einen Test für die zukünftige Zusammenarbeit mit den Arabern in der sie umgebenden Region dar. Schon 1948 waren die Drusen in einer Minderheiteneinheit vertreten, die im Mai 1948 aus 850 Personen bestand - 400 Drusen, 100 Tscherkessen und 150 Juden. Diese Einheit behielt auch später den Namen Minderheiteneinheit.

Die Vereidigung der Drusen fand zum ersten Mal am 06. Dezember 1948 bei Nabī Shū'ayb statt. Dies ist die Pilgerstätte des drusischen Propheten Shū'ayb, dem eine familiäre Verbindung zu Mose nachgesagt wird. Deshalb symbolisiert er die Verbindung zwischen Drusen und Juden.

> The shrine of *al-nabi Shu`ayb* was deliberately chosen for the occasion since it now symbolized the newly discovered 'historical' connection between 'the sons of Shu`ayb', the Druzes, and 'the sons of Israel'.[110]

Firro sieht hier in Anlehnung an Hobsbawm den Beginn einer erfundenen Tradition. Dieser Ansatz ist beachtenswert, vor allem wenn man bedenkt, daß sämtliche weiteren Vereidigungen "traditionell" bei al-Nabī Shū'ayb stattfanden und stattfinden.

Für die Drusen diente die Armee außerdem der Verbesserung der ökonomischen Situation und der Anpassung an die Modernisierung. Der Prozeß der Modernisierung beinhaltet für die Drusen zwei Schlüsselaspekte - Integration und Innovation. Die Integration bezieht sich dabei auf eine zufriedenstellende Anpassung an den Staat Israel, um vor diesem finanzielle und andere Ansprüche vertreten zu können. Die Innovation meint die oben genannte strukturelle Transformation der Ökonomie, technische Erneuerungen

---

[109] Atashe, 1995, S. 100f. Hervorhebung im Original.
[110] Firro, 1999, S. 97.

wie Straßen, Elektrizität, Wasser und auch sozio-politische Aspekte wie das Bildungswesen.[111] Alle diese Ziele und Wünsche für die Zukunft schienen erst realisierbar durch die Zurschaustellung und das Beweisen absoluter Loyalität gegenüber dem Staat Israel.

1956 initiierten deshalb 16 Drusenführer (Amin Tarif und Anhänger) zusammen mit dem israelischen Premierminister David Ben-Gurion die obligatorische Einberufung, wobei diese Vereinbarung Frauen und religiöse Personen ausschließt.[112]

Dennoch gab es auch starken Protest gegen diese Vereinbarung. Viele Drusen waren der Ansicht, daß sie als Araber genauso wie alle anderen israelischen Araber nicht zur Armee herangezogen werden könnten. Es kam zu Massenprotesten, wobei die meisten Drusen wohl eher aus ökonomischen denn aus ideologischen Gründen gegen die Einberufung waren. Sie befürchteten, daß sie ihr Land nicht mehr hinreichend bestellen könnten und nicht genug bei der Armee verdienten. Doch gerade ökonomische Erwägungen bewogen dann viele Drusen, sich für den Wehrdienst einzusetzen. Die wirtschaftliche Lage war recht desolat und die Armee versprach ein geregeltes Einkommen.[113]

Wehrdienstverweigerung ist nicht möglich, und Desertion wird mit hohen Haftstrafen geahndet. Verweigerung bedeutet den Verlust sämtlicher finanzieller Vorzüge, die Israel Armeeveteranen gewährleistet wie Kredite zum Hausbau und steuerliche Vergünstigen. Eine Erwerbstätigkeit in öffentlichen und allen staatlichen Einrichtungen wird unmöglich. Folge kann auch eine Überprüfung durch den israelischen Sicherheitsdienst sein oder die Verweigerung eines Führerscheins. Wie Hajjar beschreibt, wurde bislang in Verweigerungsfällen mit Drusen härter umgegangen als mit Juden. Die Methoden, die angewendet werden, dienen der Einschüchterung. So soll es zum Beispiel Verhaftungen bei Nacht mit einem großen Kontingent von Soldaten geben, bei denen der Verhaftete in Ketten davongeführt werde. Dabei seien wiederholte Verhaftungen keine Ausnahme, um so auch Druck auf die Familie und die weitere soziale Umgebung auszuüben. Wie Hajjar beschreibt, soll so sichergestellt werden, daß nicht nur gegenüber dem Staat, sondern auch in der drusischen Gemeinde selbst Verweigerung als eindeutiges Fehlverhalten gewertet wird.

> An unwillingness to perform army service is presented as aberrant behaviour by standards of the community, resting on the presumed homogeneity of the Druze and the mutuality of Druze and Jewish interests.[114]

---

[111] Vgl. Ben-Dor, 1973, S. 344 f.

[112] Makarem hingegen glaubt, daß der Armeedienst den Drusen durch die Juden zur Gehirnwäsche oktroyiert wurde. Vgl. Makarem, 1974, S. 4.

[113] Vgl. Firro, 1999, S. 158 f.

[114] Hajjar, 2000, S. 309.

Alle anderen Araber in Israel sind vom Wehrdienst ausgeschlossen. Zum einen möchten sie gar nicht dienen, und zum anderen ist das Mißtrauen der Juden zu groß, das heißt die Juden würden sie nur ungern in großer Zahl an die Waffen lassen. Ori Stendel, ehemaliger Stellvertreter des Beraters für arabische Angelegenheiten im Büro des Premierministers, versteht dies als gezielte Differenzierungspolitik. Er begründet sie allerdings damit, daß so Araber vor persönlichen Konfliktsituationen bewahrt würden.

> This is apparently the only matter within the system of rights and obligations in Israel which expressly distinguishes between citizens of the state according to a nationalistic cross-section. Exempting Arabs from serving in the IDF stems from a realistic view of their unique position. It is intended to prevent the inner contradiction of their existence from becoming more acute and to guarantee that they will not have to fight their brethren, serving in Arab armies or among the ranks of terrorist organizations.[115]

Außerdem hat der israelische Staat auf diese Weise eine Begründung dafür, daß die arabischen Gemeinden weniger staatliche Zuwendungen erhalten als jüdische und rein drusische. Problematisch ist hier, daß die ultra-othodoxen Juden teilweise vollständig von staatlicher Hilfe leben und ebenfalls nicht in der Armee dienen.

Die Armee ist der Ort, wo der Unterschied zwischen Drusen und anderen Arabern im Land am offensichtlichsten wird. Die Drusen werden wegen ihres Wehrdienstes häufig als Verräter denunziert und verachtet. Dies ist vor allem seit 1967 der Fall, da Drusen seither aufgrund ihrer Arabisch-Kenntnisse übermäßig in der Grenzüberwachung eingesetzt werden. Während der Intifada (1987 bis 1993) fungierte diese Grenzpolizei als Hilfskraft und machte in den besetzten Gebieten 15 % bis 20 % der israelischen Streitmacht aus. Damals gab es von Seiten der Bevölkerung Gazas sogar die Beschwerde, daß die Drusen harscher als ihre jüdischen Kameraden vorgehen würden.[116]

Einen hohen Anteil von Drusen gibt es außerdem in der staatlichen und militärischen Verwaltung in den besetzten Gebieten und bei den Gefängniswächtern in den israelischen Sicherheitsgefängnissen, wo überwiegend Palästinenser inhaftiert sind. Dies führt zusätzlich zu Unverständnis und Feindschaft bei den Palästinensern. Die Drusen sind für sie Kollaborateure.

> Ce sont eux que l'on charge d'empêcher et de contrôler les infiltrations de feddayins. Ils constituent une sorte d'intermédiaire entre les soldats juifs et la population d'arabe des territoires occupés. Ce rôle ne fait qu'aviver l'hostilité des Arabes à leur égard.[117]

---

[115] Stendel, 1996, S. 191.

[116] Vgl. Frisch, 1993, S. 63.

[117] Bensimon; Errera, 1989, S. 364.

Die Armee setzt die Drusen wegen ihrer Arabisch-Kenntnisse auch als Dolmetscher vor Gericht in den besetzten Gebieten ein. Diese Gerichte behandeln in ihren Prozessen die Fälle von Personen, die wegen der Mitgliedschaft in terroristischen Oranisationen oder wegen terroristischer Aktivitäten angeklagt sind. Auffällig ist, daß die drusischen Dolmetscher besonders für die Anwälte und Richter, wenig jedoch nur für die Angeklagten übersetzen, da sie der Ansicht sind, daß der Anwalt die Angeklagten anschließend sowieso noch informieren würde.[118] Die meisten der von Hajjar im Rahmen einer Studie befragten Dolmetscher gaben an, bereits vor Prozessbeginn von der Schuld des Angeklagten überzeugt zu sein. Schließlich verhafte die Armee nur Personen, die schuldig seien. Viele der befragten drusischen Dolmetscher waren von einer endemischen Schuld der Palästinenser überzeugt. Diese Ansicht wurde jedoch nicht nur von den Drusen, sondern von fast allen Soldaten dort geteilt. Da die Drusen für die Palästinenser sprechen müssen, quasi ihre Stimme dem Verteidiger leihen, entsteht häufig ein menschliches Gefühl des Mitleids. Während der Wehrdienst sonst bezweckt, den Drusen alle Palästinenser als Feinde zu präsentieren, werden hier Gefühle der Solidarität geweckt.

Die Drusen werden von den anderen Arabern häufig wegen ihrer Tätigkeit in der israelischen Armee verachtet. Man könnte sich fragen, ob die Befriedigung durch den Dienst bei der Armee dieses Gefühl des Verachtetwerdens kompensieren kann. Doch sind sie selbst dort zunächst nicht integraler Bestandteil gewesen, da sie in einer Minderheiteneinheit dienten. Firro ist der Ansicht, daß die Art und Weise, wie diese Minderheiteneinheit aufgebaut wurde, charakteristisch dafür sei, wie in Israel nicht-jüdische Minderheiten in das soziale und ökonomische Leben des Staates "integriert" würden.[119]

Diese Minderheiteneinheit wurde zunächst am Toten Meer nahe der jordanischen Grenze eingesetzt, welche als ruhigste der israelischen Grenzen gilt. Viele verstanden dies als einen Ausdruck von mangelndem Vertrauen seitens der jüdischen Israelis. Dies änderte sich jedoch mit der Zeit, so daß die Minderheiteneinheit 1967 an der Offensive in der Westbank teilnahm und 1975 zum ersten Mal an der unbeständigen libanesischen Grenze eingesetzt wurde. Gerade der Einsatz im Libanon ist für die Drusen besonders schwierig, da sie befürchten müssen, auf ihre Glaubensbrüder schießen zu müssen. Eine nicht unerhebliche Anzahl von Soldaten soll sogar zu den drusischen Milizen übergelaufen sein.[120]

---

118 Vgl. Hajjar, 2000, S. 316.
119 Vgl. Firro, 1992, S. 363.
120 Vgl. Betts, 1986, S. 105.

Ab 1982 erhielten die Drusen Zugang zu allen Einheiten mit Ausnahme des Geheimdienstes und der Luftwaffe. Im Zuge der Gleichstellung wurden nun auch Juden zur Minderheiteneinheit zugelassen. Im Lauf von zwei Jahren nahm die Anzahl der Drusen in der Minderheiteneinheit bis auf 40 % ab. Die Rekruten hatten die Wahl, dort oder in den angeseheneren Infanterieeinheiten wie der Golan Brigade oder dem Luftlandebataillon zu dienen.

1986 wurde zum ersten Mal ein Druse zum Brigadegeneral ernannt. Seit 1991 sind Drusen auch bei der Luftwaffe zugelassen.[121]

Die Einberufung gibt den männlichen Drusen die Gelegenheit, sich in die dominante, hebräisch sprechende Kultur der Juden zu integrieren und sich nicht mehr aus der israelischen Bevölkerung ausgeschlossen zu fühlen. Außerdem haben sie dort häufig das erste Mal die Gelegenheit, junge Frauen (weibliche Soldaten) kennenzulernen und auch erste sexuelle Kontakte zu knüpfen. Da der Wehrdienst jedoch nur die drusischen Männer erfaßt, hat dies zu einer verstärkten Segregation der Geschlechter geführt, da drusischen Frauen dieser Zugang versperrt bleibt.[122] Auffällig ist hier, daß junge drusische Männer nach dem Wehrdienst kein reines Arabisch mehr sprechen, immer wieder ins Hebräische zurückfallen und somit auch auf sprachlicher Ebene die Geschlechtersegregation verstärkt wird. Das Arabischsprechen erweckt bei ihnen den Eindruck, dadurch weniger israelisch zu wirken. Manche weigern sich sogar, während des Dienstes Arabisch zu sprechen. Daß Arabisch die zweite offizielle Sprache in Israel ist, ist hier irrelevant, da alles Arabische negativ stigmatisiert wird.

Wie die Drusen nun selbst diese Armeezeit empfinden und wie ihre Einstellungen dazu sind, ist seit 1973 nicht mehr eingehend untersucht worden. Damals waren die meisten stolz auf ihre Funktion als Modernisierer ihrer traditionellen dörflichen Gemeinschaft nach ihrer Rückkehr.[123]

Wie Hajjar ermittelte, wirft die Armeezeit die Drusen in einen neuen Identitätskonflikt. "In der Armee sind alle Soldaten gleich" heißt es, was bedeutet, daß hier der militärische Rang zählt, nicht aber die Religion. Wenn sie allerdings ansprechen, daß sie sich außerhalb der Armee diskriminiert fühlen, wird ihnen nicht geglaubt, daß eine solche Diskriminierung überhaupt in Israel vorhanden ist. Die meisten der von Hajjar befragten drusischen Soldaten vermeiden deshalb politische Themen in Gesprächen mit ihren Kameraden.

Viele Drusen versuchen, sich der Situation bestmöglich anzupassen. Beispielhaft ist hier der Ausspruch eines Interviewpartners von Hajjar: "When I

---

121 Wie mir erzählt wurde, absolvierte im Jahr 1998 gerade der erste Druse seine Ausbildung zum Piloten, bestand jedoch nicht die Prüfungen, so daß es bis heute keinen einzigen drusischen Piloten gibt. Interview mit Anan Tarif am 26. Februar 1998 in Kiryat Atta.

122 Vgl. Hajjar, 1996, S. 4.

123 Vgl. Ben-Dor, 1973.

am in Tel Aviv I am a Jew. When I am in Rame [a mixed town in northern Israel] I am Arab. When I am in Julis [a Druze village] I am Druze."[124] Unter den derzeitigen Umständen in Israel und Palästina haben die Drusen nur wenige Möglichkeiten, diese Widersprüche miteinander in Einklang zu bringen. Der adaptive Mechanismus zu "sein", was immer die Situation erfordert, ist für sie eine pragmatische Alternative.

Die positive Diskriminierung der Drusen gegenüber den Arabern wird meistens mit ihrem Wehrdienst begründet und israelische Sozialwissenschaftler bezeichnen sie deshalb gern als "loyale Minderheit".[125]

Die Drusen vom Golan gehen nicht zum Zahal, da sie sich als Syrer verstehen und deshalb nicht bei den Israelis dienen können.

8 Gesundheitswesen

Das Gesundheitssystem in Israel entwickelte sich während der Einwanderungswellen der Juden nach Palästina. Schon 1912 wurden zwei jüdische Gesundheitsorganisationen gegründet, die die Versorgung der neuen Siedler übernehmen sollten. Die Hadassah (1912 von Henrietta Szold in den USA gegründet), eine Organisation von Zionisten der Diaspora, trug wesentlich zum Aufbau des Gesundheitssystems bei. Zwei weitere Organisationen vereinigten sich unter dem Namen Kupat Holim (Krankenkasse) in der 1920 gegründeten Gewerkschaft Histadrut.

Bis 1945 war schon die Hälfte der Bevölkerung versichert und versorgt. Gleichzeitig begann auch die britische Mandatsregierung ein System aufzubauen, das sich jedoch zunächst der arabischen Bevölkerung widmete, da "deren Gesundheitslage in den ersten Jahren des britischen Mandats dramatischer als die der jüdischen Siedler war."[126]

Nach der Staatsgründung richtete die Regierung ein Gesundheitsministerium ein, das sich jedoch nicht für alle Bürger des Landes gleich einsetzte. Problematisch bleibt, daß es sehr lange dauerte, bis im arabischen Sektor die Grundvoraussetzungen für eine aktive Gesundheitspolitik geschaffen waren.

> Die sozio-ökonomische Entwicklung auf lokaler Ebene blieb im arabischen Sektor geringer als im jüdischen Sektor, so daß die Wasserqualität, die

---

[124] Hajjar, 2000, S. 322.

[125] Vgl. Ben-Noach, 1985, S. 10.

[126] Neserat, 1990, S. 93.

Wohnbedingungen, die sanitären Verhältnisse etc. erhebliche Gesundheitsrisiken darstellten.[127]

Der Öffentlichkeit bewußt wurde dies 1963, als in vier benachbarten drusischen Dörfern die Röteln ausbrachen und 24 Kinder daran starben. Die israelische Presse berichtete, daß es keine lokale medizinische Hilfe gegeben habe und man aufgrund des Mangels an Straßen keine Krankentransporte habe durchführen können. Die Medien schlugen sich auf die Seite der Drusen und fanden weiterhin heraus, daß neun Dörfer keine Anbindung an die Wasser- und Energieversorgung hatten. Durch den Druck der Öffentlichkeit und aufgrund von Protesten von drusischer Seite wurde hier jedoch sehr bald für Abhilfe gesorgt.[128] Diese Tragödie vereinte die Drusen in ihrer Forderung nach Gleichbehandlung im jüdischen Staat.

Bis heute ist die Säuglingssterblichkeit bei den Arabern deutlich höher als bei den Juden.

Lebendgeburten und Säuglingssterblichkeit[129]

1997	Juden	Muslime	Christen	Drusen
Säuglingssterb-lichkeit absolut	430	309	12	22
Säuglingssterb-lichkeitsrate	5,0	9,8	4,5	8,6
Geburten absolut	86.140	31.374	2.676	2.554
Geburtenrate	18,5	36,7	21,5	26,7

An dieser Tabelle wird deutlich, daß die Säuglingsterblichkeitsrate, das heißt die Anzahl der Kinder, die vor Vollendung ihres ersten Lebensjahres pro 1.000 Lebendgeborenen in einem Kalenderjahr sterben, bei Juden signifikant niedriger ist als bei Muslimen und Drusen. Es ist anzunehmen, daß hier eine medizinische Versorgung nicht in ausreichendem Maße gewährleistet ist.
Ebenso gibt es auch signifikante Unterschiede bei der Lebenserwartung. Während die durchschnittliche Lebenserwartung 1998 für jüdische Frauen bei 80,7 Jahren und bei jüdischen Männern bei 76,5 Jahren lag, lag sie bei

[127] Neserat, 1990, S. 148.
[128] Vgl Atashe, 1995, S. 119 f. und Firro, 1999, S. 181 f.
[129] Vgl. www.cbs.gov.il, 28.11.2000.

Angehörigen anderer Religionen bei 77,7 Jahren für Frauen und 74,3 Jahren für Männer.[130]

Bei den Todesursachen selbst gab es jedoch kaum Unterschiede.[131] Die häufigsten Todesursachen in Israel sind Krebs und Herzkrankheiten.
Es standen 1998 sechs Krankenhausbetten und im Schnitt 3,62 Ärzte pro 1000 Einwohner zur Verfügung (zum Vergleich: in Deutschland standen 3,49 Ärzte pro 1000 Einwohner zur Verfügung).

Im Jahr 1995 trat in Israel das Gesetz zur staatlichen Krankenversicherung in kraft. Dieses verpflichtet den Staat, alle Israelis mit Dienstleistungen im Gesundheitswesen zu versorgen. Außerdem ist jeder Einwohner Israels verpflichtet, sich bei einer der vier Gesundheitsorganisationen registrieren zu lassen und einen bestimmten Betrag seines monatlichen Einkommens über den Arbeitgeber an die Landesversicherungsanstalt abzuführen. Insgesamt finanziert sich das Gesundheitssystem durch die Mitgliedsbeiträge, Sozialsteuerabgaben der Arbeitgeber und selbständig Erwerbstätigen, Mittel der Landesversicherungsanstalt, Mittel des Gesundheitsministeriums und eine Selbstbeteiligung der Patienten bei Inanspruchnahme von Dienstleistungen.[132]

Die Drusen sind mittlerweile in dieses System gut eingebunden. Außerdem sind sie an die Wasser- und Stromversorgung angebunden.

9 Frauen

Die Frauen nehmen in der drusischen Gemeindet eine andere Position ein als arabische Frauen in der muslimischen und christlichen Gesellschaft. Es war Ḥamza, der erste Missionar und Mitbegründer des Drusentums, der ihnen religiöse und legale Gleichheit zugestand - zur damaligen Zeit ein revolutionärer Akt. Zudem ist zu überprüfen, welche Rolle sie in der patriarchalen Gesellschaft der Drusen einnehmen und wie ihr Einfluß bei der Herausbildung ihres Zusammengehörigkeitsgefühles zu bewerten ist.

Die bekannteste weibliche Gestalt in der drusischen Geschichte ist Sitt Sarah, eine Nichte al-Muqtanās (des letzten Missionars und Nachfolgers Ḥamzas). Diese wurde 1034-35 ausgesandt, eine Bewegung religiöser Dissidenten niederzuschlagen, was ihr erfolgreich gelang. Die Abtrünnigen wurden von ihrer Weisheit, Ehrlichkeit und Ernsthaftigkeit überzeugt.[133] Auch

---

130 Vgl. www.cbs.gov.il, 28.11.2000.
131 Vgl. www.cbs.gov.il, 28.11.2000.
132 Vgl. www.israel.de/blickpunkt/krankenversicherung.html, 28.11.2000.
133 Vgl. Alamuddin, 1993, S. 63.

Salih berichtet von einer Frau, der Nichte von Shibli al-Atrash, die 1896 in Syrien einen Kampf in der Revolte gegen die Briten anführte. Leider wird ihr eigener Name nicht erwähnt.[134]

Die drusischen Frauen werden als besonders schön und ehrbar stereotypisiert.[135] In älteren Beschreibungen findet sich die genaue Darstellung ihrer Kleidung, die sich vor allem durch ein Horn auszeichnete, das sich die Frauen vor die Stirn banden. Das Horn war eine Art sehr hohe und nach rückwärts gebogene Mütze, bei reichen Frauen aus Silber oder aus verzinntem Kupfer, bei armen aus Pappe. Sie wurde mittels eines Taschentuchs befestigt, das um das Kinn, und eines zweiten, das um den Kopf gewunden wurde. Von oben hing ein Schleier aus weißem Leinen oder dunkelblauer Seide herab, der an dem Horn durch schwarze Schnüre aus Kamelhaar befestigt war.[136]

Zudem wird berichtet, daß die Frauen des Lesens und Schreibens kundig gewesen seien.

> Die meisten ihrer Weiber sprechen, lesen und schreiben Arabisch, die Gelehrsamkeit wird von den Männern verachtet, als welche sich nur für das weibliche Geschlecht schicket, indem die Männer sich ganz und gar auf den Krieg und auf den Ackerbau legen.[137]

Dies erstaunt, wenn man bedenkt, daß bis heute weitaus mehr Wert auf die Bildung der Jungen als der Mädchen gelegt wird.

Für alle arabischen Frauen in Israel gilt, daß sie weit weniger Rechte als die Männer haben. Ihre Ehre ist zugleich ein solch wichtiges Gut, daß manche muslimische Männer nicht davor zurückschrecken, ihre eigenen Schwestern und Töchter zu ermorden, sollte deren Ehre einen zweifelhaften Ruf erlangen. Ein solcher Fall ist auch aus dem drusischen Dorf Beit Jann bekannt, wo vor circa zwei Jahren ein Mädchen von ihrer Familie ermordet wurde, da sie eine sexuelle Beziehung zu einem Mann hatte.[138] Reema Mustafa, eine junge moderne drusische Studentin aus Daliyat, deutet derartiges Verhalten als übernommenen Einfluß muslimischer Kultur und Tradition, da das Töten von Menschen außer im Kriegsfall durch die Religion an sich verboten werde.[139] Auch Betts berichtet von solchen Vorkommnissen und zitiert die Aufgaben einer drusischen Frau nach Aussage eines Sprechers des religiösen Establishments folgendermaßen:

> A woman must live secluded in her home; she is responsible for the household and the upbringing of the children; she must serve her husband, she must not work

---

134 Vgl. Salih, 1977, S. 255.

135 Vgl. Zenner, 1972, S. 411 f.

136 Vgl. Wensinck; Kramers, 1941, S. 118.

137 Nachricht von den Drusen, 1762, S. 110 und vgl. Alamuddin, 1993, S. 66.

138 Interview mit Sana Ḥarb am 20. April 2000 in Beit Jann.

139 Interview mit Reema Mustafa am 19.04.00 in Daliyat al-Carmel.

> away from home; she must not move more than one kilometre from her village unescorted; a woman's going out into the street alone at night is an act of wantonness; she must not pay visits to town (except to see a doctor if necessary), nor go shopping in the market, nor participating in outings, amusements or sport activities; she must not wear jewelry or other ornaments or make up her face as to hide her natural colour; she must not dance or play instruments such as lute, violin or harp.[140]

Die Maßstäbe für ehrbares Verhalten für drusische Frauen weichen auf. In Julis, dem Stammsitz der Familie Tarif, tragen viele Frauen lange Röcke, verlassen kaum das Dorf, haben eine einfache Bildung und dürfen keinen Führerschein machen. In `Isfiya hingegen sind junge Mädchen in Jeans zu beobachten, die an der Universität studieren und ihren Verlobten in der Öffentlichkeit an der Hand halten.[141] Das Berühren von Mann und Frau in der Öffentlichkeit ist selbst nach langer Ehe bei den meisten Arabern verpönt.

Trotz der ihnen auferlegten Restriktionen genießen die drusischen Frauen weit mehr Rechte als muslimische Frauen. Sie besitzen im Rahmen ihrer Religion einige Rechte und Aufgaben.

Drusische Frauen müssen keinen Prozeß der Initiierung durchmachen, sondern werden allgemein als religiöse Personen verstanden. So haben sie auch das Recht, den drusischen Gebetsort, die *khalwa,* zu besuchen und an den Versammlungen dort teilzunehmen. Dennoch genießen nur wenige drusische Frauen ähnliche Achtung wie einige Sheiks. Wenn es jedoch so weit kommt, werden sie als besonders weise verehrt.

Von grundlegender Bedeutung ist die Rolle der Frauen bei einem Todesfall. Sie reinigen und kleiden die Leiche, singen Trauerlieder und begleiten so den Prozeß der Ablösung der Seele vom Körper, der fundamental für den drusischen Glauben ist. Männer sind während dieses Prozesses nicht zugelassen; ihre Aufgabe ist die Durchführung des Trauerzuges, bei dem wiederum keine Frauen anwesend sind.

Auch bei der Eheschließung haben drusische Frauen einige Rechte. Die Drusen sind monogam, und die Frauen erhalten bei der Hochzeit mindestens die Hälfte, wenn nicht sogar die gesamte Aussteuer. Die Drusen verurteilen die Möglichkeit der Muslime, ihre geschiedenen Exfrauen erneut zu ehelichen.

Bis noch vor wenigen Jahren gab es die Tradition, der Familie der Braut eine Mitgift zu zahlen. In Israel wird dies wohl nicht mehr praktiziert.

Die Mitgift (*mahr*) ist vom Bräutigam an die Braut oder an deren Familie zu entrichten, wobei sich die Höhe der *mahr* nach folgenden Kriterien richtet:

1. Verwandtschaftliche Nähe,
2. Physische Nähe,

---

[140] Betts, 1986, S. 44 f.

[141] Eigene Beobachtungen.

3. Familienstand.

Je näher die Verwandtschaft (bestenfalls Cousin - Cousine) und auch die lokale Herkunft, desto geringer die Mitgift. Für geschiedene oder verwitwete Frauen muß ebenfalls weniger aufgebracht werden.

Obwohl die Frau das Geld theoretisch so verwenden kann, wie sie es möchte, wird es traditionellerweise für die Einrichtung des Hauses verwendet. Teilweise kann die Mitgift auch Sachgüter beinhalten, so werden zum Beispiel häufig Nähmaschinen übergeben, die den Frauen den Lebensunterhalt sichern sollen, wenn der Mann krank wird oder stirbt. Die Funktion der *mahr* ist umstritten:

> Some regard it as direct purchase money, some see it as a more subtle repayment for the man's possessions of his bride and his acquisition of rights over her, and others view it primarly as a symbol, a ritualistic mark of esteem or security for the women.[142]

Manche glauben, sie diene als Symbol der Dominanz des Mannes über die Frau und deren Nachkommenschaft, manche sehen darin ein Symbol für die Liebe und den Respekt des Mannes gegenüber seiner Frau. Manche sehen darin auch nur einen finanziellen Ausgleich für die Familie, die nun eine Tochter verloren hat. Wie oft bei althergebrachten Traditionen, weiß keiner mehr so genau, warum man sie eigentlich befolgt. Die Handlungsweise wird dennoch fortgeführt, da sie Teil einer Tradition ist, die man nicht aufgeben möchte. Man befürchtet, ansonsten einen Teil seiner Identität zu verlieren. Da diese Tradition der *mahr* in Israel nicht mehr existiert, ist fragwürdig, ob die Drusen mit der Aufgabe dieser Tradition tatsächlich an Identität verloren haben.

In modernen Orten wie Daliyat kommt es vor, daß sich die jungen Frauen sogar an der Finanzierung des Hauses beteiligen und gleichberechtigt an allen Prozessen und Entscheidungen während des Hausbaus teilnehmen.[143]

Arrangierte Hochzeiten werden immer seltener, wobei dies von einigen Drusen auch bedauert wird. Es wird zudem stets eine Ehe innerhalb der Familie oder zumindest innerhalb des Dorfes bevorzugt, wobei sich diese Praxis auch bei christlichen und muslimischen Arabern in Israel findet.

Vor der Hochzeit werden die jungen Mädchen getrennt von ihrem Verlobten befragt, ob sie ihn wirklich heiraten möchten. So bekommen sie die Chance der Ablehnung. Das Hochzeitsfest selbst findet jedoch streng nach Geschlechtern getrennt statt.

---

[142] Alamuddin; Starr, 1980, S. 53.

[143] Interview mit Hiyam Naṣr al-Dīn am 08. April 2000 in Daliyat al-Carmel.

Auch Frauen können die Scheidung einreichen, die dann endgültig ist. Sie haben freien Willen beim Aufsetzen ihres Testaments. Dies ist ein nicht zu unterschätzender Vorteil. Ebenso können Frauen auch als gleichwertige Erben eingesetzt werden. Al-Imad versteht das Aufsetzen eines Testaments sogar als religiöse Verpflichtung der Drusen.[144] Die drusischen Frauen haben zudem das Recht auf Eigentum. Dennoch besitzen die meisten Frauen nur wenig und sind somit an ihre Eltern und später an ihren Ehemann und dessen Familie gebunden. Oppenheimer sieht hier einen Widerspruch im Einheitskonzept der Drusen.

> Since women also, in most cases have little or no property, they remain bound to temporal groups who serve and support them. Thus, in a sense, they embody the whole contradiction between the ideal of ultimate Druze unity and the reality of a divisive group organization along lines of temporary and contingent affiliation. At death, as at divorce women are finally removed from their marital status.[145]

Da die drusische Gemeinde patriarchal, patrilineal und patrilokal organisiert ist, gibt es für die drusischen Frauen beim Tod ihres Ehemanns große Probleme, da die patrilineare Verbindung nun unterbrochen ist. Blutsverbindungen werden höher bewertet als eine Verbindung durch Heirat. Nach dem Tod des Gatten hat die Frau deshalb nicht automatisch das Sorgerecht über ihre Kinder, sondern muß es sich vom Richter *(qāḍī)* erteilen lassen. Bei einer erneuten Ehe verfällt das Sorgerecht ganz. Im Dorf erwartet man von ihr kontinuierliche Trauer, was dazu führt, daß drusische Witwen kaum noch außer Haus gehen. Frauen, deren Männer im Krieg gefallen sind, erhalten vom Staat besondere finanzielle Zuwendungen. Israel sieht Kriegswitwen nicht als Sozialfälle an, sondern als Menschen, die die Last der nationalen Verteidigung tragen und denen gegenüber der Staat eine Schuld trägt. Kriegswitwen erhalten 126 % des letzten Gehalts als monatliche Zuwendung plus 11 % für jedes Kind. Sie sind von zahlreichen Steuerverpflichtungen und Versicherungen entbunden, ihre Kinder erhalten Stipendien zur Ausbildung.[146]

Alle diese Gelder werden jedoch von den drusischen Frauen nur zu einem geringen Teil in Anspruch genommen. Sie verfügen oft nur über eine geringe Bildung und sind es nicht gewöhnt, selbständig mit Geld umzugehen. Meist treten nach dem Tod die männlichen Verwandten als neue Familienoberhäupter in Erscheinung, übernehmen die Erziehung der Kinder und auch die Verwaltung des Einkommens. Die dörfliche Gemeinde hat Schwierigkeiten, mit der Unterstützung der Frauen durch das israelische Verteidigungsministerium umzugehen. Kriegswitwen stellen eine Gefährdung der patrilinearen Normen dar, nach denen Eigentum und Nachwuchs zur männlichen Linie gehören. Ihre

---

[144] Vgl. Al-Imad, 1994, S. 123.
[145] Oppenheimer, 1980, S. 628.
[146] Vgl. Katz, 1990, S. 23.

Wiederheirat, ihre Unabhängigkeit und die Loyalität zu ihrer eigenen Familie gefährden den Zusammenhalt des Eigentums der Familie des Gatten. Das traditionelle System wehrt sich gegen solche Veränderungen, indem den Frauen Restriktionen auferlegt werden. Hier ergibt sich ein Konflikt zwischen Verbundenheit mit der Gemeinde und finanziellen Möglichkeiten im modernen Staat. [147]

Mittlerweile bemühen sich immer mehr drusische Frauen um eine gute Ausbildung und um Erwerbstätigkeit, wobei dies nicht ohne Widerstand von Seiten der Dorfältesten und eingeweihten Drusen, den *'uqqāl,* geschieht. Damit Frauen überhaupt beruflich tätig sein können, wurden Textilfabriken in den Dörfern errichtet, in denen primär junge drusische Frauen beschäftigt sind. Friendly und Silver berichten jedoch auch davon, daß man in einer Fabrik Trennwände aufgestellt habe, damit Frauen und Männer sich bei der Arbeit nicht sehen könnten.[148]

Man erwägt mittlerweile auch die Errichtung von weiterführenden Schulen in den Dörfern, so daß die Mädchen ihre Dörfer nicht zu verlassen brauchen, um eine höhere Bildung zu erlangen. Entsprechend der traditionellen Werte gilt es als unehrenhaft für eine Frau, das Dorf allein zu verlassen.

> Moreover, the traditional values are another obstacle in regard to post-secondary education. That obstacle allies to females only. Females are *rarely* allowed to study and reside outside the village. (...)
>
> For a Druze female, life outside her male "guarantor's" (usually, father or brother) house is a very shameful thing, for her and her family.[149]

Wahrscheinlich bildet den Grundstock für diese Überzeugung Epistel 15 des Drusenkanons, wo es heißt:

> Oh! Beware, beware ye family believers. Let none of you look at a fellow believer or at any other male with an eye different from the one she looks with at her father or her son. Let her keep in mind that the Lord (al-Mawla) ever watches her whoever she may be and in all her postures. (...) Beware ye men and women believers of surrendering yourselves to your animal possesions and sensual desires in the presence of God. He who restrains himself from yielding to his lecherous instincts rises above the pure angels.[150]

Laut Zenner wird von einigen die Bildung für Mädchen generell verdächtigt, als ein Mittel der Kommunikation mit Liebhabern und Männern zu fungieren.[151] Kommunikation mit potentiellen Ehepartnern findet jedoch primär

---

[147] Vgl. Katz, 1990, S. 33f.

[148] Friendly; Silver, 1981, S. 11.

[149] Shamai, 1990, S. 460.

[150] Zit. in Najjar, 1973, S. 202.

[151] Vgl. Zenner, 1972, S. 410.

im Haus des Mädchens statt, wobei es auch hier immense Unterschiede zwischen den einzelnen Dörfern gibt. Während sich Mädchen aus Daliyat allein mit ihrem Verlobten treffen können, ist dies für Mädchen aus Beit Jann fast unmöglich. Die Anwärter bekommen mehrfach Gelegenheit, sich in Anwesenheit anderer Familienangehöriger mit ihnen zu unterhalten und können dann Anträge stellen. Telefonate sind jedoch durchaus erlaubt. Problematisch ist, daß drusische Männer durch ihren Dienst bei der Armee weit mehr der Europäisierung und Westernisierung ausgesetzt sind und teilweise ein Leben führen, das mit den ursprünglichen Traditionen nur noch wenig gemein hat. Teilweise versuchen sie auch den Spagat, indem sie sich in ihren Dörfern gebührlich benehmen, in der Stadt jedoch Appartements anmieten, in denen sie sich mit ihren christlichen oder jüdischen Geliebten treffen können.[152]

Auch auf sprachlicher Ebene ist eine Geschlechtersegregation feststellbar. Junge Armeeveteranen sprechen ein Arabisch, das stark mit Hebräisch zersetzt ist oder beginnen, auch nach ihrer Armeezeit meist Hebräisch zu sprechen. Die Frauen hingegen, die in einem rein arabischen Umfeld leben, das sie kaum verlassen, verfügen nicht über ähnlich gute Hebräisch-Kenntnisse und sind somit zeitweilig von der Kommunikation ausgeschlossen.

Auf dem Golan stellt sich die Situation der drusischen Frauen etwas anders dar. Ähnlich den palästinensischen Frauen zur Zeit der Intifada (1987-1993), so nutzten die drusischen Frauen den großen Streik von 1982, um sich aktiv am Widerstand gegen Israel zu beteiligen.

> The strike provided women with a unique opportunity to play an active role in the political and social life of the community. Women took advantage of protections afforded to females in traditional society to put themselves on the front lines during confrontations with Israeli soldiers and police. And when Israeli military forced its way into people's homes, women were the ones who refused to accept the IDs and demanded that soldiers leave.[153]

Wie mir berichtet wurde, versuchte Israel seinerzeit die Aktivitäten der Frauen zu unterbinden. Regierungsvertreter gingen zu den religiösen Oberhäuptern und warfen ihnen vor, sich nicht genügend um die Frauen zu kümmern. Das Verhalten der Frauen sei eine Schande für eine gute arabische Gemeinde. Sie versuchten die Drusen davon zu überzeugen, daß ihre Ehre gefährdet sei. Die drusischen Oberhäupter seien auf diese Vorwürfe jedoch nicht eingegangen, sondern erwiderten vielmehr, daß jede Person und somit auch alle Frauen und selbst Kinder aufgefordert seien, sich dem Widerstand gegen die israelische Besetzung anzuschließen.[154]

---

[152] Persönliche Berichte, bei denen die Erzähler nicht namentlich genannt werden möchten.

[153] Tarabieh, 1995, S. 45.

[154] Interview mit Tayseer Mara' i am 09. April 2000 in Shafar' amr.

Auch heute noch sind Frauen und Männer bei öffentlichen Ereignissen auf dem Golan gleich stark vertreten. Im Vergleich zu den Schulen in Israel, die bis zur Grundschule gemischt, danach jedoch nach Geschlechtern getrennt sind, sind alle Schulen auf dem Golan gemischt.[155]

So ist auch nach dem Streik die Anzahl der drusischen Studentinnen beträchtlich gestiegen.

Es ist deutlich, daß sich arabische Frauen in einem Prozeß der Emanizipierung befinden. Sie haben Kontakt mit modernen jüdischen Israelis, empfangen über 30 Fernsehsender, lesen Zeitschriften. Mu`warfaq Tarif, religiöses Oberhaupt der Drusen in Israel, sieht dies als Bedrohung für die Kontinuität der drusischen Gemeinde. Er läßt Mädchen und ihre Familien, die sich den traditionellen Werten und Normen widersetzen, bestrafen, wobei er jedoch nicht ausführt, welcher Art und Weise diese Bestrafung gestaltet ist. Es ist anzunehmen, daß es sich um gesellschaftliche Sanktionen wie Ausschluß aus bestimmten gesellschaftlichen Aktivitäten handelt.[156]

Diese Problematik ist jedoch nicht spezifisch drusisch, sondern bei fast allen israelischen Arabern feststellbar. Nur wenige Juden leben in ähnlicher Strenge und ähnlich patriarchalen Strukturen. Ausnahme sind die ultra-orthodoxen Juden, wo sich Frauen nach der Heirat den Kopf scheren, Kopftücher oder Perücken tragen und den ganzen Körper stets bedeckt halten. Die meisten Juden führen ein säkulares, sehr freizügiges Leben, das von den Arabern als Bedrohung und als Realisierung des Werteverfalls betrachtet wird. Die Drusen sind jedoch der Ansicht, daß moderne Werte wie die vollständige Gleichberechtigung der Frau nicht mit ihrer Religion vereinbar seien, da die Stellung der Frau, wie mehrfach in Gesprächen betont wurde, bereits vor 1000 Jahren festgelegt worden sei.

Eine Weiterentwicklung oder Neuinterpretierung bestimmter religiöser Auffassungen birgt die Gefahr, auch andere religiöse Auffassungen überprüfen zu müssen. Dies würde bedeuten, daß man an den Fundamenten der Religion rüttelte, die aber doch das entscheidende Kriterium für das drusische Bewußtsein ist.

---

[155] Vgl. Hajjar, 1996, S. 5.

[156] Interview mit Mu' warfaq Tarif am 09. März 1998 in Julis.

10 Organisationen

Es gibt in Israel den Religiösen Rat der Drusen. Des weiteren zwei private Organisationen und auf dem Golan eine drusische Organisation, die im folgenden vorgestellt werden sollen. Es soll hier erläutert werden, inwieweit die drusische Gemeinde auch formal strukturiert ist. Es sollen verschiedene Strömungen und Differenzen innerhalb der Gemeinde ausgemacht werden. Es wird deutlich, daß es innerhalb der "Einheit" unterschiedliche Meinungen gibt. Wenn Gruppen sich in Verbänden zusammenschließen, gibt das auch Aufschluß darüber, inwieweit sie sich über bestimmte Merkmale als Verband verstehen und welche Kriterien nötig sind, um Mitglied der Organisation zu werden.

10.1 The Druze Initiative Committee

Das Druze Initiative Committee DIC (*Lajnat al-Mubāḍara al-Durziyya*) wurde 1972 gegründet und verfolgt vier Hauptziele:

1. Abschaffung des obligatorischen Wehrdienstes für Drusen.
2. Beendigung der Landenteignungen.
3. Bekämpfung der Einmischung von Juden in drusische Identität und Religion.
4. Sie verstehen sich als Teil des arabisch-palästinensischen Volkes und wollen demzufolge nicht weiter als Drusen im Personalausweis deklariert werden.[157]

Der erste Vorsitzende dieser Gruppe war Shaykh Farhud Qasim, dem Jamal Mu'addi folgte, der dieses Amt noch heute ausübt. Einen Anstoß zur Gründung des Komitees gab die Einberufung von Qasims ältestem Sohn, woraufhin er folgenden Brief an einige drusische Scheichs schrieb:

> These words should have been said a long time ago. The matter has motivated me to turn to you is, firstly, to focus your attention on the conditions under which we live, and, secondly, to get your help, as unity is strength.
>
> We have been counting the years... in which we have paid the tax of blood of our children to the present policy which requires of us mandatory conscription. You and we know that the authorities succeeded in pressuring and squeezing, in various ways, the agreement of only tens of people in favor of the Law of Security Service. However, as is known to us, you, and the authorities, over 1.500 Druzes signed petitions against this law. But the current policy accepted the opinion of the

---

[157] Interview mit Jamal Mu'addi am 15. März 1998 in Yirka.

minority, and ignored the opinion of the majority. *Mandatory conscription means the loss of our children's future.*[158]

Dieser Brief wurde auch in der Zeitung al-Ittiḥād der Kommunistischen Partei Rakach veröffentlicht und erhielt positive Resonanz. Am 10. Mai 1972 veranstaltete Qasim in seinem Haus in Rama ein Treffen, bei dem vier Scheichs (*Shuyūkh*), vier drusische Rakah-Mitglieder und andere Personen anwesend waren, die zusammen das Druze Initiative Committee (DIC) gründeten.

Das DIC hat keine Satzung, läßt aber nur Mitglieder zu, die mit den Hauptprinzipien des DIC übereinstimmen. Im Zentralkomitee sind Abgeordnete der lokalen Gruppen vertreten. Es gibt ein Oberhaupt (*ra'īs*) und einen Generalsekretär (*amīn 'āmm*).

Das DIC verfolgt in Fragen des arabisch-israelischen Konfliktes die Parteilinie der Rakach, besteht aber auf den Standpunkt, eine nicht-kommunistische Organisation zu sein.

Mitte der achtziger Jahre allerdings trat Qasim aus der Organisation aus, da er meinte, er sei zu alt und das DIC zu sehr von Kommunisten dominiert.[159]

Aktive Mitglieder des DIC und vor allem jene, die zusätzlich auch noch der Rakach angehören, erhalten verschiedene Vergünstigungen durch die Rakach. So hat die Rakach vor Zusammenbruch des Ostblocks Studienstipendien in Ostblockstaaten wie der DDR, Ungarn, Bulgarien, Polen und der UdSSR vergeben.

Dieses Verfahren geht einher mit dem Prinzip der Rakach, gute Beziehungen zu den Parteimitgliedern zu entwickeln, damit diese sich dann besonders stark für die Parteiziele einsetzen.

Die Mitglieder des DIC verstehen sich als Palästinenser und als Muslime. Sie wehren sich sogar gegen die Bezeichnung "israelische Araber" und sehen sich vielmehr als "Araber *in* Israel". Sie unterstützen die Errichtung eines palästinensischen Staates mit Jerusalem als Hauptstadt. Sie kämpfen vornehmlich für gleiche Rechte im Staat Israel und für die Abschaffung der Diskriminierung der Araber in Israel. Wie Jamal Mu'addi, Mitgründer des DIC, erläutert, möchten sie von den Israelis so wie jüdische Israelis behandelt werden. Außerdem verbittet er sich eine Einmischung der Juden in die drusische Identitätsarbeit. "The Jews themselves do not know who is a Jew-how can they know who is a Druze?"[160]

Besonders bekannt wurde das DIC 1975, als es eine Demonstration veranstaltete und die Feierlichkeiten bei Nabī Shū'ayb, die alljährlich am 25. April stattfinden, massiv störte. Die Wallfahrt zu Nabī Shū'ayb - es handelt sich hierbei um das Grab eines Propheten - war früher eine rein religiöse

---

[158] Qasim zit. in Teitelbaum, 1985, S. 349.

[159] Vgl. Teitelbaum, 1985, S. 351.

[160] Interview mit Jamal Mu'addi am 15. März 1998 in Yirka.

Angelegenheit gewesen, entwickelte sich seit Gründung des Staates Israel aber immer mehr zu einer politischen Veranstaltung. Bei Nabī Shū'ayb handelt es sich um das Grab Jethros, der angeblich der Schwiegervater Moses sein soll und so stellte man eine künstliche Verbindung zwischen Drusen und Juden her. Die Veranstaltung

> was marked by parades of Druze soldiers, speeches by the prime minister and his representative, by other government officials, senior officers, and members of the official religious hierarchy, who all stressed such themes as the contribution of the Druze national defense. Meanwhile, over all this hung the flag of Israel and the multicolored Druze flag, flags of equal size, chaped side by side from the walls of the shrine.[161]

Seit 1975 hat die Wallfahrt allerdings wieder eher religiösen Charakter und ist eine rein drusische Angelegenheit.

10.2 The Israel Druze Association

1966 wurde die Israel Druze Association gegründet. Sie verfolgt eine Stärkung der drusischen Präsenz und Beteiligung an allen Aspekten des öffentlichen Lebens in Israel. Ihre Anhänger wollen aber nicht bevorzugt, sondern eben gleichberechtigt wie alle anderen Bürger Israels behandelt werden.[162]

10.3 The Zionist Druze Circle

Diese Vereinigung wurde 1974 gegründet. Die Gründungsmitglieder waren junge Drusen aus Daliyat al-Karmiel, angeführt von Yusūf Naṣr al-Dīn.

Das Ziel dieses Kreises ist die einhellige Unterstützung des Staates Israel. Sie verstehen sich selbst nur als Drusen, keinesfalls als Muslime und zum Teil noch nicht mal als Araber. Naṣr al-Dīn erläutert die Verbindung von Drusentum und Zionismus folgendermaßen:

Juden und Drusen hätten gemeinsam während der Staatsgründung gegen die Araber gekämpft. Drusen hätten bereits im Vorfeld immer sehr unter ihren arabischen Nachbarn gelitten. Die Errichtung des Staates Israel habe für ihn deshalb quasi die Befreiung aus der Sklaverei bedeutet. Nun sei es den Drusen möglich, sich frei zu äußern, ihre Religion zu praktizieren und gemäß ihrer

---

[161] Oppenheimer, 1980, S. 633.

[162] Vgl, Stendel, 1973, S. 46.

Tradition zu leben. Um nun als vollwertiger Partner und vollwertiges Mitglied der israelischen Gesellschaft mit allen Rechten und Pflichten akzeptiert zu werden, sei es logisch, auch die Ideologie zu unterstützen, die zur Gründung des Staates beigetragen habe - den Zionismus.

> Because of this reason I made a decision before 25 or 26 years ago when the Israelis got a decision in the United Nations that the Zionism is Racism at 1975, so I got together with other partners from the Druze community here in Israel to establish a new movement that is called the Druze Zionist movement, to support the ideology of the Jewish people and exactly the Zionism in a weak situation that it was in.[163]

Der Zionist Druze Circle hat keinerlei Verbindungen zu irgendwelchen politischen Parteien, und ihre Mitgliederzahl wurde von Nasr-ed-Dine im Jahr 2000 auf ca. 7000 geschätzt.

10.4 The Arab Association for Development

Die Arab Association for Development (AAD) ist eine unabhängige, nichtstaatliche Organisation, die 1991 auf den Golanhöhen in Majdal Shams gegründet wurde.

Die Mitglieder der AAD bemühen sich vor allem um soziale und kulturelle Probleme der Drusen auf dem Golan und möchten deshalb die Entwicklung in allen Bereichen ihrer Gesellschaft vorantreiben. Ihre Arbeit sehen sie eingebunden in das Bedürfnis, ihre nationale Identität zu bewahren, die sie als syrisch-arabisch definieren. Sie versuchen eine Befriedigung der kollektiven Bedürfnisse und der Besetzung des Golan durch die Juden zu widerstehen. Sie haben zur Erlangung ihrer Ziele verschiedene Projekte in Gang gesetzt, wobei eines ihrer Hauptziele das Errichten einer Klinik war, was ihnen nun auch gelungen ist.

Da die meisten Drusen vom Golan in der Landwirtschaft tätig sind, erwägt die AAD die Einrichtung eines agrarwissenschaftlichen Labors zur Verbesserung der Erträge. Die AAD-Mitglieder suchen des weiteren nach alternativen Bildungsmöglichkeiten für drusische Schüler, da ihrer Ansicht nach der derzeitige Lehrplan zu sehr nach israelischen Gesichtspunkten gestaltet ist und der Erhalt einer nationalen Identität als syrische Araber gefährdet ist.

Um ihre Ziele erreichen zu können, haben sie Informationen gesammelt, Studien und Untersuchungen angefertigt, um so die Weltöffentlichkeit auf ihre

---

[163] Interview mit Yusūf Naṣr al-Dīn am 19. April 2000 in Daliyat al-Carmel.

besondere Sitution aufmerksam machen zu können und solide Informationen zu bieten.

Die AAD strebt den Kontakt mit internationalen Organisationen an, um ihre Belange einer breiteren Öffentlichkeit zugänglich machen zu können.[164]

164 Vgl. Arab Association for Development, 1993, S. 4f.

VI Die Drusen außerhalb Israels

An dieser Stelle soll deutlich gemacht werden, inwiefern sich die Drusen in Israel von den Drusen anderer Staaten unterscheiden. Wenn dargestellt wird, daß die Drusen in Israel gewissermaßen eine "Einheit" bilden, ist zu hinterfragen, ob sie dies nur in Israel oder auch in anderen Staaten tun. Dabei ist außerdem zu überprüfen, ob die drusische "Einheit" über die Grenzen hinweg gilt, oder ob nationale Einheiten gewichtiger sind.

1 Libanon

Im Libanon zählen die Drusen ca. 250.000 Personen, was ungefähr 6,5 % der libanesischen Bevölkerung entspricht.[1]

Ihr bevorzugtes Siedlungsgebiet ist der Shouf, bekannt auch als Jabal Druze (Drusengebirge). Die wichtigsten Familien mit großem Einfluß sind heute die Jumblattis und Arslans. Früher waren es die Familien Qaysi und Yemeni, die die drusische Gesellschaft im libanesischen Gebiet prägten, doch teilte sich die Qaysi Fraktion um 1760 in die Yazbakis und Jumblattis.

Die frühe Geschichte der Drusen ist geprägt von Kriegen und internen Fehden, die ihnen das Klischee einer gut organisierten, kriegerischen Gemeinschaft eintrugen. Während des 16. Jahrhunderts sah die sunnitische Orthodoxie in den Drusen und Schiiten Ketzer, die wegen ihres Abfalls vom wahren Islam zu bestrafen seien. Während die Maroniten als Christen zwar geduldet wurden, verbündeten sie sich dennoch vorsichtshalber mit den Drusen, um für den Fall einer militärischen Auseinandersetzung einen starken Verbündeten zu haben. Wichtigste Figur dieser Zeit war sicherlich Fakhr al-Dīn II (1572-1635), der von 1590 bis 1633 als Statthalter an der Macht war. Er wird als Gründer eines ersten autonomen libanesischen Staates anerkannt, setzte sich für den Fortschritt ein und etablierte erste Kontakte zu Europa. Doch fürchtete auch er die Verfolgung und gab stets an, schiitischer Moslem zu sein. Er wurde 1633 von türkischen Truppen gefangengenommen und 1635 hingerichtet. Die von Fakhr al-Dīn unternommenen politisch-militärischen Maßnahmen zur Loslösung großer Teile Libanons und Syriens vom Osmanischen Reich gelten

---

[1] Vgl. Chabry, 1984, S. 191.

als die bedeutendsten antitürkischen Erhebungen in den arabischen Ländern während der ersten drei Jahrhunderte der osmanischen Herrschaft.[2]

Vermittels ihres kriegerischen Könnens erhielten drusische Anführer regionale Kommandos, die ihnen von den lokalen Behörden übertragen wurden, weshalb die militärischen Erfolge der Drusen zudem mit Subventionen und Titeln belohnt wurden. Diese Situation nahm Einfluß auf die soziale Struktur ihrer Gemeinde, da die Macht sich nur noch auf wenige Familien konzentrierte. Bis zur Mitte des 19. Jahrhunderts regierten drusische Adlige vollständig unabhängig den Mount Lebanon.

Im Jahr 1825 begann jedoch die Feindschaft zwischen Drusen und Maroniten, als Joumblatt sich gegen Bashir II (1767-1850) erhob. Bashir, der mit Unterbrechungen von 1789 bis 1840 Emir des Libanon war, schlug den Aufstand nieder und ließ Joumblatt hinrichten. Derselbe Bashir schlug 1838 zusammen mit Ibrahim Pacha (1789-1848, Sohn des ägyptischen Statthalters Muḥammad 'Alī) einen syrischen Drusenaufstand nieder, was zur endgültigen Feindschaft zwischen Drusen und Maroniten führte. Der Tod mehrerer tausend Christen gab Frankreich die Rechtfertigung für ein Eingreifen, weshalb die Franzosen 1864 einen christlichen Gouverneur einsetzten. Es folgten im Verlauf der Jahre mehrere Massaker zwischen Drusen und Maroniten. Aus diesem Grund teilten die Osmanen den Libanon in zwei Verwaltungseinheiten ein, der Norden stand danach unter maronitischer, der Süden unter drusischer Führung.

Der Gegensatz verschärfte sich weiter, nachdem sich die Maroniten mit den Franzosen, die Drusen sich hingegen mit den Briten verbündeten. Indem die Franzosen 1920 den Großen Libanon (Le Grand Liban) gründeten, glaubten sie hierdurch die heterogene Gesellschaft des Libanon zu einer libanesischen Nation mit einer libanesischen Identität vereinen zu können.[3] Dies gelang nur zum Teil. Nach dem Zweiten Weltkrieg zögerte Charles de Gaulle zunächst, die französischen Kolonien aufzugeben, doch forderten die Vereinten Nationen einen Rückzug aller ausländischen Truppen, was zur Unabhängigkeit der Staaten Syrien und Libanon führte. 1946 zogen sämtliche ausländische Truppen ab. Die Bevölkerung blieb aufgrund der verschiedenen Religionszugehörigkeiten gespalten.

Schon 1943 wurde die erste libanesische Regierung gegründet, wobei einer der Kernpunkte der Verfassung die paritätische Zusammensetzung des Parlaments betraf, bei der fast alle Religionsgruppen Berücksichtigung fanden. So wurde festgelegt, daß der Staatspräsident Maronit, der Ministerpräsident Sunnit und der Parlamentspräsident Schiit sein müßten.

1948 erhielten die Drusen die rechtliche Anerkennung ihres Glaubens durch den Staat. 1949 gründete Kamal Joumblatt die Progressistisch-

---

[2] Vgl. Barthel; Stock, 1994, S. 193.

[3] Vgl. Firro, 1988, S. 193.

Sozialistische Partei (PSP = *al-Hizb al-Ishtiraki al-Taqaddumi*), die bis heute einen säkularistischen Staat fordert. Ihre Wähler setzen sich zum großen Teil aus Bewohnern des Shouf, meist traditionellen Befürwortern der Familie Joumblatt, zusammen. Kamal Joumblatt setzte sich für die Adoptierung verschiedener westlicher Werte ein, wobei es ihm vor allem um die Verbesserung sozioökonomischer Mißstände ging.

> As spokesman of the opposition Nationalist movement, formed in 1975 and as a socialist, he espoused a secular Arab oriented state that would provide greater social and political justice for Lebanon's communities. Many, however, viewed Jumblatt's ideas as plays used to acquire broadly-based following, while camouflaging the sectarian nature of his interests.[4]

Noch in den siebziger Jahren war die Feindschaft zwischen Drusen und Maroniten spürbar. Da im Libanon das Proporzrecht gilt und somit alle wichtigen Posten proportional zur Größe der Gruppe vergeben werden, schnitten die Drusen bei diesem Verfahren recht schlecht ab. Zudem orientierte man sich an dem letzten Zensus von 1930, was den Maroniten zu Gute kam, da ihr Bevölkerungswachstum geringer ist als das der muslimischen Gruppen. Sie konnten so dennoch wichtige Posten bekleiden, obwohl ihre Anzahl de facto geringer war.

Kamal Joumblatt forderte eine Änderung dieses Proporzrechts und gründete deshalb die oppositionelle Nationale Bewegung. Unter seiner Führung kämpfte sie während des Bürgerkriegs. Die Gegner der Nationalen Bewegung waren die christlichen Organisationen und die Libanesische Front, die von der maronitischen Phalanx unterstützt wurden.

Als Kamal Joumblatt 1977 ermordet wurde, übernahm dessen bislang unpolitischer Sohn Walid alle seine Ämter. Walid Joumblatt setzte sich als Machthaber im Shouf für ein stark formalisiertes Sozialisationsprogramm der drusischen Jugend ein. In allen Grundschulen und weiterführenden Schulen wurde die drusische Geschichte thematisiert. Drusische Lehrer schrieben die für den Unterricht erforderlichen Texte, in denen Selbstaufopferung, Loyalität, Disziplin und die Verteidigung des Vaterlandes als Kernpunkte aufgeführt wurden. Als vorbildliches Beispiel wurde dabei die Jugendbrigade "Pfadfinder des Märtyrers Kamal Joumblatt" angeführt. Während der Kriegsjahre mußten alle männlichen Schüler außerdem den militärischen Text der PSP lernen und ein paramilitärisches Training absolvieren.[5]

Mit seiner drusischen PSP-Miliz hielt Walid Joumblatt den Shouf unter Kontrolle und erlangte großen Einfluß während des libanesischen Bürgerkrieges von 1976 bis 1982 und während des Shouf-Krieges von 1982 bis 1983, in dem der Shouf dennoch zunächst kampflos von israelischen Truppen

---

[4] Harik, 1993, S. 378.

[5] Vgl. Harik, 1995, S. 55.

besetzt werden konnte. Dies alarmierte die Drusen, da sie sich nun massiv bedroht sahen. Ohne Kontrolle des Shouf waren sie nur noch eine "Minderheit ohne eine territoriale Basis für ein unabhängiges politisches Handeln"[6].

In dieser bedrohlichen Situation erinnerten sich die Drusen ihrer Zugehörigkeit zu den Drusen in Israel und Syrien. Hanf nennt dies die "transnationale Solidarität der drusischen Gemeinschaft."[7] Als 1983 christliche Milizen im Shouf einmarschierten, mobilisierten sie fast die Hälfte der männlichen drusischen Bevölkerung und konnten so die Christen besiegen und sie vom Shouf vertreiben.

Auch während des 1975 begonnenen Bürgerkriegs standen christliche Verbände (Forces Libanaises, FL) einem Bündnis der PLO mit militanten Drusen gegenüber. Rasch entstanden aber weitere Gruppierungen, die in wechselnden Koalitionen gegeneinander kämpften. 1989 endlich handelten Parlamentsabgeordnete ein Abkommen aus, das 1990 von den Syrern durchgesetzt wurde. Sie legten fest, daß die Macht des maronitischen Staatspräsidenten zugunsten der muslimischen Amtsträger - Ministerpräsident und Parlamentspräsident - beschnitten wurde. Bis heute ist Syrien die Ordnungsmacht im Libanon.

Heute sind die Drusen im Libanon eine gut integrierte Gemeinde. Ihr Zusammengehörigkeitsgefühl basiert auf ihrer gemeinsamen Geschichte und Tradition. Hanf kommt in einer Untersuchung der libanesischen Bevölkerung zu dem Schluß, daß es vor allem "die Gemeinschaften mit der längsten, geschichtlich ausgeprägten Identität sind, die sich ihrer Eigenart am stärksten bewußt sind und es sein wollen."[8]

Daß die Vergegenwärtigung ihrer gemeinsamen Vergangenheit für die Drusen essentiell ist, beobachten auch Alamuddin und Star:

> The Druze perception of the past exerts a considerable influence on their present way of life. It is manifest in their social stratification, religious activities, political factionalism, and it has helped determine relationships both within the group and between the Druze and others.[9]

Die Drusen im Libanon sind dort eine von vielen Gruppierungen, die sich in das staatliche System gut eingefügt und trotz der numerischen Unterrepräsentanz einen wichtigen Platz in der Gesellschaft erobert haben. Sie sind in fast allen politischen Bereichen wie dem Parlament und der Regierung durch Vertreter der führenden Familien vertreten und haben ihre Waffen

[6] Hanf, 1990, S. 355.
[7] Hanf, 1990, S. 357.
[8] Hanf, 1990, S. 609.
[9] Alamuddin; Star, 1980, S. 23.

abgelegt. Als die drei Ziele für die Zukunft formuliert Walid Joumblatt Arabismus, Sozialismus und Laizität:[10]

> Die Drusen sind ein kleines, stolzes Volk. Ich finde es lohnend, alles dafür zu tun, daß sie so leben können, wie sie es wollen, und daß sie stolz bleiben können. Sie haben gezeigt, daß sie bereit sind, dafür zu kämpfen und sie kämpften nicht schlecht.[11]

Hier zeigt sich die vollständige Internalisierung des Stereotyps der Drusen als ein kleines, kriegerisches Volk, das stolz auf seine Geschichte und Traditionen ist und mit allen Mitteln danach strebt, diese zu bewahren.

Harik gelangt zu der Auffassung, daß die Tendenz, die militärische Tradition als einen mit Stolz belegten Teil der drusischen Geschichte zu internalisieren, dazu dient, den intragruppalen Zusammenhalt zu verstärken. Dies sieht sie als positiven Faktor im Nachkriegslibanon, wo die meisten Gruppen in ihrer bislang fragmentarischen Konstitution verharrt sind. [12]

Die meisten Drusen, die von Harik in ihre Untersuchung einbezogen wurden, identifizierten sich primär als Drusen, auf politischer Ebene jedoch vorwiegend als Libanesen. Indem sie ihre geringen menschlichen Ressourcen effektiv anordneten, nutzten sie ihre geringe Anzahl als militärische Stütze. So gelang es ihnen mehrfach, feindliche Einfälle in drusisches Gebiet abzuwehren und so eine aktive Rolle in der nationalen und regionalen Politik zu spielen. Diese Erfolge, zusammen mit dem unnachgiebigen Kampf für zunächst Autonomie und dann Gleichberechtigung im modernen Libanon, sind tief im Bewußtsein der drusischen Jugend verankert. Zum einen nehmen sie Teil an der politischen Entwicklung des Staates, in dem sie leben, zum anderen spüren sie stets den Druck, sich verteidigen zu müssen. Harik sagt:

> This is because Druze activism is founded on a deep sense of alienation, which has fostered strongly held beliefs about the intrinsic value and inevitability of struggle and is manifested by strong attachment to martial principles. These principles include unswerving allegiance to group leaders in troubled times, elevation of obedience, self-sacrifice, discipline and honour, plus energetic and uncompromising pursuit of both practical and universalistic goals.[13]

Wieder werden die Drusen als ein Volk dargestellt, das kriegerische Prinzipien verfolge. Dabei würden die Drusen uneingeschränkt ihren Anführern folgen und so eine Einheit bilden, die durch Disziplin und Ehre geprägt sei. Vom westlichen Blickwinkel aus klingt dies nach altüberlieferten Sagen. Hariks Text ist jedoch erst wenige Jahre alt. Hier ist nicht eindeutig geklärt, ob sich der Mythos über das kriegerische "Wesen", so als sei es eine genetisch vererbbare

---

[10] Zit. nach Hanf, 1990, S. 520.

[11] Walid Joumblatt, zit. in: Hanf, 1990, S. 521.

[12] Vgl. Harik, 1995.

[13] Harik, 1995, S. 66.

Eigenschaft jedes Drusen, weiter entwickelt hat oder ob, aufgrund unterschiedlicher Mentalitäten und Kultur, es eine "Tradition des Krieges" gibt.

2 Syrien

1711 verließ die erste größere Gruppe von Drusen den Libanon, um sich auf dem Hauran, einer gebirgigen Landschaft Syriens, anzusiedeln. Dies hatte zur Folge, daß der Hauran bald als Jabal Druze bekannt und bezeichnend für den drusischen Partikularismus wurde. Aus einem ursprünglich autonomen Gebiet wurde 1920 ein eigener Staat, der das Vertrauen der muslimischen Umgebung auf die Probe stellte.

Schon während des 14. Jahrhunderts sollen drusische Familien zeitweise auf dem Hauran gesiedelt haben.[14] Während des 18. Jahrhunderts waren die ersten Siedler zunächst Mitglieder der Yamani Familie, die sich mit der Qaysi Familie zerstritten hatten.[15] Die wichtigste drusische Familie wurde der al-Atrash-Clan und mit ihr Sultan al-Atrash (1891-1982) wichtigste Figur der drusischen Geschichte in Syrien.

Im Ersten Weltkrieg, an dem sich das Osmanische Reich auf der Seite der Mittelmächte Deutschland und Österreich-Ungarn beteiligte, verbündeten sich arabische Nationalisten mit Großbritannien gegen die Osmanen. Zwar eroberten zwischen 1916 und 1918 arabische und britische Truppen Syrien, doch übernahmen die Franzosen das Mandat und teilten Syrien in fünf Territorien.

Zunächst waren die Drusen auf die französische Besetzung Syriens eingegangen und hatten am 4. März 1921 einen franko-drusischen Vertrag unterzeichnet. Dieser beinhaltete von drusischer Seite die Anerkennung des französischen Mandats, die Akzeptierung der französischen Militärpräsenz und die Gewährung wichtiger Vorrechte in Staatsfragen. Die Franzosen verpflichteten sich im Gegenzug zur Garantie und Sicherung des drusischen Staats, zur Befreiung der Drusen von der Wehrpflicht und zur Gewährung des Rechts, im drusischen Gebiet Waffen tragen zu dürfen. Außerdem sollte der Gouverneur des Gebietes Druse sein.[16]

Die Situation verschärfte sich jedoch, als Capitaine Gabriel Carbillets Amtszeit im Dezember 1924 als Gouverneur verlängert wurde und dieser versuchte, aus den internen Streitigkeiten und Rivalitäten unter den Drusen persönlichen Vorteil zu ziehen. Sultan al-Atrash sah seine Vormachtstellung gefährdet und forderte von den Franzosen die Einhaltung des Vertrages. Eine

---

[14] Vgl. Lewis, 1987, S. 77.
[15] Vgl. Lewis, 1987, S. 78.
[16] Vgl. Bokova, 1989, S. 93.

Delegation von circa 60 Drusen machte sich auf den Weg nach Damaskus, um sich bei den Franzosen zu beschweren, wurde allerdings nicht vorgelassen.[17] Nun ging es um die Verteidigung der Ehre der Drusen, die eines ihrer wichtigsten Güter ist, und al-Atrash rief zu den Waffen. Er verfolgte die Taktik, aus dem Drusenaufstand einen nationalen syrischen Aufstand zu machen, bei dem es plötzlich um allgemeinsyrische Ziele ging:

> Je ne peux pas me contenter de l'autonomie du territoire druze. J'exige, avec tout mon peuple, l'indépendance complète de toute la Syrie.[18]

Dennoch war dies zunächst nicht geplant, da es an einer veritablen militärischen und politischen Strategie mangelte.

Frankreich mußte dabei zu Beginn des Aufstandes herbe Niederlagen einstecken und das, obwohl die Franzosen zahlenmäßig und auch von der Ausrüstung her überlegen waren. Dies führte zur Heroisierung al-Atrashs als Kämpfer für die nationale Sache. Der Aufstand weitete sich in einen allgemeinen syrischen Aufstand aus und griff auch auf den Südlibanon über. Frankreich schlug den Aufstand brutal nieder, war jedoch bereit, mehr Selbstverwaltung zuzugestehen.

Obwohl Jabal al-Duruz bis 1936 von Syrien getrennt und unabhängig war, wurde sein Name nach dem drusischen Aufstand 1925-26 in Jabal al-'arab (Berg der Araber) umbenannt, um die Zugehörigkeit zu Syrien zu betonen und drusische, partikularistische Tendenzen zu schwächen. Bis heute verweisen die Drusen auf ihren Aufstand gegen die Franzosen, um ihre Loyalität zur arabischen Nation zu betonen.[19]

Nach dem Rückzug der französischen Streitkräfte im Jahr 1946 kam es zu Unruhen wegen der Repräsentation der Drusen im syrischen Abgeordnetenhaus. Die neue Regierung wollte außerdem keine Drusen auf ministerieller Ebene und schloß den Jabal aus dem Erziehungs- und Transportwesen aus. Das Mißtrauen gegenüber den Drusen verstärkte sich zunehmend nach dem Krieg von 1948/49 gegen Israel, da bekannt war, daß Drusen auf zionistischer Seite mitgekämpft hatten. Die Wehrpflicht der Drusen in Israel verschlimmerte das Mißtrauen. Viele syrische Drusen suchten deshalb Asyl im Libanon und in Jordanien.

Der beste Weg, sich mit den Syrern zu arrangieren, verlief über das Militär. In der säkularen Atmosphäre des Militärs schien der religiöse Hintergrund einer Person nicht mehr vordergründig.[20] So besserten sich die Situation und das Ansehen der syrischen Drusen allmählich. Präsident Hafiz al-Assad ließ wieder Drusen in hohen Posten und der Regierung zu, nachdem die Drusen ihre Loyalität zu Syrien bewiesen hatten. Betts ist der Ansicht, daß die meisten

[17] Vgl. Dillemann, 1982, S. 52.
[18] Sultan al-Atrash, zit. in: Bokova, 1989, S. 98.
[19] Vgl. Firro, 1988, S. 189f.
[20] Vgl. Betts, 1986, S. 94.

Drusen die Fiktion des sozialistischen Wirtschaftssystems der Baath-Partei durchschaut hätten:

> So long as one gives lip service to the fiction of a Ba'thi democracy and a socialist economy, one can happily profit from the capitalist reality that is Syria today - most Syrian Druze do.[21]

In den Medien wird Syrien häufig als Diktatur bezeichnet, wo arabischer Nationalismus und Sozialismus nach Ideologie der Baath-Partei als Orientierungspunkte für Wertmaßstäbe aller Syrer festgelegt werden. Minderheiten mit eigenem Selbstverständnis haben dort keinen Platz. Zwar wird den Drusen in

> Art. 307 des syrischen Personenstandsgesetzes von 1953 eine von der Scharia abweichende Regelung hinsichtlich Ehe, Scheidung und Testament zugestanden, doch verfügen die syrischen Drusen über keinerlei gruppenspezifische Artikulationsmöglichkeiten wie eigene Organisationen, Printmedien etc.[22]

Aus Sicht der golanischen Drusen jedoch ist Syrien ein liberales Land, die Heimstatt. Während Israel als Sinnbild für Besetzung und Unterdrückung steht, verbinden sie mit Syrien nationale Zugehörigkeit und Loyalität.

Heute leben in Syrien circa 322.000 Drusen, das entspricht etwa 2 % der syrischen Bevölkerung.

3 Die Drusen in der Diaspora

Da es über die genaue Anzahl der Drusen keine verläßlichen Zahlen gibt - sie schwankt zwischen einer und zwei Millionen -, weiß niemand genau, wieviele Drusen ihr ursprüngliches Siedlungsgebiet verlassen haben und nun in der Diaspora leben. Gesicherte Erkenntnisse gibt es vor allem über jene, die während des 19. Jahrhunderts und Anfang des 20. Jahrhunderts besonders aus dem Libanon in die USA auswanderten. Es gibt aber auch Siedler in Süd- und Mittelamerika, Afrika und den Golfstaaten. Mit Gewißheit gibt es Gruppierungen in Europa, in Kanada und Australien, was bedeutet, daß man die Drusen auf der ganzen Welt finden kann, die sich in verschiedenen Verbänden zusammengetan haben.

---

21 Betts, 1986, S. 110.

22 Schenk, 1999, S. 2.

Staat	Organisation	Webadresse
USA	American Druze Society (ADS)	www.druze.com
	ADS Michigan Chapter	www.druze.org
	Druze Council of North America	
	Young Druze Professionals	www.ydp.com
	Druze Research and Publications Institute	www.druzeinfo.com
	Institute of Druze Studies	www.idspublications.com
Kanada	Druze Association of Toronto	
	Druze Ass. of Edmonton	
	Druze Ass. of Montreal	
	Canad. Druze Society of Ontario	www.druze.net
Brasilien	Lar Druze Brasilero	
Mexiko	La Lega Drusa	
Argentinien	Association de Beneficencia Drusa	
	Druze Bacora of Argentina	
Venezuela	Venezuelan Cultural Druze Society	
Australien	The Lebanese Druze Society incorporated	

	The Australian Druze Association of Victoria	
	The Australian Druze Association of New South Wales	
	The Sydney Druze Society	www.sydneydruzesociety.com
Großbritannien	British Druze Society	
Frankreich	French Druze Association	
Deutschland	European Druze Society	www.stud.uni-muenchen.de~gerald.hoenle
Nigeria	Nigerian Druze Committee	
Israel	Israel Druze Society	www.geocities.com.baja/ Outback/9277

Nur ein Teil dieser Vereinigungen verfügt über eine eigene Homepage im Internet.

In den USA wurde 1908 die erste drusische Organisation mit dem Namen "Bani Marouf" in Seattle gegründet, aus der 1962 die "American Druze Society " entstand. Die Geschichte ihrer Aktivitäten kann man in drei Perioden unterteilen. Von 1908 bis 1946 wurde die Gemeinde etabliert und durch sich selbst getragen. Von 1947 bis 1970 wurde die Basis erweitert und eine formalisierte Infrastruktur mit jährlichen Versammlungen entwickelt. Die dritte Phase, ausgehend vom 25. Jubiläum im Jahr 1971 bis heute, zeichnet sich durch eine Erweiterung der Aktivitäten aus.

Während der ersten Phase entstanden Ableger in Cleveland, in Detroit, in Buttle (Montana), in Princeton (West Virginia), in Kingsport (Tennessee), in Charleston (West Virginia), in Richmond (Virginia), in Seminole (Oklahoma) und in Texas. Alle diese Verbände sahen als ihre Hauptaufgabe die Unterstützung ihrer Glaubensbrüder an. Damals zeichnete sich diese Unterstützung durch finanzielle Hilfen und moralischen Rückhalt aus. In Krankheitsfällen konnten anfallende Kosten für Arzt und Medizin von der Organisation geliehen und in kleinen Raten zurückgezahlt werden. Ähnliche

Kredite gab es für Beerdigungen oder für Existenzgründungen. Außerdem wurden Räume eingerichtet, um sich treffen zu können. Aus einem dieser Räume ist mittlerweile ein ganzes Haus entstanden, das ADS-Center CA-USA. Dort wird Arabisch gelehrt und eine Bibliothek unterhalten. Es gibt einen großen Saal für Festivitäten wie Hochzeiten, einen Versammlungsraum (Majlis) und ein gut ausgestattetes Büro.

Viele der Unterorganisationen litten mit den Jahren an sinkenden Mitgliederzahlen, was sicherlich auch damit zusammenhing, daß alle Veranstaltungen auf Arabisch abgehalten wurden, die neue in den USA geborene Generation diese Sprache aber kaum noch beherrschte. Der Jugendclub von Michigan war 1943 deshalb der erste, der Englisch als offizielle Sprache einführte.

Vielleicht hat dies die Vereinigung gerettet. Noch heute existiert sie, und an den Grundprinzipien und Zielen hat sich nichts wesentlich verändert, sondern nur an der Art und Weise, wie diese Ziele erreicht werden. Wichtig war und ist den Drusen stets die Aufrechterhaltung der drusischen Werte Brüderlichkeit, Einheit, Harmonie.

Dennoch gibt es auch bei den Zielen der Vereinigungen Neuerungen, die hier am Beispiel der American Druze Foundation vorgestellt werden. Diese lauten im Programm wie folgt:

> -To establish and manage a permanent endowed institution to advance the development of a deeper understanding and appreciation of the religious and cultural heritage of the Druze people and to preserve and enhance the Druze faith and traditions within the Druze communities in the United States.
>
> - To provide an institutional structure through which the American Druze may participate in diverse inter-faith activities and programs, and may share the richness of Druze values and traditions with other religious and cultural organizations.
>
> - To support the establishment of Druze cultural Centers in the United States to foster interaction among American Druze and others and to serve as teaching and resource centers for the display and use of comprehensive and authoritative educational materials concerning the history, faith, philosophy, traditions and civil status of Druze people throughout the world.
>
> - To create and sustain comprehensive scholarship and research programs meeting high academic standards for the purpose of expanding the base of contemporary English language educational materials and publications concerning the Druze currently available.[23]

---

[23] Vgl. http://druzeadf.com/mission.html. 14.09.1999.

Hier hat es immense Veränderungen gegeben, da zum ursprünglichen Ziel, das bislang primär nur aus dem erstgenannten Punkt bestand, entscheidende Motive hinzugekommen sind. So hat der Kontakt zu anderen Religionen zwar immer bestanden, war aber niemals besonders erwünscht oder gefördert, vor allem war man nie auf den Gedanken gekommen, den Reichtum des Drusentums mit anderen teilen zu wollen.

Die Drusen waren stets darum bemüht, ihre Religion nicht einmal ihren eigenen Anhängern preiszugeben. Die Idee, traditionelle Werte mit anderen teilen zu wollen, konnte nur in den USA geboren werden, da die Drusen dort nicht aus religiösen Gründen verfolgt werden, sondern nur Anhänger einer von vielen Religionsgemeinschaften sind, die es in den USA gibt und dort toleriert werden.

Das Erhalten ihrer Kultur und ihres "traditionellen Erbes" wird ihnen in den USA schwer gemacht, da sie dort einer westlichen Gesellschaft ausgesetzt sind. Viele Werte, die sie für sich als drusisch beanspruchen, können jedoch als traditionell arabisch verstanden werden. Gerade das Rollenverständnis und solche Werte wie zum Beispiel die Ehre der Frau, die in allen arabischen Ländern eine Selbstverständlichkeit sind, haben in den USA eine andere Priorität. Ehre wird dort mit anderen Maßstäben gemessen.

Nachfolgende Generationen tendieren dazu, den Lebensstil ihrer Umgebung und nicht den ihrer Eltern anzunehmen. Die Eltern sehen hier ihre Kinder der Gefahr einer Säkularisierung ausgesetzt, die bei den Drusen nicht nur als ein Abfall vom Glauben, sondern vielmehr auch als ein Abfall vom "drusischen Volk" interpretiert wird. Da jedoch die Zahl der Drusen bereits beträchtlich klein ist, gilt es, um jedes Mitglied zu kämpfen.

Neu ist auch die Förderung der wissenschaftlichen Erforschung der Drusen. So formuliert Imad Bou-Fakreddine, Präsident des Michigan-Ablegers der ADS:

> It is evident that there is a lack of free flowing information about our faith, even to those who bare the name Druze due to the covenant of secrecy which has existent for years. *We must overcome this.* The soul of every person thirsts for God, and must be quenched.[24]

Die Drusen gestatten zwar weiterhin nicht den Einblick in ihre heiligen sechs Bücher, doch fördern sie die Untersuchung ihrer Geschichte und Kultur. Dies soll auch als Grundlage zur Herstellung von weiteren Unterrichtsmaterialien dienen.

Ähnliche Ziele verfolgt auch das Druze Research and Publications Institute in New York, das 1998 als gemeinnützige Organisation etabliert wurde. Das Institut verfolgt eine systematische Untersuchung der drusischen Kultur,

---

[24] Vgl. http://druze.org/letter.html. Hervorhebung durch die Autorin. 14.09.1999.

Religion und Geschichte, um diese zu publizieren und unter anderem Unterrichtsmaterial anzufertigen. Mitglieder des Institutes sind ferner der Ansicht, daß die drusische Theologie ihren Weg bis nach Westindien und Zentralasien gefunden habe und dort Ableger der Sekte zu finden seien, die bislang nicht untersucht wurden. Deshalb sammeln sie alle bislang veröffentlichten Materialien zu den Drusen und unterstützen auch finanziell weitere Forschungsprojekte.

Neu in diesem Zusammenhang ist auch das Institute of Druze Studies in Los Angeles, das an das Gustav E. von Grunebaum Center for Near Eastern Studies der University of California angeschlossen ist. Dieses Institut richtete im Juni 1999 die erste internationale Konferenz über die Drusen aus. Allgemeine Aufgabe des Instituts ist die weitere Erforschung historischer, sozialer, politischer und religiöser Aspekte.

Besonders auf junge Drusen spezialisiert haben sich die Young Druze Professionals, die sich an Drusen zwischen 18 und 35 Jahren mit Hochschulabschluß wenden. Sie sind ein 1994 entstandener Ableger der ADS und verfolgen als Ziel die Bildung eines wirtschaftlichen Netzwerkes, das unter anderem der Stellenvermittlung und der ökonomischen Kooperation drusisch geführter Unternehmen dienen soll. Dadurch erhoffen sie sich einen weiteren Beitrag zur Stärkung der Einheit und des Zusammengehörigkeitsgefühls der Drusen.

Zusammenfassend läßt sich feststellen, daß alle Organisationen und Vereinigungen besonders die Einheit der Drusen betonen. Wieder zeigt sich dieses starke Zusammengehörigkeitsgefühl, das sie mit ihren Glaubensbrüdern weltweit verbindet.

V Die Drusen als "Einheit"

In der Forschung werden die Drusen einerseits als eine extrem-schiitische Sekte des Islam behandelt, die soziokulturelle Gemeinsamkeiten aufweist. Andererseits werden sie von den Wissenschaftlern als eigenständige religiös-ethnische Gemeinschaft angesehen.[1] In diesem Zusammenhang wird in der Literatur von der großen Solidarität und dem Phänomen einer besonders eng in sich geschlossenen Gemeinschaft gesprochen. Es soll hier untersucht werden, ob diese Annahme der Realität entspricht oder Teil des Mythos der Drusen ist.

Nach der Analyse der Geschichte, der Religion und der sozioökonomischen Aspekte der Drusen in Israel, geht es nun darum, sie als eine Gruppe zu untersuchen, deren Mitglieder ein "Wir-Gefühl" entwickelt haben, welches aus der gemeinsamen Religionszugehörigkeit resultiert.

1 Gibt es eine drusische Rasse?

Man kann bei den Drusen im ethnologischen Sinn nicht von einer eigenständigen Rasse sprechen, wobei der Begriff "Rasse" problematisch ist, da dieser schillernde Begriff emotionalisiert[2] und häufig mißverständlich verwendet wird.

"Rasse" bedeutet biologisch nur, daß eine Gruppe von Lebewesen sich durch ihre gemeinsamen Erbanlagen von anderen Artangehörigen unterscheidet. Dabei kategorisierten die Ethnologen zu Beginn der Rassenkunde Menschenrassen vornehmlich aufgrund äußerer Merkmale. In den Rassentheorien wurden vor allem im Rahmen der Kulturanthropologie Vorstellungen entwickelt, die einen ursächlichen Zusammenhang zwischen körperlichen Merkmalen und angeblichen Charaktereigenschaften herstellten. Es wurde ein Zusammenhang zwischen kognitiven Fähigkeiten ganzer Menschengruppen einerseits und den von ihnen geschaffenen Kulturen andererseits hergestellt. Diese Vorstellungen leisteten dem Rassismus Vorschub oder lagen ihm zugrunde.

Es ist davon auszugehen, daß die meisten rassekundlichen Untersuchungen westlicher Wissenschaftler vor allem dazu dienten, die Überlegenheit der europäischen Rasse zu manifestieren. Hierbei wurde übersehen, daß "Rasse" nie statisch ist, sondern sich in einem Prozeß der stetigen Veränderung befindet.

Auch bei den Drusen wurde von Orientreisenden versucht, eine Rasse zu konstruieren, indem man ständig auf von Luschans[3] Untersuchung verwies und diese

[1] Vgl. Schäbler, 1996,; Stendel, 1996; Pic, 1988; Betts, 1986 und Hitti, 1928.
[2] Vgl. Claussen, 1994, S. 2.
[3] Vgl. von Luschan, 1922.

nie genauer hinterfragte. Die Kategorisierung der Drusen als eigenständige Rasse machte sie für die Forscher interessanter und verstärkte den Eindruck einer in sich geschlossenen Gesellschaft, die auch genetische Gemeinsamkeiten aufweisen sollte. Solche Theorien über "rassische Unterschiede" bilden leicht den Nährboden für rassistisches Gedankengut.

Dies kann insbesondere gefährlich werden, wenn versucht wird, "Rasse" und territoriale Verbreitung oder politische Überzeugung von Menschengruppen in Relation zueinander zu setzen. Nur scheinbar kann Rassismus zur Erklärung des ethnozentristischen Charakters von Nationen dienen, wobei jedoch festzuhalten ist, daß keine Nation eine ethnische Basis besitzt. Es wird eine fiktive Ethnizität geschaffen, die man auch als ethnische Fiktion bezeichnen könnte. Ein Staat kann auf einer ethnischen Fiktion aufgebaut werden.

Eben dies läßt sich an den Juden Israels verdeutlichen, die aus allen Teilen der Welt kommend, eine Nation entwickelt haben, die stark ethnozentristische Merkmale aufweist. Es zeigen sich bei ihnen deutliche Ausgrenzungs- und Herrschaftsformen, die zunächst auf alle Araber in Israel und Palästina und schließlich auf verschiedene ethnische Minoritäten innerhalb der jüdischen Bevölkerung Israels zielen.[4]

Interessant ist in diesem Zusammenhang die merkwürdige Einteilung der Bewohner Israels in Juden und Araber, zwei Kategorien, die eigentlich nicht miteinander vergleichbar sind. Die eine bezieht sich auf eine Religionszugehörigkeit und die andere auf eine "Volks"-zugehörigkeit. Auffällig ist dabei, daß die Drusen eben von jüdischer Seite nicht als Araber, sondern als "andere" gewertet werden. Dies ist als direkter Eingriff in die Identitätsfindung der Drusen zu verstehen. Obwohl sie mit anderen Arabern Sprache und große Teile der Kultur teilen, fangen sie an, an ihrem Arabertum zu zweifeln. Sie stellen fest, daß die Frage, ob sie Araber seien, nunmehr eine politische ist.

Diese Feststellung trifft auch Jamal Amal, Druse aus Yirka und Dozent für Geschichte an der Universität Tel Aviv. Seiner Ansicht nach gebe es keinerlei kulturellen Unterschiede zwischen Drusen und anderen Arabern:

> Druse ist eine Religion und die Drusen, die zum Beispiel nicht religiös sind, unterscheiden sich von den anderen Arabern überhaupt nicht. Sie sprechen Arabisch, sie hören arabische Musik und genießen arabische Kultur. Wie unterscheiden sie sich von den anderen Arabern? Sie sind Araber. Nur auf der politisch-religiösen Ebene spielt diese Identität überhaupt eine Rolle.[53]

Da es eben so etwas wie eine drusische Rasse nicht gibt und somit detaillierte Zuordnungskriterien fehlen, ist es jedem Drusen quasi selbst überlassen, sich als Araber zu bezeichnen oder nicht, wobei zu Beginn der Arbeit ja auch festgestellt wurde, daß es so etwas wie eine "arabische Rasse" auch nicht gibt, eher ein Gefühl des Zugehörigkeit zu einem wie auch immer gearteten arabischen Volk. "Araber

---

[4] Vgl. zur Kritik des Ethnonationalismus Claussen et al., 2000.
[5] Interview mit Amal Jamal am 11.04.00 in Tel Aviv.

sein" nimmt eine politische Dimension an. Von vielen Drusen wird auch die Tatsache, daß sie Arabisch sprechen, nicht als Merkmal der Zugehörigkeit zum "Arabischen Volk" interpretiert. Yusūf Naṣr al-Dīn, Mitbegründer der zionistischen Drusenvereinigung Israels erklärt dies folgendermaßen:

> Look, the Canadians, the Americans, the South Africans, they all speak English but they are not English people. The language is a way to express yourself but it is not a nation. Me for example I speak Hebrew most of the time but I am not a Jew.[6]

"Araber sein" bedeutet in Israel eben nicht mehr nur, Arabisch zu sprechen und die arabische Kultur zu pflegen, sondern impliziert vielmehr die Neigung zu Panarabismus, Palästinensierung, Artikulation politischer arabischer Forderungen auf nationaler und internationaler Ebene. Die Drusen bilden keine eigenständige Nation, sondern fühlen sich vielmehr der jeweiligen Nation zugehörig, in deren geographischen Grenzen sie sich gerade aufhalten. Da in Israel die Nation per definitionem eine jüdische ist, da dies so in der Grunderklärung des Staates festgehalten ist, wird es schwierig, Teil der Nation zu sein, wenn man gleichzeitig für sich in Anspruch nimmt, Araber zu sein.

So wird eine fiktive Ethnizität konstruiert, die die Drusen zunächst als eigene Rasse und nachdem dies widerlegt wurde, als eigene Ethnie definierte. Sie sind als Nichtjuden keine vollwertigen Mitglieder der Nation, verstehen sich jedoch zugleich als "eingebildete Nichtaraber" als kleine Minderheit, die sich der Nation anpaßt und diese loyal unterstützt. Da Israel politisch als jüdischer Staat definiert wird, erscheinen hier gleichzeitiges "Arabersein" und Loyalität zum Staat als unvereinbare Gegensätze. Deshalb bilden die Drusen eine fiktive Ethnie. Doch was ist Ethnizität und was verstehen wir unter Ethnien?

2 Gibt es eine drusische Ethnie?

2.1 Zum Begriff der Ethnizität

Es ist müßig, verschiedene Theorien zur Ethnizität und ethnischer Identität detailliert vorzustellen, da dies in ausreichendem Maße bereits von anderen Autoren bewerkstelligt wurde und deshalb redundant wäre.[7] Ich gebe deshalb an dieser Stelle nur einen kurzen Überblick zur Klärung der Begriffe.

---

[6] Interview mit Yusūf Naṣr al-Dīn am 19.04.00 in Daliyat al-Carmel.

[7] Vgl. Heinz, 1993; Scheffler, 1990; Ortlieb, 1995 und zum kurzen Überblick Sokolovskii / Toskov, 1996, S. 190f.

Unter Ethnizität verstehe ich die Beziehungen verschiedener sprachlich und kulturell einheitlicher Volksgruppen zueinander. Diese ethnischen Gruppen unterscheiden sich durch distinkte Merkmale. Sie können auch in einer Hierarchie zueinander stehen, müssen es aber nicht. Dies unterscheidet sie zum Beispiel von sozialen Klassen im Weberschen oder Marxschen Sinne.

Eine ethnische Gruppe ist eine Gruppe von Menschen, die geprägt werden durch gemeinsame Herkunft, gemeinsame Geschichte und Kultur, einem gemeinsamen Selbstverständnis, das durch Selbst- und Fremdzuweisungen geprägt wird und einem Bewußtsein der (variablen) Abgrenzung zu anderen Gruppen.

Der Unterschied einer ethnischen Gruppe zum Stamm liegt in dem mittlerweile derogierenden Gebrauch des Begriffs Stamm. Unter Stämmen versteht man häufig "primitive Gesellschaften", "Naturvölker" oder "schriftlose Völker" und differenziert so zwischen modernen (das heißt der unseren westlichen Gesellschaft) und traditionellen beziehungsweise primitiven Gesellschaften.[8] Wenn man jedoch statt dessen von ethnischen Gruppen spricht, wird eine solche Unterscheidung unmöglich gemacht, da man theoretisch jeden Menschen der Erde einer Ethnie zuordnen könnte. Dies geschieht jedoch nicht, da Soziologen und Ethnologen Ethnie nicht als das selbstverständliche Grundmuster aller menschlichen Gesellschaften verstehen.[9] Zudem spricht man heute in den Medien im Zusammenhang mit Ethnien meist von Minderheiten innerhalb eines Staates mit einem politischen Bewußtsein und unter Umständen auch einem gewissen Gewaltpotential.[10] Dies ist jedoch nicht die ursprüngliche Grundthese der Ethnizitätsforschung gewesen.[11]

Im Zeitalter der Globalisierung wird die Fokussierung auf ethnisches Bewußtsein aus einer erhöhten Zukunftsunsicherheit heraus interpretiert. Kulturelle Einheiten befürchten den Verlust ihrer Kultur und glauben, in einer global uniformen Einheit unterzugehen. Da im Globalisierungsprozeß die Möglichkeit bestehe, sich mit allem und jedem identifizieren zu können, und dies als Bedrohung empfunden werde, befürchteten die Menschen tendenziell, mit nichts mehr identisch zu sein.[12] Wie Devereux anschaulich formuliert:

> If one is nothing but a Spartan, a capitalist, a proletarian, or a Buddhist, one is next door to being nothing and therefore being nothing at all.[13]

Die Schritte, die dabei zur Bewahrung der eigenen Ethnie gegangen werden, sind häufig demokratisch, oft jedoch auch gewaltvoll, weshalb die Journalisten in den Medien von "ethnischen Konflikten" sprechen und so versuchen, eine Erklärung für scheinbar unerklärliche oder scheinbar plötzlich auftretende Konflikte zu finden.

---

[8] Vgl. Eriksen, 1993, S. 10.
[9] Vgl. Elwert, 1989, S. 16.
[10] Vgl. z.B. Scherrer, 1997.
[11] Vgl. zur Verwendung des Begriffs Ethnie im heutigen Sprachgebrauch und vor allem in den Medien Pascht, 1999.
[12] Vgl. Kohl, 1998, S. 287.
[13] Devereux, 1996, S. 412.

Das Vorhandensein von Ethnien scheint meistens etwas mit der Unterdrückung derselben zu tun zu haben. Das ethnische Bewußtsein kann dann politisch instrumentalisiert werden und zu Konflikten führen. Gerade in Zeiten der Krise und Anspannung, das heißt in Zeiten sozialen Wandels, können Ethnisierungsprozesse beobachtet werden, die neue Konfliktlinien schaffen. Kohl beschreibt sogar, daß beobachtet werden konnte, "daß einzelne Individuen oder sogar ganze Gruppen eine ethnische Zugehörigkeit wechseln können, wenn sich auf diese Weise ihre partikularen Interessen besser durchsetzen lassen."[14] Wie Imhof meint, werden "sozialstrukturelle Ungleichheiten vertikalen Typs (...) durch Kultur- oder Herkunftsdifferenzen horizontalen Typs überdeckt."[15] Imhof ist der Ansicht, daß der "konfliktträchtige Bedarf nach Gemeinschaft ein diskontinuierliches Phänomen darstellt, das einem linear verlaufenden sozialen Wandel moderner Gesellschaften widerspricht."[16] Sind Ethnien demzufolge unmodern? Sie widersprechen der These, daß die "Orientierungsnormen, die in Beruf, Freizeit, Kunst, Familie, Sexualität, Religion, Erziehung usw. gelten, variabel, wählbar und in der Zeitdimension unstabil"[17] seien. Scherrer beschreibt, daß man in den letzten Jahrzehnten versuchte, das Ethnische zu einer "politischen Pathologie" zu erklären. Entgegen der Prognosen der Wissenschaften zur Entwicklung moderner Gesellschaften, habe Ethnizität jedoch nicht an Bedeutung verloren, sondern vielmehr an Bedeutung enorm dazu gewonnen. Tatsache ist, daß Ethnien existieren und sicherlich auch noch lange Bestand haben werden, weshalb zu untersuchen ist, wie sie sich konstituieren.

Viele Autoren, die sich mit Ethnizität befassen, greifen zunächst auf Fredrik Barth zurück, um das Phänomen der Ethnienbildung zu erläutern. Barth beschäftigte sich vornehmlich mit den *Grenzen ethnischer Gruppen.* Er versteht unter einer ethnischen Gruppe zunächst eine Bevölkerung, die

1. is largely biologically self-perpetuing,
2. shares fundamental cultural values, realized in overt unity in cultural forms,
3. makes up a field of communication and interaction,
4. has a membership, which identifies itself, and is identified by others, as constituting a category distinguishable from other categories of the same order.[18]

---

[14] Kohl, 1998, S. 275.
[15] Imhof, 1997, S. 869.
[16] Imhof, 1997, S. 868.
[17] Offe, 1986, S. 147.
[18] Barth, 1969, S. 10 f.

Neu an dieser Definition sind, neben der Betonung der gemeinsamen Herkunft und Kultur, die Selbstzuweisung und die Fremdzuweisung der Gruppe, die so zu einer Herausbildung von Grenzen zwischen verschiedenen Ethnien führt.

Was die Persistenz der ethnischen Gruppe ausmacht, so sind es ihre Grenzen zu anderen Gruppen, die den Mitgliedern eine eigene Identitätsbildung ermöglichen, das heißt es ist eine Dichotomie nötig, um eigene Besonderheiten zu finden und sie als der Gruppe eigentümlich und wesenseigen zu definieren. An diesen Besonderheiten können sich die Mitglieder der Gruppe bei der Identifikation orientieren.

Heinz erläutert hierzu, daß die Grenzen ethnischer Gruppen auch dann bestehen bleiben, wenn es einen personellen Fluß über diese Grenzen hinaus gibt. Demnach lassen kategorische, ethnische Unterscheidungen Mobilität und interethnischen Kontakt zu, "bedingen aber soziale Prozesse der Exklusion und der Inkorporation."[19]

Da demnach soziale Beziehungen auch über die Grenzen hinaus existieren, die eben auf dem dichotomisierten, ethnischen Status basieren, lassen sie aber auch soziale Interaktion und Akzeptanz zu. Dabei führt die Interaktion, wie beschrieben, nicht zur Assimilation, sondern vielmehr zur Vergegenwärtigung der Dichotomie. Hutnik führt dazu aus:

> Barth suggests therefore that the focus of investigation should shift from the cultural factors exemplifies by the group to the process of persistence and maintenance of ethnic boundaries and the continuing dichotomization between members and outsiders.[20]

Hierbei stellt sich nun die Frage, wie jedes einzelne Mitglied einer Ethnie diese Dichotomie erfährt, mit ihr umgeht und daraus Schlüsse für sich selbst zieht und somit einen Teil seiner Identität entwickelt.

Die Dichotomie wird erfahren als Selbst-Zuschreibung und Zuschreibung durch andere, ein Phänomen, das zum Beispiel auch Norbert Elias in "Etablierte und Außenseiter" untersuchte.[21] Die Verschiedenartigkeit der "Anderen" wird zunächst an äußeren (diakritischen) Merkmalen festgemacht. Als nächstes werden der Gruppe wesenseigene Wertorientierungen und auch Verhaltensweisen beobachtet. Die Dichotomie führt nun zu einer Vergegenwärtigung der Gemeinsamkeiten mit den Mitgliedern der gleichen Ethnie und ist somit identitätsbildend, das heißt fördert die Bildung eines spezifischen Selbstverständnisses.

Viele Autoren wie Berg[22] und Dittrich / Radtke[23] betonen heute, daß Ethnizität nur ein wissenschaftliches Konstrukt sei. Sie kritisieren, daß man Ethnizität nur noch als Beschreibung eines Zustandes verwende, um ethnische Identität auf kollektiver Ebene erfassen zu können.

---

[19] Heinz, 1993, S. 126.
[20] Hutnik, 1991, S: 18.
[21] Vgl. Elias / Scotson, 1990.
[22] Vgl. Berg, 1997.
[23] Vgl. Dittrich / Radtke, 1990

Dabei wird aber zunächst auch der Begriff der Ethnie an sich kritisiert, da die Unterteilung der Gemeinschaften in Ethnien eine Abwertung gegenüber der Organisation in Völker und Nationen impliziere. Somit sei eine Naturalisierung des Begriffs Ethnie wissenschaftlich nicht haltbar.[24] Deshalb unterscheidet Berg wie Elwert zwischen essentialistischen und formalistischen Ansätzen der Ethnizitätsforschung.[25]

Essentialistische oder primordialistische Ansätze gehen davon aus, daß sich eine Ethnie durch gemeinsame Abstammung, Sprache und Kultur definiert und somit die Existenz von Ethnien eine natürliche Gegebenheit sei. Heckmann differenziert an dieser Stelle nochmals zwischen anthropologischem und sozialbiologischem Primordialismus, wobei die sozialbiologische Variante die erfolgreiche genetisch-biologische Reproduktion betont und damit Ethnien als Gruppe mit starken Verwandtschaftsstrukturen (sozusagen als große Familie) begreift.

Als ethnische Gruppen im philosophisch-anthropologischen Sinn begreift Heckmann dem Menschen wesenseigene Institutionen, "zusammenhängende sozial-kulturelle Strukturen", die ebenso universell und notwendig seien wie Kultur, Sprache oder Arbeit.[26]

Formalistische oder konstruktivistische Ansätze beziehen sich nicht auf eine Naturgegebenheit, sondern definieren Ethnie unter anderem über gesellschaftliche und soziale Prozesse in bezug auf Klassen- und Produktionsverhältnisse sowie als Instrument sozialen Handelns.

Dabei wird unter Rückgriff auf Barth darauf hingewiesen, daß die Grenzen ethnischer Gruppen sich nicht aufgrund "natürlicher" Gegebenheiten wie Sprache und Hautfarbe formieren, sondern durch die Unterschiede, die von den Akteuren als wichtig empfunden werden, und dies sind Elwert zufolge zunächst "Heiratsklassen, Altersklassen, sozioprofessionelle Gruppen, Verwandtschaftslinien oder Lokalgruppen".[27] Elwert weist darauf hin, daß Ethnien ebenso wie Nationen keine Naturgegebenheit seien, sondern vielmehr Ausdruck verschiedenster sozialer Prozesse, die er in ihrer Gesamtheit als "Wir Gruppen-Prozesse" bezeichnet.[28]

Als Beispiel kann man hier Andersons "imagined community" nennen. Anderson ist der Ansicht, daß alle Gemeinschaften, die größer als dörfliche Gemeinschaften mit ihren persönlichen Face-to Face-Kontakten sind, vorgestellte Gemeinschaften seien. Dies bedeutet, daß in den Köpfen der Mitglieder nur eine Vorstellung von der Gemeinschaft existiert, wobei diese Vorstellung für die

[24] Vgl. Berg, 1997, S. 75.
[25] Vgl. Berg, 1997, S. 75, die auch auf die unterschiedlichen Bezeichnungen wie nicht-instrumentalistische und instrumentalistische bzw. primordialistische und konstruktivistische Ansätze hinweist, und Elwert, 1989, S. 23 f.
[26] Vgl. Heckmann, 1997, S. 48.
[27] Elwert, 1989, S. 18. Eine gute Erläuterung zur Wir-Gruppe gibt auch Streck, 1987, S. 255 ff.
[28] Vgl. Elwert, 1989, S. 29.

einzelnen Betroffenen durchaus realen Charakter haben kann.[29] Claussen nennt solche gesellschaftlichen Subjektivitätskategorien deshalb *reale Fiktionen*.[30]

Andere Forscher betonen, daß die Grenzen, die Barth beschrieben hat, nicht aus sich selbst bestehend seien, sondern Ressourcen darstellten, "die unter bestimmten Bedingungen von den sozialen Akteuren für signifikant gehalten und für die Abgrenzung herangezogen werden können."[31] Als Grenze kann dabei auch ein gemeinsam erlittenes Gruppenschicksal dienen, das eine Gruppe von der anderen Gruppe abspaltet. Die Geschichtsschreibung wird nationalistisch gefärbt und trägt somit zur Vorstellung einer gemeinsamen Ethnie bei, das heißt es werden Mythen aufgebaut, um das Gruppengefühl zu stärken.

Sicherlich sind die von Elwert genannten Bindungen Primärbindungen jedes einzelnen Gruppenmitgliedes. Doch gibt es noch eine Übereinheit, häufig auch als Sekundärgruppe bezeichnet, die sich eben an sprachlichen und anderen äußeren Merkmalen wie der gemeinsam erlittenen, scheinbaren Geschichte orientiert, um eine Grenze zur nächsten Großgruppe zu ziehen. Man muß Ethnien nicht wie Stämme als kleine Gruppen, sondern als Großgruppen beziehungsweise als soziale Kategorien verstehen, die dennoch Merkmale von Primärgruppen zeigen können, nämlich:

> starkes 'Wir-Gefühl' und hohe Identifikation mit der Gruppe, Emotionalität und starke Zentralität der Einstellung zur Gruppe, Empfindungen von Nähe und Vertrautheit in den Beziehungen, Dauerhaftigkeit der Beziehungen.[32]

Es stellt sich hier die Frage, ob eine so harsche Trennung der beiden vorgestellten Ansätze wirklich vonnöten ist oder ob nicht eine Verknüpfung primordialistischer und konstruktivistischer Ansätze möglich ist. Für die Untersuchung der Drusen erscheint dies nützlich.

Heckmann versucht eine solche Verknüpfung und bezeichnet sie als "genealogisch definiertes Ethnizitätskonzept", welches die gemeinsame Abstammung der Gruppenmitglieder als Bindeglied betont. Demnach seien soziokulturelle Gemeinsamkeiten nicht willkürlich einfach herstellbar oder schnell veränderbar, sondern das Resultat längerer kultureller und politischer Entstehungsprozesse. Das genealogische Konzept impliziert somit, daß

> Vorstellungen und Definitionen von Zugehörigkeit und Nicht-Zugehörigkeit eine relative Autonomie und Stabilität haben, die sich der instrumentellen Manipulation zwar nicht entziehen, ihr aber ein bestimmtes Beharrungsvermögen entgegenstellen. Ethnische Gruppen sind damit zugleich sozialkulturelle Wirklichkeit und Wirklichkeit als Konstrukt.[33]

---

[29] Vgl. Anderson, 1988, S. 14-17.
[30] Vgl. Claussen, 2000, S. 21.
[31] Heckmann, 1997, S. 49.
[32] Heckmann, 1997, S. 47.
[33] Heckmann, 1997, S. 52.

Zusammenfassend läßt sich sagen, daß hier in der Wissenschaft kein Konsens vorherrscht. Wie zu Beginn des Kapitels erläutert, sind Ethnien sprachlich und kulturell einheitliche Gruppen. Die einzelnen Mitglieder entwickeln neben ihrer individuellen Persönlichkeit ein Bewußtsein der Zugehörigkeit zu einer bestimmten Gruppe und somit ein spezifisches Selbstverständnis. Dieses Selbstverständnis ist von den einzelnen Akteuren nicht frei wählbar. Die Gruppenmitglieder definieren Merkmale, die ihnen die Zuordnung von Menschen in Gruppen erleichtern. Diese Merkmale sind häufig äußerlich sichtbar, müssen es aber nicht sein. Als Differenzierungskategorien gelten auch verwandtschaftliche Beziehungen, religiöse Überzeugungen, besondere Riten und ähnliches zur Abgrenzung auf kulturelle Ebene.

Wichtig bei diesem Prozeß ist die Vorstellung, die die einzelnen Mitglieder von der Gruppe haben und daß sie ein Bewußtsein der Zugehörigkeit zur Gruppe entwickeln und fortführen. Wenn diese Vorstellung positiv assoziiert wird, verstärkt dies den Gruppenzusammenhalt. Dies bedeutet, daß Ethnien ein fiktive Kategorie sind, um unspezifische Gruppen, deren Mitglieder Gemeinsamkeiten aufweisen, erfassen zu können. Es gibt Ethnien, die auf einer gemeinsamen Herkunft, Geschichte, und Kultur gründen und die sich der Grenzen zu anderen Ethnien bewußt sind und somit ein kollektives Bewußtsein entwickeln.

Uns soll nun an dieser Stelle interessieren, wie und wieso einzelne Individuen bemerken, daß sie Teil einer Gruppe sind und sich somit ein "Wir-Gefühl", eine Identifikation mit der Gruppe, entwickelt. Zu bedenken ist, daß diese Erkenntnis nicht plötzlich eintritt, sondern Resultat eines längeren Prozesses ist.

2.2 Zum Begriff der ethnischen Identität

Zu unterscheiden ist zunächst zwischen *kollektiver* und *ethnischer* Identität. Problematisch ist der Begriff Identität ohnehin, da er in den letzten Jahren in den Sozialwissenschaften inflationär gebraucht wurde, jedoch allzu leicht zu demontieren ist.

Kollektive Identität impliziert die Identität einer Gruppe und wird häufig so gebraucht, als handele es sich um eine "biophysische Einheit". Wie Kreckel richtig feststellt, können Kollektive jedweder Art zwar als Kollektive auftreten, doch verfügen sie über keine "Kollektivpersönlichkeit" oder "Gruppenseele".[34] Gesellschaften haben keine eigene Identität. Vielmehr hat jedes einzelne Mitglied eine eigene Identität und identifiziert sich allenfalls mit der Gruppe. Bei *ethnischer*

[34] Vgl. Kreckel, 1994, S. 14.

Identität liegt der Fokus der Identifizierung auf der vorgestellten gemeinsamen Ethnie.

Unter ethnischer Identität verstehen wir die Identifizierung einer Person primär mit einer ethnischen Gruppe, deren Mitglied sie ist. Individuen bilden ihre Identität vor allem während der Pubertät und Adoleszenz aus, die durch die sie umgebende Gruppe geprägt wird. Aufgrund der Ausbildung der personalen Identität entwickelt sich erst das allgemeine Bewußtsein der Identität an sich und somit auch das Bewußtwerden der Teilidentitäten. Identität beschreibt zunächst die Einzigartigkeit des Individuums, das sich aber auch als Mitglied einer Gruppe begreift. Der Familienverband stellt die erste Orientierungshilfe, zu der später viele andere hinzukommen. Wie Mead beschreibt, hat der einzelne eine Identität nur in bezug zu den Identitäten anderer Mitglieder seiner gesellschaftlichen Gruppe. "Die Struktur seiner Identität drückt die allgemeinen Verhaltensmuster seiner gesellschaftlichen Gruppe aus, genauso wie sie die Struktur der Identität jedes anderen Mitgliedes dieser gesellschaftlichen Gruppe ausdrückt."[35]

Hier ist anzumerken, daß die Gruppe die Identität des einzelnen zwar prägt, jeder doch aber stets einen eigenen Willen und ein eigenes Bewußtsein besitzt, das einzigartig und individuell ist.

Eine vorrangige Betonung einer bestimmten "Klassen"-Identität einer Person sowie der ethnischen Identität stützt sich deshalb laut Devereux auf ein fehlerhaftes Selbst und ein unsicheres Bewußtsein der Identität einer Person. Die Identität einer Person sei eben ein komplexes Gebilde aus mehreren "Klassen"-Identitäten.[36] Wenn das Selbstwertgefühl nicht genügend ausgeprägt ist, kann die Zugehörigkeit zu einer Gruppe von den einzelnen Mitgliedern als Stärke gewertet werden. Dies gilt besonders, wenn das Aufnahmeverfahren mit Hürden verbunden ist, die Zugehörigkeit somit als Ehre verstanden und mit Stolz verbunden wird.

Die absolute Identifizierung mit der Gruppe kann auch als Schutzfaktor dienen, so zum Beispiel um ein Fehlverhalten einzelner als gemeinsame Aktion zu entschuldigen.

Die Zugehörigkeit zu einer bestimmten Gruppe prägt die Entwicklung der Identität entscheidend. Flohr geht sogar soweit, dies mit biologistischen Ansätzen zu erklären, die evolutionsbedingt zu einer genetischen Anlage geführt haben sollen. Es sei für die Menschen von jeher wichtig gewesen, zu einer Gruppe zu gehören, da diese das Überleben des Einzelnen gesichert habe:

> The strong group orientation of humans as a social species has biological roots. By far the longest period of our evolution we spent in small bands ranging from 40 to perhaps 100 members. At all times we had to rely on support by the group and also on being accepted by the group; we had to adopt its modes of behaviour and its value orientations. Today we still tend to define our personal identity to a considerable degree

---

[35] Mead, 1973, S. 206.

[36] Vgl. Devereux, 1996, S. 412.

> by our membership in groups and by their value orientations. criticism and self-criticism.[37]

Biologistische Ansätze solcher Art sind zwar meist sehr umstritten, doch muß man zugeben, daß diese Betrachtungsweise recht einsichtig wirkt. Alle Völker brauchen Menschen, die Gemeinsamkeiten finden und sich gegenseitig unterstützen. Flohr bekennt, daß ihm die Kritik an biologistischen Erklärungsmodellen durchaus bekannt und bewußt sei, daß es aber darum gehe, die biologischen Faktoren, die es seiner Ansicht nach de facto gebe, zu kennen, um besser zur Toleranz gegenüber Anderen erziehen zu können.[38]

Biologistische Erklärungsmodelle vernachlässigen den persönlichen Willen, der sich durch die Intelligenz des Menschen manifestiert und ihn so vom Tier unterscheidet. Sie reduzieren den Menschen quasi auf seine Triebe.

Hier ging es bislang um die Herausbildung der Identität des einzelnen. Unter ethnischer Identität soll in diesem Fall aber auch das Bewußtsein der Zugehörigkeit zu einem ethnischen Kollektiv verstanden werden. Dieses Bewußtsein wiederum bildet sich durch Interaktionsprozesse mit anderen ethnischen Gruppen heraus. Es entsteht durch Wahrnehmung der anderen, durch eine reale oder imaginierte Kollektivgeschichte, durch erlernte Gemeinsamkeiten wie Bräuche und Sitten, Sprache. Biologistische Ansätze wie die von Flohr stehen in Widerspruch zu anderen Autoren, die die Auffassung vertreten, ethnische Unterschiede seien zur Gänze erlernt und somit imaginiert.

Scherrer faßt die Ambivalenz zwischen primordialistischer und konstruktivistischer Anschauung von ethnischer Identität treffend zusammen:

> Ethnische Identität ist nicht ein naturwüchsiger Reflex objektiver kultureller Kennzeichen und auch nicht eine Sache »freier Wahl« bzw. Resultat subjektiver (individueller und kollektiver) Identifizierung, sondern tendenziell die Kombination von beidem (Tradition und Wandel); in diesem Sinne ist ethnische Identität ein Konstrukt, aber kein »willkürliches«.[39]

Identität ist eine Bewußtseinskategorie. Claussen nennt diese eine Form des Alltagsbewußtseins, die "Alltagsreligion":

> Die Systeme und ihre propagierten Ideologien verschwinden, aber die Alltagsreligion bleibt, weil sie selbst Lebenserfahrung und Überlebensimperativ in einem flexiblen intellektuell-emotionalen System organisiert. In der Alltagsreligion sind die generationenübergreifenden und überindividuellen Gewissheiten aufbewahrt, ohne die Menschen nicht handlungsfähig wären.[40]

Personen glauben an ihre Alltagsreligion und orientieren ihr Handeln entlang dieser. Gerade dies ist bei der Erklärung vermeintlich ethnischer Konflikte ein

---

[37] Flohr, 1987, S. 197.
[38] Vgl. Flohr, 1987, S. 207.
[39] Scherrer, 1997, S. 37.
[40] Claussen, 2000, S. 28.

äußerst wichtiger Punkt. Für die einzelnen bedeutet die kollektive Orientierung ein soziales Kapital, für das im Krisenfall ein Loyalitätsanspruch erhoben werden kann. Außerdem vermag die Konzentrierung auf Probleme des Kollektivs von internen Schwierigkeiten abzulenken. Auch Saurwein betont den Effekt imaginierter Identität auf reales Handeln:

> Kollektive Identitäten sind keine Erfindungen, die nur deshalb existieren, weil sie »gedachte« Gemeinsamkeiten darstellen, sondern sie bilden gerade in ihrer imaginierten Form eine Realität, die die Agenda und Prozesse öffentlicher wie privater Kommunikation beeinflussen.[41]

Besonderes Augenmerk verlangt die gemeinsam erlebte Geschichte, im Fall der Drusen hier die gemeinsame Religion, das heißt die Entstehung derselben und die gemeinsame erlebte Verfolgung und damit der Druck der Geheimhaltung. Diese Geschichte ist nicht tatsächlich gemeinsam erlebt, "weil es streng genommen keine »gemeinsame Geschichte« gibt, sondern eine Vielzahl von Erfahrungen, deren jede sich von jeder anderen unterscheidet."[42] Interessant ist bei der Herausbildung von kollektivem Bewußtsein sicherlich auch die geographische Nähe. Im Fall der Drusen lassen sich ihre Siedlungsgebiete recht klar umgrenzen und liegen in relativer nachbarschaftlicher Nähe zueinander.

Ethnische Identität ist nicht frei wählbar, sondern wird während der Identitätsbildung erlernt und hat großen Einfluß auf das Selbstverständnis der einzelnen Gruppenmitglieder.

Nachdem nun geklärt worden ist, was hier unter ethnischer Identität zu verstehen ist, versuche ich zu überprüfen, inwieweit die genannten Merkmale zur Herausbildung einer eigenen ethnischen Identität wie gemeinsame Herkunft, Geschichte, Kultur, Tradition und Religion auf die Drusen zutreffen.

2.2.1 Herkunft

Die Herkunft der Drusen ist ungeklärt. Ob sie tatsächlich alle die dieselbe Abstammung haben, konnte bisher nicht ermittelt werden. Ihr Ursprung liegt aber sicher im Nahen Osten. Vor mehreren hundert Jahren siedelten sie sich unter anderem auch im heutigen Israel an.

Mit Herkunft ist aber nicht nur der Siedlungsursprung, sondern auch eine gewisse Verwandtschaftslinie gemeint. Da die Drusen endogam leben, gibt es innerhalb der drusischen Gemeinden zahlreiche verwandtschaftliche Beziehungen, die nur selten über die Staatsgrenzen hinausgehen und dem Gefühl der familiären

---

[41] Saurwein, 1999, S. 13.
[42] Wagner, 1998, S. 70.

Verbundenheit sehr dienlich sind. Da bis heute Hochzeiten unter Cousins und Cousinen gefördert werden, ist es nicht unüblich, Dörfer vorzufinden, in denen man den Eindruck gewinnen kann, daß sämtliche Bewohner auf die eine oder andere Weise miteinander verwandt sind.[43] Verstärkt wird dieser Eindruck der verwandtschaftlichen Nähe durch den Glauben an die Reinkarnation. Denn für die Drusen könnte das neugeborene Kind aus dem Nachbarhaus theoretisch die Reinkarnation des kürzlich gestorbenen Onkels sein. Jeder Druse wird ja nach diesem Glauben immer nur als Druse wiedergeboren. Dies bedeutet, daß es zur tatsächlichen Verwandtschaft durch Endogamie zusätzlich eine eingebildete Verwandtschaft durch Reinkarnation gibt. So schließt Amal Jamal daraus, daß "hier die primordialistische Theorie aufgrund der Reinkarnation begründbar ist und als Instrument wirkt, um eine Grenze zu anderen Gruppen zu definieren."[44]

Auch wenn nicht alle Drusen tatsächlich an die Reinkarnation glauben, so sind doch sehr viele von der verwandtschaftlichen Nähe zueinander überzeugt. Wenn man sich nun erinnert, welch großen Einfluß die Familie und die Identifizierung mit derselben in der arabischen und drusischen Gesellschaft hat, wird deutlich, daß hier die geglaubte gemeinsame Herkunft eine wichtige Orientierungsnorm darstellt.

2.2.2 Geschichte

Die drusische Geschichte ist recht gut dokumentiert. Dabei wird die Geschichtsschreibung von zwei Leitmotiven durchzogen a) der gemeinsamen Verfolgung und b) der tapferen kriegerischen Auseinandersetzung.

Auffällig ist, daß die Drusen trotz der Verfolgung keineswegs die Opferrolle betonen. Während Zeiten der Verfolgung verbargen sie sich, verwendeten die Methode der Verstellung *taqiyya* und geheime Zeichen zur Erkennung ihrer Glaubensbrüder. Ebenso gab auch Losungen zur Erkennung anderer Glaubensbrüder, die im Katechismus der Drusen festgehalten sind.[45] Die Verfolgung schweißte sie zusammen. Als eine Sekte, die sich vom Islam absetzte, wurde sie dadurch jedoch nicht geschwächt, sondern vielmehr gestärkt. Als al-Muqtanā, der Nachfolger des Missionars Ḥamza, dann auch noch beschloß, keine weiteren Proselyten mehr aufzunehmen, verstärkte sich der exklusive Charakter der Glaubensgemeinschaft. Nur jene, die sich rechtzeitig für das Drusentum entschieden hatten, gehörten nun zum neuen Geheimbund und mit ihnen alle nachfolgenden Generationen, so daß ein

---

[43] Dies ist jedoch nicht ein spezifisch drusisches Phänomen, sondern wurde von mir auch in christlichen und muslimischen Dörfern in Israel beobachtet.
[44] Interview mit Amal Jamal am 11.04.00 in Tel Aviv.
[45] Vgl. Azzi, 1992, S. 273.

Fortbestehen der Gemeinde gesichert schien. Wie in Kap. II 2.2 erwähnt, hat die Verfolgung bei den Drusen auch einen positiven Aspekt, da sie auf das Ende der Zeit hindeutet und die Drusen sich erhoffen, daß nach der letzten großen durchgestanden Verfolgung Ḥākim zurückkehren und eine neue drusische Ära anbrechen wird. Deshalb ist die Verfolgung für die Drusen nicht nur Teil der vergangenen Geschichte, sondern tagesaktueller Bestandteil ihres Lebens, auch wenn sie heute nicht mehr ähnlich gewaltvoll verfolgt werden wie in der Vergangenheit. Die Sorge davor scheint dennoch berechtigt. Wie Shakeeb Salih, Dozent für Geschichte des Nahen Ostens an der Bar Ilan Universität, berichtet, wurde erst vor wenigen Jahren eine Fatwā gegen die Drusen ausgesprochen.[46]

Doch auch wenn die Verfolgung erneut lebensbedrohliche Ausmaße annehmen würde, wüßten sich die Drusen wohl zu wehren. Die Erinnerung an ihre kriegerische Vergangenheit wird wach gehalten. Dieser Aspekt ihrer Geschichte wird immer wieder mit einer positiven Wertung betont. So sind die kriegerischen Erfolge der Drusen im Libanon und in Syrien wichtige Bestandteile des Geschichtsunterrichts. Hier gibt es allerdings auch viele Klischees, die vor allem in älteren Beschreibungen zu finden sind wie bei Bell[47] oder bei Bordeaux[48]. Selbst in Lexikonartikeln wurde ihr kriegerisches Verhalten als eine den Drusen eigentümliche Wesensart beschrieben. So heißt es im Handwörterbuch des Islam von 1941:

> "Die Drusen sind ein kriegerisches, tatkräftiges und kühnes Volk. Sie würden sehr gute Soldaten abgeben, wenn ihr Unabhängigkeitssinn sie nicht vor allem zu Räubern machte. Sie können sehr grausam sein; die wildesten sind die Hawran-Drusen."[49]

Und noch 1984 heißt es in einem politischen Wörterbuch zum Nahen Osten:

"The Druze, like the Kurds, are an independent, devout warrior people who have long dramatized their uniqueness."[50]

Die Drusen haben diese Attribuierung gern übernommen und erzählen zum Beispiel voller Stolz, daß es ein Druse gewesen sei, der Moshe Dayan zu seiner berühmt gewordenen Augenklappe verholfen habe.

Auch heute definieren sich die Drusen über den Kampf und üben so Einfluß im Staat aus. In Israel sind sie die einzigen Araber, die sich verpflichtet haben, den Wehrdienst abzuleisten; im Libanon beteiligten sie sich mit eigenen Milizen am Bürgerkrieg und in Syrien, wo die Armee der einzige Ort für eine gleichberechtigte Behandlung der Drusen zu sein scheint, werden sogar drusische Mädchen an die Waffen gelassen.

Die Armee verstärkt die Identifizierung mit dem Staat, in dem sie leben und zu dem sie loyal eingestellt sind. Ausdruck für ihre Loyalität ist der Kampf und der

---

[46] Interview mit Shakeeb Salih am 20.04.00 in Mughar.
[47] Vgl. Bell, 1907.
[48] Vgl. Bordeaux, 1926.
[49] Wensinck; Kramer, 1941, S. 118.
[50] Zirring, 1984, S. 123.

Einsatz des Blutes für den Staat. Deshalb ist es auch einsichtig, daß golanische Drusen nicht in der israelischen Armee dienen, da sie ihre Loyalität gegenüber Syrien bewahren wollen.

Interessant dabei ist, daß auch bei einer direkten Gegenüberstellung von drusischen Soldaten verschiedener Staaten im Kampf die Loyalität überwiegt und es in Kauf genommen wird, eventuell einen Glaubensbruder erschießen zu müssen. An dieser Stelle kann man sich fragen, ob dann noch die sogenannte "close-knit community" der Realität entspricht. Die Drusen verstehen die Loyalität zum Staat als Doktrin der Religion und gewichten sie deshalb höher als persönliche Interessen. Vielleicht ist es aber auch der Glaube an die Reinkarnation, der die Entscheidung leichter macht, da man eben gewiß sein kann, daß der Tod des Gegners nicht dessen endgültiges Ende, sondern vielmehr der Beginn eines neuen Lebens ist.

Dennoch bleibt die Loyalität untereinander bestehen, wie zum Beispiel der Einsatz von Zeidan Atashe im Jahr 1982 zeigt. Während der Invasion israelischer Truppen in den Süden Libanons wurden unter Aufsicht der Israelischen Armee IDF Drusen von christlichen Phalangisten angegriffen. Zeidan Atashe beschreibt seine Eindrücke während eines Besuchs des Libanons folgendermaßen: "This was my first encounter with Druze on Arab soil and it was not pleasant to see the IDF, in which I also served participating in acts of cruelty against my Druze brothers."[51]

Zurück in Israel gründete Atashe gemeinsam mit anderen die "Druze Follow-up Commission on behalf of the Druze of Lebanon", deren Aufgabe es wurde, die Zustände im Libanon bekannt zu machen und die Angriffe auf Drusen einzudämmen, was auch gelang. Dazu sei es vorher nötig gewesen, die Drusen in Israel daran zu erinnern, daß Solidarität innerhalb der drusischen Gemeinde in bestimmten Fällen auch über Staatsgrenzen hinweg gefordert ist.[52]

Geertz nennt diese Form der Loyalität "angestammte Loyalitäten" (primordial loyalties) unter denen er eine Bindung versteht,

> die aus dem Gefühl der Gegebenheiten der sozialen Existenz auf Seiten des Subjekts, nicht des Beobachters, herrührt: eine besondere Sprache sprechen, einer besonderen Religion angehören, aus einer besonderen Familie stammen, aus einer besonderen Geschichte hervorgegangen sein, an einem besonderen Ort leben; die Grundgegebenheiten - und zwar wiederum aus der Perspektive des Akteurs - von Blut, Rede, Brauch, und Herkommen, Glaube, Seßhaftigkeit, Geschichte, physischer Erscheinung und so weiter.[53]

Dabei variieren diese Bindungen, wobei sie für diejenigen, "die angestammt und verwurzelt sind, eher aus essentieller Wesensverwandtschaft zu erwachsen (scheinen) als aus den Gelegenheiten und Wechselfällen gesellschaftlichen Verkehrs und Umgangs."[54]

---

[51] Atashe, 1995, S. 146.
[52] Atashe, 1995, S. 148.
[53] Geertz, 1994, S. 395.
[54] Ebenda.

Diese Wesensverwandtschaft ist eine eingebildete, die für die einzelnen realen Charakter hat und so zur Identifikation mit der Gruppe beiträgt, aber auch als Erklärungs- und Rechtfertigungsmodell dienen kann. Auch Geertz warnt jedoch vor einer radikalen Biologisierung, da diese "zur Erfindung eines auf »Blut« basierenden Begriffs von »Ethnizität« (führt), der eine enorme Spannweite von Gruppenunterschieden in einem diffusen und totalisierenden biologischen Idiom verschmilzt."[55]

2.2.3 Kultur

Auch die Kultur einer Ethnie wird zu ihrer Definition herangezogen. Dabei muß zunächst geklärt werden, was unter Kultur zu verstehen ist, da dieser Begriff in den Theorien zu Ethnizität zwar ständig auftaucht, jedoch kaum näher erläutert wird, was die einzelnen Autoren darunter verstehen. So heißt es zum Beispiel im Brockhaus, daß mit dem Begriff Kultur im weitesten Sinne alles bezeichnet werden kann, "was der Mensch geschaffen hat, was also nicht naturgegeben ist."[56]

Selbst diese sehr globale Definition drückt nicht hinreichend aus, was der Kulturbegriff umfaßt. Unter Kultur verstehen wir zusätzlich zu von Menschenhand geschaffenen Gegenständen eine besondere Art der Bildung und Erziehung und die Art und Weise der sozialen Beziehungen. Diese müssen einen gruppenspezifischen Charakter haben, um sie als zu einer bestimmten Kultur zugehörig identifizieren zu können. Somit erfaßt Kultur die Werte und Normen einer bestimmten Gruppe, aber auch die materiellen Güter, die sie hervorbringt.[57]

Schröder versteht Kultur als übergeordnetes Sinnsystem, das in bezug zum Habitus steht, wobei er Habitus als ein System internalisierter Dispositionen versteht, "die zwischen sozialen Strukturen und praktischen Handlungen vermitteln, indem sie durch erstere geprägt und durch letztere reguliert werden. "[58]

Auch Geertz versteht unter Kultur psychologische Strukturen, mit denen Menschen ihr Verhalten lenken.

> Als ineinandergreifende Systeme auslegbarer Zeichen (wie ich unter Nichtbeachtung landläufiger Verwendungen Symbole bezeichnen würde) ist Kultur keine Instanz, der gesellschaftliche Ereignisse, Verhaltensweisen, Institutionen oder Prozesse kausal zugeordnet werden können. Sie ist ein Kontext, ein Rahmen, in dem sie verständlich - nämlich dicht - beschreibbar sind.[59]

---

[55] Geertz, 11994, S. 396.
[56] Brockhaus, 1997, Bd. 12, S. 612.
[57] Vgl. Giddens, 1995, S. 37.
[58] Schröder, 1983, S. 6
[59] Geertz, 1983, S. 21.

In der Ethnizitätsforschung hingegen geht es nicht um diese theoretische Einordnung des Kulturbegriffs, sondern um beobachtbare und beschreibbare Unterschiede ethnischer Gruppen in ihrem Verhalten und ihren Produktionsgütern.

Hier stellt sich deshalb die Frage, ob die Drusen eine eigene Kultur haben. Diese Frage ist nicht eindeutig geklärt und selbst unter Drusen umstritten. Als äußeres und offensichtliches Symbol einer eigenen Kultur könnte man ihre Kleidung vorbringen. Es ist jedoch anzunehmen, daß sich ihre Kleidung nicht aus sich selbst heraus entwickelt hat, sondern ein starker Einfluß anderer Kulturen im Design zu beobachten ist. So sind die Hosen, die von den drusischen Männern getragen werden, in Deutschland als "Türkenhosen" bekannt. Dennoch ist es wahrscheinlich die Kombination der Kleidungsstücke, ebenso der auffällige Turban, die es ermöglichen, einen Drusen sofort als Drusen zu identifizieren, da mir keine andere Gruppe bekannt ist, die sich ebenso kleidet. Dies kann man demzufolge als kulturelle Besonderheit der Drusen werten.

Oft werden auch bestimmte Gerichte als drusisches Essen präsentiert, obwohl es sich kaum vom Essen unterscheidet, das von Christen und Muslimen im Nahen Osten zubereitet wird. Hier wird künstlich ein Identifikationsfaktor geschaffen. Aufgrund eines besonderen Essens ist man anders als die anderen - natürlich besser - und hat so einen positiven Bezugspunkt. Für Europäer mag dies nicht so wichtig erscheinen, doch ist für die Araber in Israel das Essen ein wichtiger Lebensinhalt. Es wird meist sehr zeit- und arbeitsaufwendig und in großen Mengen zubereitet. Ein Gast ist vor allem mit gutem Essen zu versorgen. Jeder Gast eines Hauses ist zudem verpflichtet, etwas zu essen, und sei es nur etwas Obst und ein paar Nüsse. Das Abweisen des Essens wird als grobe Unhöflichkeit verstanden. In diesem Punkt konnte ich keine Unterschiede zwischen Drusen, Christen und Muslimen feststellen, wobei mir von drusischen Freunden immer wieder versichert wurde, daß die Drusen sich durch ihre *besondere* Gastfreundschaft auszeichnen. Auch in der Literatur wird dies immer wieder als charakteristischer Wesenszug beschrieben, so bei Marie Dupont, wo es heißt: "Les Druzes, malgré la sobriété de leur vie, ont l'art de recevoir et se montrent très généreux envers leurs hôtes. Quel voyageur, quel touriste ou quel journaliste n'a pas été séduit par cette hospitalité."[60] Man kann dies sicherlich als historisierten Mythos werten. So soll es bis zur Jahrhundertwende in jedem drusischen Dorf ein Gästehaus mit freier Kost und Logis gegeben haben, wohin sich jeder Durchreisende begeben und die Gastfreundschaft der Drusen genießen konnte. Heute ist ein großer Wandel in dieser Beziehung feststellbar, der aus dem engen Kontakt zur jüdisch-israelischen Gesellschaft resultiert. Viele junge Drusen empfinden die arabisch-traditionelle Form der Gastfreundschaft als unmodern. In den meisten Familien jedoch wird der Gast weiterhin zum Essen genötigt.

Drusische Intellektuelle distanzieren sich von der Idee, daß die genannten Punkte Kleidung, Essen und Gastfreundschaft Elemente einer spezifisch drusischen

---

[60] Dupont, 1994, S. 90.

Kultur seien. Außerdem fehle es auch an anderen Merkmalen einer eigenen Kultur und dies besonders in den künstlerischen Bereichen wie Musik oder Malerei. So erläutert Amal Jamal:

> Wir wissen, daß wir Araber sind. Unsere Sprache ist Arabisch, wir genießen viel mehr arabische Musik als westliche oder jüdische Musik. Wir können das nicht vergessen. Wie können wir eigentlich in der Welt weiterleben ohne Kultur? Unsere eigene Kultur gibt es nicht. Es gibt keine Philosophen, es gibt keine Theoretiker, keine Musiker. Und die Drusen, die was zur Kultur beigetragen haben, taten es als Araber und nicht als Drusen.[61]

Da es dies nicht gibt, muß Rückgriff auf andere Dinge genommen werden, die dann als spezifisch drusisch gewertet werden. Dies kann dann auch so in der Schule weitergegeben werden. So wird zum Beispiel immer wieder erwähnt, daß die Drusen ein "reineres" Arabisch sprechen würden als die Palästinenser in Israel. Andererseits wurde mir auch bestätigt, daß es in jedem Dorf eigene kleine Dialekte gibt. Dies würde bedeuten, daß die dialektale Färbung der Sprache bei den Drusen eher territoriale denn religiöse Ursachen hat.[62] Hier fungiert eine angeblich besondere Kultur als Identifikationsmerkmal und wird dadurch instrumentalisiert. Diese ethnischen Unterschiede sind offenbar erlernt, das heißt die Ethnizität ist fiktiv. Die Mitglieder der Gruppe betrachten sich als kulturell verschieden und werden von anderen auch so wahrgenommen, wobei eindeutig ist, daß Kultur keine feste Größe ist, "sie ist ebenso konstruiert und wandelbar wie Identität."[63]

2.2.4 Tradition

Als weiteres Merkmal einer Ethnie wird häufig die Tradition genannt. Unter Tradition verstehen wir

> die gesellschaftliche vermittelte, historisch überkommene oder auch bewußt gewählte Übernahme und Weitergabe von Wissen, Lebenserfahrungen, Sitten, Bräuchen, Konventionen und den sie tragenden Einrichtungen (Institutionen) und Medien.[64]

Tradition ist ein zentraler Teilbereich von Kultur, da Tradition dafür sorgt, daß die Kultur Bestand hat und an nachfolgende Generationen weitergegeben wird. Dies bildet Stabilität in einer Gesellschaft. Es muß nicht alles immer wieder neu ergründet werden, sondern wird mit Berufung auf die Tradition gehandhabt. Sie fungiert so als soziales Gedächtnis der Gemeinde, kann aber auch manipuliert und interessegeleitet werden. Dies ist möglich, wenn man eine Handlung willkürlich als Tradition

---

[61] Interview mit Amal Jamal am 11.04.00 in Tel Aviv.
[62] Interview mit Ghassan Tarif am 19.09.00 in Hannover.
[63] Schröder, 1998, S. 5
[64] Brockhaus, 1999, Bd. 22, S. 229.

deklariert. Es ist schwierig festzulegen, wann etwas eine Tradition ist und eine Tradition hat, da einmal der Anfangspunkt gewesen sein muß. Dieser ist eben nicht traditionell, sondern neu und vielleicht sogar revolutionär. Dies ist sicherlich das Hauptproblem mit der Tradition. Traditionen entstehen in einem Prozeß der Formalisierung und Ritualisierung. Hobsbawm differenziert dabei zwischen drei sich gegenseitig überlappenden Typen von Tradition: a) jenen Traditionen, die sozialen Zusammenhalt oder die Mitgliedschaft in Gruppen und realen oder künstlichen Gemeinschaften etablierten oder symbolisieren, b) jenen Traditionen, die Institutionen, einen Status oder die Relation einer Autorität etablieren oder legitimieren und c) jenen Traditionen, deren wichtigste Aufgabe die Sozialisation, die Verinnerlichung von Überzeugungen, Wertesystemen und Verhaltensregeln ist.[65]

Deutlich ist, daß Traditionen in sozialen Gefügen eine wichtige Aufgabe beim Zusammenhalt der internen Kohäsion haben.

Welche Traditionen gibt es bei den Drusen, und sind sie tatsächlich spezifisch drusisch?

Traditionen nach Typ a), die den sozialen Zusammenhalt und die Mitgliedschaft in der Gruppe symbolisieren, sind vor allem Symbole des Alltags. Dazu gehören bei den Drusen die Kleidung, das Essen und traditionelle Handlungen.

Weiterhin gehört zur Aufrechterhaltung des Zusammenhaltes die Tradition der *taqiyya* (Verstellung) und die Schließung des Glaubens für Neue. Gefördert wird dies Gefühl des Zusammenhalts auch durch die enge verwandtschaftliche Nähe und durch die geglaubte Verwandtschaft qua Reinkarnation.

Traditionen nach Typ b), das heißt solche, die Institutionen und Autoritäten etablieren oder legitimieren, sind bei den Drusen deutlich auszumachen. So ist es traditionell üblich, die Religion nur wenigen Eingeweihten zugänglich zu machen. Dieser Mechanismus sorgt dafür, daß religiöse Autorität etabliert und anerkannt wird. Obwohl die wenigsten Drusen wissen, was tatsächlich im Drusenkanon steht, haben sie jedoch gehört, daß die Texte sehr anspruchsvoll und philosophisch seien. Menschen, die diese Texte lesen und verstehen können, wird deshalb Respekt gezollt. Interessanterweise scheint aber die Tradition, einen spirituellen Führer zu haben und zu verehren, gerade zu kippen, da Mu'warfaq Tarif von einem Großteil der Drusen in Israel nicht anerkannt wird und es sich abzeichnet, daß diese Tradition untergeht oder sich doch zumindest stark verändert.

Eine weitere wichtige Tradition in diesem Zusammenhang ist die Einteilung der Menschen in Großfamilien, in Emirate und Fürstentümer. Dabei gehören drusische Emirate und Fürstentümer zwar bereits der Vergangenheit an, die Wichtigkeit der Zugehörigkeit zu einer Familie und auch die Anerkennung der Autorität eines Oberhauptes einer solchen Familie aber ist nach wie vor ungebrochen.

Israel hat sich die Tradition der Pilgerfahrt zu Nabī Shū'ayb zu eigen und eine traditionelle Veranstaltung daraus gemacht. Diese dient dazu, die angebliche

---

[65] Vgl. Hobsbawm, 1997, S. 9.

"Blutsverwandtschaft" zwischen Drusen und Juden zu betonen. Israel wird so von den Drusen als autoritäre Armeemacht anerkannt.

Traditionen nach Typ c) sind solche, die zur Verinnerlichung von Werten und Überzeugungen und der Sozialisation dienen. Diese Traditionen werden bei den Drusen besonders gefördert durch die schulische Unterweisung solcher Traditionen. Die Drusen zählen dazu die Ehre der Familie, die Ehre der Frau, Gastfreundschaft, die Stellung der Drusen im Staat. Um diese Werte zu erhalten, müssen bestimmte Verhaltensweisen eingehalten werden, die als traditionell dargestellt werden.

Die Drusen werten es als traditionell, nur Drusen zu ehelichen, es ist traditionell, daß Frauen lange Röcke tragen, die Hochzeitszeremonie, das Begräbnisritual und auch die Beschneidung von Jungen werden als Traditionen verstanden. Die meisten dieser Traditionen erscheinen nicht besonders drusisch und werden von Christen und Muslimen in Israel in ähnlicher Art und Weise praktiziert. Spezifisch drusisch erschien mir jedoch das drusische Hochzeitsfest, das mit einer Vielzahl von rituellen Handlungen gespickt ist und das sich besonders dadurch auszeichnet, daß Männer und Frauen getrennt feiern.

Die Drusen sind sehr stolz auf ihre Tradition und nennen als eines ihrer großen Ziele für die Zukunft stets die Bewahrung derselben. Sie befürchten durch den Verlust der Tradition einen Zusammenbruch der Gemeinde: Diese Sorge ist berechtigt. Wenn die Drusen ihre Traditionen aufgeben würden, würden sie sich kaum noch von anderen Israelis unterscheiden und hätten somit keine Grenzen mehr, an denen sie sich orientieren könnten, um ihr kollektives Bewußtsein zu entwickeln und zu stärken. Deshalb ist die Identitätsarbeit ein solch wichtiger Faktor für die drusische Gemeinde, und auch deshalb mußten sie darauf bestehen, das Unterrichtsfach "Drusisches Erbe" in den Lehrplan mit aufzunehmen.

2.2.5 Religion

Unter Religion verstehen wir in der vorliegenden Arbeit mit Hinblick auf die Drusen den spezifischen Bezug zwischen dem "Transzendenten" auf der einen Seite und dem Menschen auf der anderen Seite. Religion bezeichnet hier die Bindung oder Orientierung von Menschen an übernatürlichen Phänomenen.

Manche Autoren sehen darin die Voraussetzung für den Aufbau personaler Identität und das Funktionieren sozialer Gemeinschaften.[66] Für Emile Durkheim[67] stellt sich Religion als das Mittel der Gesellschaft dar. Durch sie werde die Gesellschaft sich ihrer Einheit bewußt und erhalte dieselbe aufrecht, wobei abweichende Vorstellungen gesellschaftlich sanktioniert werden. Da für ihn die

---

[66] Vgl. Dunde, 1994, S. 261.
[67] Vgl. Durkheim, 1912.

Religion das kollektive Bewußtsein und somit die Gesellschaft darstellt, stellt er sie dem Individuum gegenüber und findet so einen alles prägenden Dual. Das liegt daran, daß die meisten Religionen durch einen starken Normenkanon geprägt sind und sich dadurch auszeichnen, daß es eine Fülle von Zeremonien und Ritualen gibt, die das Gemeinschaftsgefühl der Gläubigen stärken.

> Familie, Ortsgemeinschaft, ethnische Gruppen, Staat und Religion sind es im wesentlichen, die solche Beziehungen begründen, so daß der Mensch von vornherein in eine "Gemeinschaft" hineingeboren wird, die ihm eine spezifische soziokulturelle Identität verleiht.[68]

Häufig finden sich Beschreibungen, in denen der Einfluß der Religion in bezug auf die ethnische Identität an der gemeinsamen Ausübung bestimmter Rituale manifestiert wird.

Solche Rituale gibt es aber bei den Drusen nur wenige. Sie werden nur von einer kleinen Minderheit, den Eingeweihten, ausgeübt. Wie kann demnach eine Religion, deren einzelne Anhänger nur rudimentäre Kenntnisse ihrer Glaubensinhalte haben, so gemeinschaftsfördernd sein?

Es sind hier verschiedene Elemente, die das kollektive Bewußtsein beeinflussen und zusätzlich eine systematisch durchgeführte "Identitätsarbeit". Damit ist die gezielte Beeinflussung der Identitätsentwicklung durch Bildung und Propaganda gemeint.

Wichtigstes Element, das die Religion bereits vorgibt, ist der Glaube an die Reinkarnation, auch wenn viele Drusen heute nicht mehr glaubhaft versichern können, an die Reinkarnation zu glauben. Zweifel daran werden in unregelmäßigen Abständen durch "Geschichten" zerstreut, die "objektive" Beweise für die Realität der Reinkarnation liefern sollen. So wird von Kindern erzählt, die sich plötzlich an ihr vorangegangenes Leben erinnern und ihnen eigentlich unbekannte Orte und Personen erkennen. Solche "Geschichten" kennen wir aus vielen Kulturen, und die umfangreiche Sammlung von Rolf Brednich[69] zeigt, daß auch in Deutschland derlei "Wundergeschichten" kursieren und auch geglaubt werden.[70]

Nächster Punkt zur Stärkung des kollektiven Bewußtseins der Drusen ist die bereits von Firro erwähnte *mihna*, die Verfolgung. Wie Imhof[71] treffend formuliert, wird hier die Vergangenheit politisiert und die Gegenwart historisiert.

Religion ist hier nicht eines der vielen Attribute einer Ethnie, sondern das zentrale Element. Die Religion ist hier Ursache und nicht nur gleichwertiges Element bei der Herausbildung einer Ethnie. Neu ist hier, daß die Religion aufgrund ihrer

---

[68] Dunde, 1994, S. 65.

[69] Vgl. Brednich, 1992, der diese Geschichten als moderne Sagen definiert.

[70] Vgl. auch Jan Stevenson, 1983, der Erzählungen von Kindern bezüglich früherer Wiedergeburten gesammelt und ausgewertet hat und dabei feststellt, daß sich solche nur in Milieus wiederfinden, in denen die Wiedergeburtslehre bekannt ist.

[71] Vgl. Imhof, 1997, S. 869.

Regeln und Obligationen erst eine gemeinsame Geschichte, Abstammung, Kultur und Tradition verursachte.

Das besondere dabei ist, daß sich hier die Religion für die Gläubigen nicht durch Rituale wie Kirchgang, Ausführung bestimmter Sakramente, das tägliche Gebet manifestiert, sondern einfach täglich da ist, ohne daß die Gläubigen aktiv etwas dafür tun müssen. Die Drusen müssen muß nicht aktiv fromm sein, sie benötigen keine religiösen Handlungen, die Stimmungen und Motivationen wecken und keine öffentlichen Rituale, die das religiöse Bewußtsein des Volkes prägen.

Öffentliche Rituale wie die Pilgerschaft zu Nabī Shū'ayb gibt es erst seit wenigen Jahren und sind eben nicht traditionell drusisch, sondern von jüdischen Israelis inszeniert.

Die Drusen benötigen diese klassischen religiösen Rituale nicht, da ihnen sowohl in der häuslichen als auch in der schulischen Erziehung beigebracht wird, daß sie als Drusen etwas besonderes sind. Deshalb müssen auch eigentlich weniger besondere Dinge wie beispielsweise der Kaffee als besonders drusisch und somit besonders gut, wertvoll und in seiner Tradition erhaltenswürdig dargestellt werden. Das Bewußtsein, Druse zu sein, geht nicht einher mit dem Glauben an etwas bestimmtes Sakrales, sondern vielmehr mit dem Bewußtsein der Zugehörigkeit zu einer bestimmten Gruppe, die als Gesamtheit einen Glauben hat und in der praktischen Ausführung des Glaubens durch ausgewählte Eingeweihte vertreten wird.

Manche Drusen glauben allerdings, daß es an der Zeit sei, die Religion innerhalb der Gemeinde nicht weiterhin derart geheim zu halten. So glaubt Hiyam Naṣr al-Dīn, Lehrerin aus Daliyat, daß die Drusen mehr über ihre Religion wissen sollten:

> If people would get aware of parts of their religion, parts of why they are Druze, what does it mean to be a Druze person, they would be more close to their personal identity and not only imitating other people like the Jews and not knowing what they should do or should not do, wear or not wear. And that would make the community stronger.[72]

Obwohl aufgrund der Initiierung zwar eigentlich alle Drusen die Möglichkeit hätten, Zugang zu den heiligen Büchern zu erlangen, sind doch immer weniger bereit, sich auf das asketische Leben eines Eingeweihten, eines *'uqqāl*, einzulassen.

Wie viele Drusen tatsächlich nähere Kenntnisse über ihre Religion haben, hat die Wissenschaft bisher noch nicht erfassen können. Bislang gibt es keine Untersuchung zur Religiosität der Drusen und auch sonst fehlt es an quantitativen Untersuchungen die Drusen betreffend. Eine Untersuchung zur Religiosität ist bei einer Geheimreligion sicherlich nicht einfach zu gestalten und vielleicht auch gar nicht realisierbar. Dennoch stellt sich die Frage, ob man bei den Drusen eher von einer Marginalisierung oder von einer Verstärkung und einem neuen Aufbrechen der

---

[72] Interview mit Hiyam Naṣr al-Dīn am 08.04.00 in Daliyat al-Carmel.

Religion ausgehen kann. Während einerseits immer häufiger drusische Mädchen anzutreffen sind, die Hosen tragen, studieren gehen, alleine das Dorf verlassen, spricht der drusische Geschichtsdozent Shakeeb Salih davon, daß auch eine Rückbesinnung auf die Religion feststellbar sei und daß man zum Beispiel in seinem Dorf Mughar immer mehr Mädchen sehe, die sich traditionell kleideten.[73] Hier scheint die drusische Gesellschaft gespalten. Ein ähnliches Phänomen gibt es zum Beispiel auch in der islamischen Gesellschaft in der Türkei. Einerseits wird dort in den Städten ein westlich orientiertes Leben geführt, auf der anderen Seite ist gerade in diesen Städten auch ein religiöser Aufschwung zu beobachten. Dieser resultiert daher, daß sich auch in den Universitäten mit der Religion befaßt wird und manche durch die genaue Untersuchung der Religion daran immer mehr Gefallen finden. In ländlichen Gemeinden hingegen werde die Religion als etwas Traditionelles verstanden, das die Leute hinnehmen, ohne es zu hinterfragen.[74] Vielleicht hat demzufolge auch die neue Religiosität der Drusen etwas mit dem veränderten Bildungsstand zu tun. Frauen und Männer können nun besser abwägen, analysieren, komplexe Sachverhalte besser einordnen.

Religion wird nicht als Ausdruck von Rückständigkeit im Widerspruch zum modernen Zeitalter interpretiert, sondern als traditionelles Element einer Gesellschaft auf der Gratwanderung zwischen der Hochhaltung althergebrachter Verhaltensweisen und der Anpassung an das neue Informations- und Medienzeitalter. Dabei wird die Zugehörigkeit zu speziell dieser Religion als ein mit Stolz belegtes Attribut verstanden. Die Drusen sind etwas "Besonderes".

---

[73] Interview mit Shakeeb Salih am 20.04.00 in Mughar.

[74] Vgl. den Vortrag von Haldun Gülalp über Religionssoziologie in der Türkei, gehalten am 27.09.00 in Köln auf dem 30. Kongress der Deutschen Gesellschaft für Soziologie.

VI. Schlußbemerkung

Nach der eingehenden Untersuchung der Geschichte, der Religion und der sozioökonomischen Verhältnisse der Drusen in Israel, lassen sich folgende Feststellungen machen:

Die Drusen sind eine kleine religiöse Minderheit, die sich durch eine relativ starke interne Kohäsion auszeichnet, jedoch im Rahmen dieser internen Kohäsion deutliche Gegensätzlichkeiten aufweist. Auffällig ist hier deshalb die Fähigkeit der Kombination von internen Disputen und intragruppalem Zusammenhalt gegenüber anderen Gruppen. Trotz starker interner Differenzen zum Beispiel bezüglich der Frage, ob die Drusen Araber seien oder nicht, treten sie dennoch anderen gegenüber als geschlossene Gruppe auf. Die Gruppengrenze, die dabei gezogen wird, ist anders als bei Elwert[75] hier eben nicht wandelbar und auch nicht willkürlich, sondern durch die Religionszugehörigkeit eindeutig definiert. Dabei ist das Ausmaß der Religiosität der einzelnen Personen unerheblich. Es ist somit festzuhalten: **Religion ist hier die Ursache für Ethnizität.**

Autoren wie Scherrer, die der Ansicht sind, die Kombination von Religion und Ethnizität sei nicht statthaft[76], haben hier unrecht.

Dabei ist diese Ethnizität zu einem großen Teil erlernt und zum anderen Teil geglaubt, da es sich eben um eine Religion handelt. Nach Ansicht der meisten Ethnizitätsforscher, sind jedoch geglaubte Ethnizitäten "nur" fiktive Ethnizitäten. Hier zeigt sich, daß die fiktive Ethnizität aufgrund der Tatsache, daß Glauben ihr Auslöser ist, gleichwohl real ist.

Religion wird auch im Rahmen der Religionssoziologie zu sehr aus westlicher Perspektive und rekurrierend auf Erfahrungswerte aus christlicher Vergangenheit in Europa untersucht. Deshalb wird der Eindruck erweckt, Religion sei in Analogie zu Durkheim als sozialer Kitt der Gesellschaft "eher ein Merkmal des Staates bzw. seiner Formation innerhalb eines zivilisatorischen Rahmens"[77].

Eine solches Modell von Zivilisation ist jedoch nicht global gültig. Religion hat gerade für die Drusen keine Relation zu einem Staat[78], vielmehr ist die Religion persönliche Glaubenssache. Wichtig ist die Loyalität zum Staat, wobei hier bis heute nicht geklärt ist, ob diese Loyalität wirklich eine reine Empfindungsloyalität oder eine pragmatisch erfundene Loyalität als Teil einer religiösen Doktrin ist. Somit

---

[75] Vgl. Elwert, 1989, S. 22.
[76] Vgl. Scherrer, 1997, S. 23.
[77] Scherrer, 1997, S. 23.
[78] Eine solche Relation hätte es vielleicht gegeben, wenn sie sich seinerzeit in Syrien durchgesetzt hätten und aus dem Jabal Druze ein Druzistan geworden wäre.

stünde die Religion doch wieder im Vordergrund. Eine eindeutige Aussage ist nicht möglich.

Wir haben festgestellt, daß die Drusen keine eigene Rasse sind, ihre Herkunft ist ungeklärt, die verwandtschaftliche Nähe zu einem guten Teil geglaubt. Ihre Kultur scheint primär arabisch geprägt und drusische Besonderheiten besonders im Rahmen der Tradition zur Gänze erlernt. Man kann sie weder als Nation, noch als Stamm, Volk, Klasse oder "übliche" Ethnie beschreiben. Hier wird deutlich, daß alle diese Kategorien nicht ausreichend sind. Ich bezeichne sie deshalb als religiöse oder religiös begründete Ethnie.

Zur Situation der Drusen in Israel:

Israel ist ein nicht ganz unumstrittener Staat, der sich sowohl als jüdischer als auch als demokratischer Staat begreift, was von vielen Nahostforschern als Widerspruch an sich angesehen wird. Die jüdische Religion besitzt einen solch hohen Stellenwert, da erst sie die Existenzberechtigung für den Staat liefert. Jedwede andere Religion kann deshalb nicht gleichwertig sein. Auch wenn es in der Prinzipienerklärung des Staates heißt, daß der Staat die volle Gleichheit der sozialen und politischen Rechte aller seiner Bürger, unabhängig von Religionszugehörigkeit, Rasse oder Geschlecht bewahren will[79], ist klar, daß eine Einhaltung dieses Prinzips aufgrund des Selbstverständnisses des Staates nicht möglich ist.

Die Drusen haben sich mit dieser scheinbar ausweglosen Situation recht gut arrangiert. Indem sie erst gar nicht Anspruch auf nationale und territoriale Souveränität erheben, geht von ihnen für Israel keine Gefahr aus. Deshalb kann Israel besser mit ihnen umgehen. Dabei ist zu bedenken, daß man es bei den Palästinensern mit ganz anderen geschichtlichen Voraussetzungen zu tun hat. Es wäre für sie auch wegen ihres nationalen Bewußtseins als Palästinenser inakzeptabel, sich ähnlich wie die Drusen zu verhalten. Dies ist auch einer der Gründe für die Verachtung der Palästinenser für die Drusen. Für sie sind die Drusen auch Araber und somit "Blutsbrüder", die nun aber mit dem Feind kollaborieren. Sie werden von den Palästinensern zu Blutsbrüdern gemacht und so instrumentalisiert.

Die Drusen sitzen in Israel zwischen allen Stühlen. Gerade deshalb bietet ihnen das drusische Bewußtsein einen Rückhalt. Dieses Bewußtsein wird als etwas Besonderes definiert, auf das jeder einzelne Druse stolz sein kann. Die religiöse Zugehörigkeit stärkt das persönliche Selbstbewußtsein und wirkt so als stabilisierender Faktor. Persönliche Selbstzufriedenheit strahlt dann in die Zufriedenheit der gesamten Gruppe. Dennoch kann man nicht von einem "besonderen" Zusammengehörigkeitsgefühl der Drusen sprechen. Aufgrund der vorgestellten Differenzen innerhalb der Gruppe kann dies als Mythos entlarvt werden.

---

[79] Vgl. McDowall, 1989, S. 123.

Es zeigt sich bei den Drusen, daß eine friedliche Koexistenz verschiedener Religionen in Israel möglich ist, dafür jedoch von der nichtjüdischen Minderheit erhebliche Zugeständnisse gemacht werden müssen. Deshalb können die Drusen nicht als Vorbild für die Christen und Muslime in Israel gelten. Das Beispiel der Drusen macht jedoch deutlich, welche Möglichkeiten es gibt und wie man diese effektiv nutzen kann, um anerkannt in einem Staat leben zu können.

Eine Herausforderung für die Drusen bleibt die Ambivalenz zwischen Tradition und Moderne. Während sie einerseits der Ansicht sind, daß durch zu starke Einflüsse von jüdisch-westlicher Seite ein Wertewandel anstehen könnte, glauben sie dennoch, daß dieser Wertewandel primär äußerliche Konsequenzen hätte: also durch westliche Kleidung oder Musik beispielsweise. Im Innern jedoch sei das Drusentum stark geblieben. Viele wünschen sich eine Übernahme der "guten" Errungenschaften moderner Zivilisation wie Wasser, Elektrizität, Medien, Bildung und dabei den gleichzeitigen Erhalt traditioneller Werte wie der Ehre der Frau und der Bedeutung der Familie. Daß zum Beispiel die Endogamie weiterhin so intensiv praktiziert wird, hängt auch damit zusammen, daß ansonsten mit massiven gesellschaftlichen Sanktionen für die gesamte Familie zu rechnen ist und mancher Druse deshalb sagt, er könne vor allem seiner Familie wegen nie außerhalb der drusischen Gemeinschaft heiraten.

Auch dieser Punkt trägt dazu bei, den Erhalt der Gemeinde zu sichern. Trotz Modernisierung ist für die nächste Zeit nicht mit einem Aussterben des Drusentums zu rechnen. Fraglich ist jedoch, inwieweit sich im Laufe der Zeit das religiöse Bewußtsein verändern wird und somit Einfluß auf das kollektive Bewußtsein der Gruppe nehmen wird.

Zusammenfassend lassen sich folgende Schlußfolgerungen ziehen:

Die Drusen sind keine Rasse, wobei dieser Begriff an sich problematisch ist.

Bei den Drusen nimmt die Bewußtseinskategorie des "Araberseins" eine politische Dimension an und ist keine primär kulturelle Kategorie mehr. Dennoch sind die Drusen eine sprachlich und kulturell einheitliche Gruppe.

Die Drusen haben eine Vorstellung von ihrer Gemeinschaft. Diese Vorstellung, die wir als Subjektivitätskategorie bezeichnen, ist eine ethnische Fiktion.

Die Bewußtseinskategorie der Identität, die von Claussen "Alltagsreligion" bezeichnet wird, verbindet sich bei den Drusen mit ihrer drusischen Religion. An diese Religionen wird geglaubt, wie auch an eine gemeinsame Herkunft, Geschichte, Kultur und Tradition geglaubt wird.

Dies bedeutet, daß hier der Glaube wesentlich effektiver bei der Entstehung und Förderung und für den Fortbestand eines Zusammengehörigkeitsgefühls ist als diakritische und vermeintlich rassische Merkmale, ebenso auch effektiver als territoriale Grenzen, nationalistische Ideologien und staatliche Definitionen.

Der Glaube gewinnt durch seine Realitätsmächtigkeit. Die Drusen bilden eine soziale Organisation, die mit der ethnischen Fiktion arbeiten kann. Sie sind eine religiöse Ethnie, deren Religion eine ethnische Fiktion erwirkt. Dieses Konzept macht ihnen ein Leben in Israel möglich, das eigentlich unmöglich sein müßte.

Schlußendlich stelle ich fest, daß in der gesamten Arbeit von "den Drusen" im Plural die Rede ist. Gibt es "die Drusen" überhaupt? Es gibt nur eine Anzahl von Personen, die von sich selbst behaupten, Drusen zu sein und dies auch glauben.

VII Bibliographie

Abd El Hay, Ghassan

1993 *Die Entstehung der islamischen Bewegung in Israel.* Diss. Hannover.

Abu-Izz-ad-Din, Nejla M.

1984 *The Druzes: a new study of their history, faith and society*. Leiden.

Abu Nimer, Mohammad

1996 *Conflict resolution approaches: Western and Middle Eastern lessons and possibilities*. In: The American Journal of Economics and Sociology 55, S. 35-52.

Abu-Rabia, Salim

1996 *Druze Minority Students Learning Hebrew in Israel: The Relationship of Attitudes, Cultural Background, and Interest of Material to Reading Comprehension in a Second Language*. In: Journal of multilingual and multicultural development 17 (6), S. 415-426.

Alamuddin, Najib

1993 *TURMOIL. The Druzes, Lebanon and the Arab-Israeli Conflict*. London.

Alamuddin, Nura S.; **Starr**, Paul D.

1980 *Crucial Bonds: Marriage among the Lebanese Druze*. New York.

Al-Imad, Leila S.

1994 *The importance of the will in the Druze Faith: The case of Imārah Arslān*. In: Der Islam: Zeitschrift für Geschichte und Kultur des islamischen Orients 71 (1), S. 121-131.

Al-Khazen, Farid

1988 *Kamal Jumblatt, the uncrowned Druze prince of the left*. In: Middle Eastern Studies 24 (2), S. 178-205.

Alter, Peter (Hg.)

1985 *Nationalismus. Dokumente zur Geschichte und Gegenwart eines Phänomens*. Frankfurt am Main.

Anderson, Benedict

1988 *Die Erfindung der Nation. Zur Karriere eines folgenreichen Konzeptes.* Frankfurt u.a.

Ansprenger, Franz

1978 *Juden und Araber in einem Land. Die politischen Beziehungen der beiden Völker im Mandatsgebiet Palästina und im Staat Israel.* München, Mainz (Entwicklung und Frieden: Wissenschaftliche Reihe; 15).

Antes, Peter

1997 *Der Islam als politischer Faktor.* Hannover, 3. neubearbeitete Auflage.

Arab Association for Development (Hg.)

1994 *A survey of the Syrian Population in the Occupied Golan Heights*. Majdal Shams.

Arab Association for Development (Hg.)

1993 *Proceedings of the first study day on twenty-five years of Israeli occupation of the Syrian Golan Heights*. Jerusalem.

Asad, Talal; **Owen**, Roger (Hg.)

1983 *The Middle East. Sociology of "Developing Societies"*. London.

Assaad, Sadik A.

1974 *The Reign of Al-Hakim Bi Amr Allah.* Beirut: The Arab Institute for Research and Publishing.

Assmann, Jan

1992 *Das kulturelle Gedächtnis. Schrift, Erinnerung und politische Identität in frühen Hochkulturen.* München.

Assmann, Aleida; **Friese**, Heidrun (Hg.)

1998 *Identitäten. Erinnerung, Geschichte, Identität 3.* Frankfurt am Main.

Atashe, Zeidan

1995 *Druze and Jews in Israel- A shared Destiny?* Brighton.

Atiyeh, George N (Hg.)

1977 *Arab and American Cultures.* A conference sponsered by the American Enterprise Institute for Public Policy Research. Washington.

Atiyeh, George N.; **Oweiss,** Ibrahim M. (Hg.)

1988 *Arab Civilization. Challenges and Responses.* Studies in honor of Constantine K. Zurayk. New York.

Avineri, Shlomo

1986 *Zionismus*. In: Pipers Handbuch der politischen Ideen, Bd. 4, Neuzeit: Von der französischen Revolution zum europäischen Nationalismus, München, S. 622-628.

Azzi, Joseph

1992 *Entre la raison et le prophète: essai sur la religion des druzes*. Paris.

Balibar, Etienne, **Wallerstein**, Immanuel

1989 *Rasse, Klasse, Nation: ambivalente Identitäten.* Hamburg.

Bardarneh, Nabeel

1997 *Die palästinensischen Araber in Israel.* Diss. Hannover.

Barth, Fredrik

1970 *Ethnic Groups and Boundaries.* Oslo.

Barthel, Jürgen; **Stock**, Kristina
1994 *Lexikon Arabische Welt. Kultur, Lebensweise, Wirtschaft, Politik und Natur im Nahen Osten und Nordafrika.* Wiesbaden.
Becker, Hellmut
1980 *Erziehung und nationale Identität in Israel.* In: **Grohs**, Gerhard; **Schwerdtfeger**, Johannes; **Strohm**, Theodor (Hg.): *Kulturelle Identität im Wandel. Beiträge zum Verständnis von Bildung, Entwicklung und Religion.* Stuttgart.
Becker, Hellmut; **Liegle**, Ludwig
1980a*Israel- Erziehung und Gesellschaft.* Stuttgart
Beeston, A.F.L.
1954 *An Ancient Druze Manuscript.* In: The Bodleian Library Record 5, S. 286-290.
Bell, Gertrude
1907 *The Desert and the Sown*, London.
Ben-Dor, Gabriel
1973 *The Military in the Politics of Integration and Innovation. The Case of the Druze Minority in Israel.* In: Asian and African Studies 9 (3), S. 339-369.
Ben-Dor, Gabriel
1976 *Intellectuals in Israeli Druze Society.* In: Middle Eastern Studies 12 (2), May, S. 133-158.
Ben-Dor, Gabriel
1979 *The Druzes in Israel. A Political Study.* Jerusalem.
Ben-Dor, Gabriel
1998 *Israel in Transition.* (The Annals of The American Academy of Political and Social Science, Vol. 555).
Ben-Noach, Shimon
1985 *Israels Drusen- eine loyale Minderheit.* In: Das neue Israel. Zeitschrift für Politik, Kultur und Wirtschaft. Offizielles Organ des schweizerischen Zionistenverbandes 38 (5), S. 10-11.
Ben-Rafael, Eliezer; **Sharot**, Stephen
1991 *Ethnicity, religion and class in Israel society.* Cambridge, 1991.
Ben-Zvi, Itzhak
1954 *The Druze Community in Israel.* In: Israel Exploration Journal 4 (2), S. 65-76.
Bensimon, Doris; **Errera**, Eglal
1989 *Israéliens, des Juifs et des Arabes*. Bruxelles.

Berg, Andrea
1997 *Palästinensische Identität.* In: **Ibrahim**, Ferhad; **Ashkenazi**, Abraham: *Der Friedensprozeß im Nahen Osten. Eine Revision.* Münster (Konfrontation und Kooperation im Vorderen Orient, Bd. 1), S. 73-88.

Berger, Johannes; **Buettner**, Friedemann; **Spuler**, Bertold (Hg.)
1987 *Nahost-Ploetz: Geschichte der arabisch-islamischen Welt zum Nachschlagen.* Freiburg, Würzburg.

Betts, Robert Brenton
1986 *The Druze.* Yale University Press.

Betts, Robert Brenton
1995 *Druze.* In: The Oxford Encyclopedia of the Modern Islamic World, Vol. I, New York, S.388.

Blanc, Haim
1952 *Druze particularism: modern aspects of an old problem.* In: Middle Eastern Affairs 3, S. 315-321.

Bokova, Lenka
1989 *Les Druzes dans la révolution syrienne de 1925 à 1927.* In: Guerres mondiales 153, S. 91-105.

Bordeaux, Henry
1926 *Dans la montagne des Druses.* Paris.

Bouron, Narcisse
1930 *Les Druzes,* Paris.

Branca, Paolo
1997 *Some Druze "catechisms" in Italian Libraries.* In: Quaderni di Studi Arabi 15, S. 151-164.

Bredow, Wilfried von
1995 *Nation / Nationalstaat / Nationalismus.* In: **Nohlen**, Dieter (Hg.): *Lexikon der Politik, Bd. 1 Politische Theorien,* München, S. 354-359.

Breitsprecher, Arne
1997 *Die Verhandlungen Israels und Syriens über den Golan*: In: **Ibrahim**, Ferhad; **Ashkenazi**, Abraham: *Der Friedensprozeß im Nahen Osten. Eine Revision.* Münster, S. 356-388.

Brunner, Jose; **Peled**, Yoav
1995 *Staatsbürgerliche Identität und Selbstachtung im jüdischen Staat.* In: Deutsche Zeitschrift für Philosophie 2 (43), S. 329-348.

Bryer, David
1975 *The origins of the Druze religion I.* In: Der Islam 52, S. 47-83.

Bryer, David
1976 *The origins of the Druze Religion II.* In: Der Islam 53, S. 5-27.

Busch, Moritz
1879 *Drusen und Derwische.* München. Arbeitsgemeinschaft für Religions- und Weltanschauungsfragen. (Hiram-Edition; 3). Neuauflage von 1978. Aus: Busch: *Wunderliche Heilige.* Leipzig, 1879.
Cahen, Claude
1968 *Der Islam. I. Vom Ursprung bis zu den Anfängen des Osmanenreiches.* Frankfurt am Main. (Fischer Weltgeschichte, Bd. 14).
Carnavon, Henry Howard Molyneux
1860 *Recollection of the druses of the Lebanon and Notes on their Religion.* London.
Cattan, Henry
1973 *Palestine and International Law. The Legal Aspects of the Arab-Israeli Conflict.* Beirut, London.
Center for the Educational Guidance of Arab Students (Hg.)
1994 *CEGAS-News*, Vol. 1, No. 1, Haifa.
Center for the Educational Guide of Arab Students (Hg.)
1996 *The Systemic Discrimination of The Arab Population in Higher Education and Vocational Training.* Haifa.
Central Bureau of Statistics (Hg.)
1995 *Statistical Abstract of Israel*, Tel Aviv.
Chabry, Laurent et Annie
1984 *Politique et minorités au Proche-Orient (les raisons d`une explision).* Paris.
Chamish, Barry
1992 *The Fall of Israel.* Edinburgh.
Chasseaud, George Washington
1855 *The Druses of Lebanon: Their Manners, Customs and History, with a Translation of their Religious Code.* London.
Claussen, Detlev
1994 *Was heißt Rassismus?* Darmstadt.
Claussen, Detlev; **Negt**, Oskar; **Werz**, Michael (Hg.)
1999 *Keine kritische Theorie ohne Amerika.* Frankfurt am Main (Hannoversche Schriften; 1)
Claussen, Detlev; **Negt**, Oskar; **Werz**, Michael (Hg.)
2000 *Kritik des Ethnonationalismus.* Frankfurt am Main (Hannoversche Schriften; 2)
Cobban, Helena
1991 *The superpowers and the Syrian-Israeli Conflict.* Washington.

Coser, Lewis
1972 *Theorie sozialer Konflikte.* Neuwied.
Dana, Nissim
1980 *The Druse: A Religious Community in Transition.* Jerusalem.
Dekmejian, R. Hrair
1985 *Islam in Revolution. Fundamentalism in the Arab World.* New York.
Denffer, Ahmad (Hg.)
1998 *Der Koran. Die heilige Schrift des Islam in deutscher Übertragung.* München.
Devereux, George
1996 *Ethnic Identity: Its logical Foundations and Dysfunctions (1975).* In: **Sollors,** Werner (Hg.): *Theories of Ethnicity. A classical Reader.* London, S. 358-414.
Dhira, Govinda dasa (David B. Wolf)
1994 *Krsna, Isarel and the Druze,* Gainesville.
Dillemann, Louis
1982 *Les Druzes et la révolte syrienne de 1925.* In: Revue française d`Histoire d`Outre-Mer, tome LXIX, 254, S. 49-54.
Dittrich, Eckhard J.; **Radtke,** Frank-Olaf
1990 *Ethnizität: Wissenschaft und Minderheiten.* Bielefeld.
Döbeln, Ernst von
1909 *Ein Traktat aus den Schriften der Drusen.* In: Le Monde Oriental, Vol. III, S. 89-126.
'Druze'
1995 In: **Middleton,** John; **Rassam,** Amal (Hg.): Encyclopedia of World Cultures, Volume IX, Africa and Middle East. New York, S. 74-75.
'Druzes of Israel and the Golan Heights'
1994 In: World Directory of Minorities, London, S.191-192.
'The Druze who refuse to be Israeli.'
1982 In: The Middle East 93, July, S.17-20.
'The Druzes and the University of Haifa'. Haifa, 1992.
Dunde, Siegfried Rudolf (Hg.)
1994 *Wörterbuch der Religionssoziologie.* Gütersloh.
Durkheim, Emile
1912 *Die elementaren Formen des religiösen Lebens.* Frankfurt am Main.
Dupont, Marie
1994 *Les Druzes,* Paris.

Edelmann, Martin
1987 *The Druze Courts in the Political System of Israel*. In: Middle East Review 19 (4), S. 54-61.
Eichhorn, Johann Gottfried
1783 *Catechismus der Drusen*. In: Repertorium für biblische und morgenländliche Litteratur, T. XI, S. 105-224.
Eisenstadt, Shmuel N.
1987 *Die Transformation der israelischen Gesellschaft*. Frankfurt am Main.
Elias, Norbert; **Scotson**, John L.
1993 *Etablierte und Außenseiter*. Frankfurt am Main.
Elwert, Georg
1989 *Nationalismus und Ethnizität. Über die Bildung von Wir-Gruppen*. Berlin.
Ende, Werner; **Steinbach**, Udo (Hg.)
1996 *Der Islam in der Gegenwart*. 4. Aufl. München.
Endruweit, Günther; **Trommsdorff**, Gisela
1989 *Wörterbuch der Soziologie*, Stuttgart.
Eriksen, Thomas Hylland
1993 *Ethnicity and Nationalism. Anthropological Perspectives*. London.
Esman, Milton J.
1991 *Political and Psychological Factors in Ethnic Conflict*. In: **Montville**, Joseph, V. (Hg.): *Conflict and Peacemaking in multiethnic Societies*. New York, S. 53-64.
Ess, Josef van
1977 *Chiliastische Erwartungen und die Versuchung der Göttlichkeit. Der Kalif al-Ḥākim (386-411 H.)*. Heidelberg. (Abhandlungen der Heidelberger Akademie der Wissenschaften. Philosophisch-historische Klasse 2).
Esser, Werner Michael
1975 *Individuelles Konfliktverhalten in Organisationen*. Stuttgart.
Ewing, William
1907 *Arab and Druze at home. A Record of Travel and Intercourse with the Peoples east of Jordan*. London.
Fallah, Salman Hamud
1968 *Kafr Summayya` - A Druze Village in Upper Galilee*. In: Israel Exploration Journal 18, S. 27-44.
Feldbauer, Peter
1995 *Die islamische Welt 600-1250. Ein Frühfall von Unterentwicklung?* Wien.

Firro, Kais

1988 *The Druze in and between Syria, Lebanon, and Israel.* In: **Esman**, Milton J.; **Rabinovich**, Itamar (Hg.): *Ethnicity, Pluralism and State in the Middle East.* Ithaca and London, S. 185-197.

Firro, Kais

1992 *A history of the Druzes.* Leiden.

Firro, Kais

1999 *The Druzes in the Jewish State: A Brief History.* Leiden (Social, Economic, and Political Studies of the Middle East and Asia, V. 64).

Fletcher, Ann

1993 *Higher Education in Israel.* Washington, 1993 (A PIER World Series Special Report).

Flohr, Heiner

1987 *Biological Bases of Social Prejudices.* In: **Reynolds**, Vernon; **Folger**, Vincent; **Vine**, Ian (ed): *The Sociobiology of Ethnocentrism. Evolutionary Dimensions of Xenophobia, Discrimination, Racism and Nationalism.* London, Sydney, S. 190-207.

Florian, Viktor; **Kravetz**, Shlomo

1985 *Children's Concepts of Death: A Cross-Cultural Comparison among Muslims, Druze, Christians, and Jews in Israel.* In: Journal of Cross-Cultural Psychology 16 (2), S. 174-189.

Florsheim, Paul

1992 *Mourning the loss of self as father: a longitudinal study of fatherhood among the Druze.* In: Psychiatry: interpersonal and biological processes; a journal of the Washington School of Psychiatry. 55 (2), S. 160-176.

Freudenheim, Jehoshua

1963 *Die Staatsordnung Israels.* München, Berlin.

Friendly, Alfred; **Silver**, Eric:

1981 *Israel's Oriental Immigrants and Druzes.* In: Minority Rights Group, Report no. 12.

Frisch, Hillel

1993 *The Druze minority in the Israeli military: traditionalizing an ethnic policing role.* In: Armed Forces and Society 20, Fall, S. 51-67.

Frisch, Hillel

1997 *State ethnicization and the crisis of leadership succession among Israel's Druze.* In: Ethnic and Racial Studies 20, S. 580-593.

Fröschl, Erich; **Mesner**, Maria; **Ra`anan,** Uri (Hg.)

1991 *Staat und Nation in multiethnischen Gesellschaften.* Wien.

Fuchs-Heinritz, Werner u.a. (Hg.)
1994 *Lexikon zur Soziologie.* Opladen.
Ganter, Stephan
1995 *Ethnizität und ethnische Konflikte: Konzepte und theoretische Ansätze für eine vergleichende Analyse.* Freiburg.
Gebhardt, Jürgen
1985 *Nationale Identität und nationale Ideologie.* In: Zeitschrift für Politik 32 (3), S. 237-250.
Geertz, Clifford
1983 *Dichte Beschreibung. Beiträge zum Verstehen kultureller Systeme,* Frankfurt am Main.
Geertz, Clifford
1994 *Angestammte Loyalitäten, bestehende Einheiten. Anthropologische Reflexionen zur Identitätspolitik.* In: MERKUR, Deutsche Zeitschrift für europäisches Denken 48 (5), S. 392-403.
Gelber, Yoav
1992 *Antecedents of the Jewish-Druze Alliance in Palestine.* In: Middle Eastern Studies 28 (2), S. 352-373.
Gelber, Yoav
1995 *Druze and Jews in the war of 1948.* In: Middle Eastern Studies, 31, S. 229-252.
Gellner, Ernest
1995 *Nationalismus und Moderne,* Hamburg.
Gephart, Werner; **Waldenfels**, Hans
1999 *Religion und Identität. Im Horizont des Pluralismus*. Frankfurt am Main.
Gerner, Deborah J
1991 *One Land, Two Peoples. The Conflict of Palestine.* Boulder, (Dilemmas in world politics).
Giddens, Anthony
1995 *Soziologie.* Hrsg. von Christian Fleck und H.G. Zilian. Graz, Wien.
Goldstein, Heinzwerner
1984 *Die Drusen in Israel.* In: Das neue Israel. Zeitschrift für Politik, Kultur und Wirtschaft. Offizielles Organ des schweizerischen Zionistenverbandes 36 (10), S.29-30.
Grimes, Barbara (Hg.)
1988 *Ethnologue: Languages of the World.* Dallas: Summer Institute of Linguistics.

Grossman, David
1992 *Der geteilte Israeli. Über den Zwang, den Nachbarn nicht zu verstehen.* München, Wien.

Gubser, Peter
1979 *Minorities in isolation: The Druze of Lebanon and Syria.* In: **MacLaurin**, Ronald D. (Hg.): *The Political Role of Minority Groups in the Middle East.* New York.

Guibernau, Montserrat
1999 *Nations without States. Political Communities in a Global Age.* Cambridge.

Gurr, Ted Robert (Hg.)
1993 *Minorities at Risk. A global view of Ethnopolitical Conflicts*. Washington.

Guttmann, David
1974 *Alternatives to Disengagement: The Old Men of the Highland Druze.* In: **LeVine**, R.A. (Hg.): *Culture and Personality.* Chicago, S. 232-246.

Guys, Henri
1863 *Théogonie des Druses, ou abrège de leur système religieux.* Paris.

Guys, Henri
1863 *La nation Druse, son histoire, sa religion et ses moeurs.* Paris.

Haidar, Aziz; **Zureik,** Elia
1987 *The Palestinians seen through the Israeli Cultural Paradigm.* In: Journal of Palestine Studies. A Quarterly on Palestinian Affairs and the Arab-Israeli Conflict 16 (3), S. 68-86.

Haidar, Aziz
1988 *The different levels of Palestinian Ethnicity:* In: **Esman**, Milton J.; **Rabinovich**, Itamar (Hg.): *Ethnicity, Pluralism and the State in the Middle East.* New York, S. 95-121.

Hajjar, Lisa
1996 *Making Identity Policy. Israel's Interventions among the Druze.* In: Middle East Report: Middle East Research and Information Project, MERIP, New York, 26 (3), S. 2-6.

Hajjar, Lisa
2000 *Speaking the conflict, or how the Druze became bilingual: a study of Druze translators in the Israeli military courts in the Westbank and Gaza.* In: Ethnic and Racial Studies 23 (2), S. 299-328.

Halm, Heinz
1986 *Der Treuhänder Gottes. Die Edikte des Kalifen al-Ḥākim.* In: Der Islam 63 (1), S. 11-72.

Halm, Heinz

1987 *Die Fatimiden.* In: **Haarmann**, Ulrich (Hg.): *Geschichte der arabischen Welt.* München, S. 166-199.

Hanf, Theodor

1990 *Koexistenz im Krieg. Staatszerfall und Entstehen einer Nation im Libanon.* Baden-Baden.

Harik, Judith P.

1993 *Change and Continuity among the Lebanese Druze Community: The Civil Administrations of the Mountains, 1983-1990.* In: Middle Eastern Studies 29 (3), S. 377-398.

Harik, Judith P.

1993 *Perceptions of Community and State among Lebanon' s Druze Youth.* In: The Middle East Journal 47 (1), S. 41-62.

Harik, Judith P.

1994 *Shaykh al-'Aql and the Druze of Mount Lebanon. Conflict and Accomodation.* In: Middle Eastern Studies 30 (3), S. 461-585.

Harik, Judith P.

1995 *The effects of the military tradition on Lebanon's assertive Druzes.* In: International Sociology 10 (1), S. 51-70.

Haußer, Karl

1989 *Identität.* In: **Endruweit,** Günther; **Trommsdorff**, Gisela (Hg.): *Wörterbuch der Soziologie.* Stuttgart, S. 281.

Heckmann, Friedrich

1997 *Ethnos- eine imaginierte oder reale Gruppe? Über Ethnizität als soziologische Kategorie.* In: **Hettlage**, Robert; **Deger**, Petra; **Wagner,** Susanne (Hg.): *Kollektive Identität in Krisen. Ethnizität in Region, Nation, Europa.* Opladen.

Heine, Peter

1989 *Ethnologie des Nahen und Mittleren Ostens. Eine Einführung.* Berlin.

Hettlage, Robert; **Deger**, Petra; **Wagner**, Susanne (Hg.)

1997 *Kollektive Identität in Krisen. Ethnizität in Region, Nation, Europa.* Opladen.

Heinz, Marco

1993 *Ethnizität und ethnische Identität. Eine Begriffsgeschichte.* Bonn.

Hitti, Phil K.

1928 *The Origins of the Druze People and Religion.* New York, (Columbia University. Oriental Studies: 28).

Hobsbawm, Eric J.

1996 *Nationen und Nationalismus. Mythos und Realität seit 1780.* München.

Hobsbawm, Eric J; **Ranger**, Terence (Hg.)
1997 *The Invention of Tradition*, 12. Aufl., New York.
Hodgson, Marshall G.S.
1962 *Al-Darazi and Hamza in the origin of the Druze religion.* In: Journal of the American Oriental Society 82, S. 5-20.
Hofman, John E.; **Rouhana**, Nadim
1976 *Young Arabs in Israel: Some Aspects of a Conflicted Social Identity.* In: Journal of Social Psychology 99 (1), S. 75-86.
Hofman, John E.; **Shahin**, Elias
1989 *Arab communal identity in Israel and Lebanon.* In: Journal of Social Psychology 129 (1), S. 27-35.
Hopwood, Derek
1988 *Syria 1945-1986. Politics and Society.* London.
Horowitz, Donald
1985 *Ethnic Groups in Conflict.* Berkeley.
Hottinger, Arnold
1960 *Die Araber vor ihrer Zukunft. Geschichte und Problematik der Verwestlichung*, Zürich.
Hourani, Albert
1947 *Minorities in the Arab World.* London u.a.
Hourani, Albert
1992 *Die Geschichte der Arabischen Völker.* Frankfurt am Main.
Hutnik, Nimmi
1991 *Ethnic minority identity: a social psychological perspective.* Oxford u.a.
Iancu, Iulian; **Spivak**, Baruch; **Mester**, Roberto; **Weizman**, Abraham
1998 *Belief in Transmigration of the Soul and Psychopathology in Israeli Druze. A Culture-Sensitive Psychotherapeutic Approach.* In: Psychopathology 31, S. 52-58.
Ibrahim, Ferhad; **Ashkenazi,** Abraham (Hg.)
1997 *Der Friedensprozeß im Nahen Osten. Eine Revision.* Münster (Konfrontation und Kooperation im Vorderen Orient, Bd. 1).
Imhof, Kurt
1996 *Gemeinschaft in der Gesellschaft: Modernisierung und Ethnizität.* In: **Hradil**, Stefan (Hg.): *Differenz und Integration. Die Zukunft moderner Gesellschaften. Verhandlungen des 28. Kongresses der Deutschen Gesellschaft für Soziologie in Dresden.* Frankfurt am Main, New York. S. 861-875.

Inglehart, Ronald

1989 *Kultureller Umbruch. Wertwandel in der westlichen Welt.* Frankfurt am Main.

Jerusalem Center for Public Affairs (Hg.)

1997 *Higher Education in the Druze Sector: Survey of College Graduates and 12th Grade Students.* Jerusalem.

Joumblatt, Kamal

1982 *I speak for Lebanon,* London.

Katz, Ruth

1990 *Widowhood in a Traditional Segment of Israeli Society - the case of the Druze War Widow.* In: Plural Societies 20 (1), S. 22-35.

Kelman, Herbert C.

1997 *Group Processes in the Resolution of International Conflicts. Experiences from the Israeli-Palestinian Case.* In: The American Psychologist 52 (33), S. 212-221.

Kennedy, R.Scott

1984 *The Druze of the Golan: A case of Non-violent resistance.* In: Journal of Palestine Studies 13 (2), S. 48-64.

Khalidi, Rashid; **Anderson**, Lisa; **Muslih**, Muhammad; **Simon**, Reeva S. (Hg.)

1991 *The Origins of Arab Nationalism.* New York.

Khashan, Hilal

1995 *Polling Arab Views on the Conflict with Israel. The Levant: Yes to Treaties, No to Normalization.* In: Middle East Quartely, June, S. 3-13.

Khoury, Adel Theodor

1988 *Der Islam. Sein Glaube - seine Lebensordnung - sein Anspruch.* Freiburg/ Brsg.

Khoury, Philip S.

1988 *A Reinterpretation of Origins and Aims of the Great Syrian Revolt, 1925-1927.* In: **Atiyeh**, George N; **Oweiss**, Ibrahim M. (Hg.): *Arab civilization. Challenges and Responses*. New York, S. 241-271.

Kirrish, Fadwa N.

1992 *Druze Ethnicity in the Golan Heights: The Interface of Religion and Politics*. In: Journal Institute of Muslim Minority Affairs 13 (1), S. 122-135.

Klein, Peggy

1996 *Der Konflikt zwischen Juden und Arabern als Etablierten-Außenseiter-Beziehung.* Magisterarbeit, Göttingen.

Klein, Uta:
1997 *Zum Verhältnis von Nationalität, Ethnizität, Religion und Geschlecht.* In: Berliner Debatte INITIAL 8 (1-2), S. 140-154.

Klippel, Ernst
1942 *Unter Senusy-Brüdern, Drusen und Teufelsanbetern: Im Sattel zu orientalischen Geheimsekten.* Braunschweig.

Kohl, Karl-Heinz
1998 *Ethnizität und Tradition aus ethnologischer Sicht.* In: **Assmann**, Aleida; **Friese**, Heidrun (Hg.): *Identitäten. Erinnerung, Geschichte, Identität 3*, Frankfurt am Main, S. 269-287.

Krapf, Thomas
1994 *Israel zwischen Krieg und Frieden. Zur Stimmung in Israel nach dem Gaza-Jericho-Abkommen.* In: Aus Politik und Zeitgeschichte. B 21/22, S. 29-37.

Kraus, Vered; **Hodge**, Robert W.
1990 *Promises in the promised land: mobility and inequality in Israel.* New York (Contributions in sociology; 89).

Kreckel, Reinhard
1989 *Ethnische Differenzierung und "moderne" Gesellschaft: Kritische Anmerkungen zu H. Esser.* In: Zeitschrift für Soziologie 18 (2), S.162-167.

Kreckel, Reinhard
1994 *Soziale Integration und nationale Identität.* In: Berliner Journal für Soziologie 4, S. 13-20.

Krewer, Bernd; **Eckensberger**, Lutz H.
1991 *Selbstentwicklung und kulturelle Identität.* In: **Hurrelmann**, Klaus; **Ulich**, Dieter (Hg.): *Neues Handbuch der Sozialisationsforschung.* Weinheim und Basel.

Lallier, Frédéric
1999 *Liban: l'identité de la communauté druze du Chouf.* In: Monde arabe: Maghreb-Machtek 165, S. 3-15.

Landau, Jacob M.
1969 *The Arabs in Israel. A political study.* London, New York, Toronto.

Landau, Jacob M.
1993 *The Arab Minority in Israel, 1967-1991. Political Aspects.* Oxford.

Laubscher, Matthias
1992 *Religionsethnologie.* In: **Fischer**, Hans (Hg.): *Ethnologie. Einführung und Überblick.* Berlin, Hamburg, S. 239-264.

Layish, Aharon

1982 *Marriage, divorce and succession in the Druze family: a study based on decisions of Druze arbitrators and religious courts in Israel and the Golan.* Leiden (Social, economic, and political studies of the Middle East; 31).

Layish, Aharon

1985 *Taqiyya among the Druzes.* In: Asian and African Studies. Studies of the Israel Oriental Society, 19 (3), S. 245-281.

Leggewie, Claus

1994 *Ethnizität, Nationalismus und multikulturelle Gesellschaft.* In: **Berding**, Hartmut (Hg.): *Nationales Bewußtsein und kollektive Identität. Studien zur Entwicklung eines kollektiven Bewußtseins in der Neuzeit*, Bd. 2, Frankfurt am Main, S. 46-65.

Lerch, Wolfgang Günter

1992 *Halbmond, Kreuz und Davidstern. Nationalitäten und Religionen im Nahen und Mittleren Osten.* Frankfurt am Main.

Lewis, Norman H.

1987 *Nomads and settlers in Syria and Jordan, 1800-1980,* New York (Cambridge Middle East Library).

Lobmeyer, Hans Günter

1995 *Opposition und Widerstand in Syrien.* Hamburg (Schriften des Deutschen Orient-Instituts).

Luckmann, Thomas

1991 *Die unsichtbare Religion.* Frankfurt am Main.

Luhmann, Niklas

1977 *Funktion der Religion.* Frankfurt am Main.

Lukacs, Yehuda**; Battah**, Abdallah M. (Hg.)

1988 *The Arab-Israeli Conflict. Two decades of change.* Boulder.

Luschan, Felix von

1911 *The Early Inhabitants of Western India.* In: Journal of the Royal Anthropological Institute, London, S. 221-263.

Makarem, Sami Nasib

1972 *The doctrine of the Ismailis.* Beirut: The Arab Institute for Research and Publishing.

Makarem, Sami Nasib

1974 *The Druze Faith.* Delmar, New York.

Mara'i, Tayseer; **Halabi**, Usama R.

1993 *La vie dans le Golan occupé.* In: Revue d`études Palestiniennes 47, Printemps, S. 49-66.

Mar`i, Sami Khalil
1988 *Sources of Conflict in Arab-Jewish Relations in Israel.* In: **Hofman**, John E.: *Arab-Jewish relations in Israel. A Quest in Human Understanding.* Bristol, S. 1-19.
Marx, Karl; **Engels**, Friedrich
1962 *Gesammelte Werke,* Tübingen.
Matar, Abdelrahim
1995 *Zu den gesamtgesellschaftlichen Entwicklungen bei der arabischen Minderheit in Israel: eine sozio-ökonomische Untersuchung.* Bochum, Univ. Diss.
McDowall, David
1989 *Palestine and Israel. The uprising and beyond.* Berkeley.
Mead, George Herbert
1973 *Geist, Identität und Gesellschaft.* Frankfurt am Main.
Meyer, Egbert
1980 *Anlaß und Anwendungsbereich der taqiyya.* In: Der Islam 57 (2), S. 256-280.
Milton, J. Esman; **Rabinovich**, Itamar (Hg.)
1988 *Ethnicity, Pluralism, and the State in the Middle East.* New York.
Minns, Amina; **Hijab**, Nadia
1990 *Citizens Apart. A Portrait of the Palestinians in Israel.* London, New York.
Montville, Joseph V. (Hg.)
1991 *Conflict and Peacemaking in Multiethnic Societies.* New York.
Müller, Klaus E.
1967 *Kulturhistorische Studien zur Genese pseudo-islamischer Sektengebilde in Vorderasien.* Wiesbaden.
Muslih, Muhammad
1993 *The Golan: Israel, Syria, and Strategic Calculations.* In: Middle East Journal 47 (4), S. 611-632.
***Nachricht** von den Drusen, einem besonderen Volke, das in Obergaliläa im gelobten Lande wohnet.*
1762 In: Bremisches Magazin zur Ausbreitung der wissenschaftlichen Künste und Tugend. Von einigen Liebhabern derselben mehrentheils aus den Englischen Monatsschriften gesammelt und herausgegeben. 5. Band. Bremen, Leipzig, S. 107-112.
Nagel, Tilman
1975 *Studien zum Minderheitenproblem im Islam 2. Rechtleitung und Kalifat. Versuch über eine Grundfrage der islamischen Gschichte.* Bonn.

Nagel, Tilman
1994 *Geschichte der islamischen Theologie. Von Mohammed bis zur Gegenwart.* München.
Najjar, Abdallah
1973 *The Druze: Milleneum Scrolls Revealed.* Translated by Fred I. Massey under the auspices of the American Druze Society.
Neserat, Hamdallah Mohammad
1990 *Die gesundheitlichen Verhältnisse der arabischen Minderheit in Israel.* Diss. Göttingen.
Nevo, Sarah
1988 *Genetic blood markers in Arab Druze of Israel.* In: American Journal of Physical Anthropology 77, S. 183-96.
Niuwenhuijze van, Chistoffel A.O.
1997 *Paradise lost: reflections on the struggle for authencity in the Middle East.* Leiden.
Offe, Claus
1986 *Die Utopie der Nulloption. Modernität und Modernisierung als politische Gütekriterien.* In: **Koslowski**, Peter; **Spaemann**, Robert; **Löw**, Reinhard: *Moderne oder Postmoderne? Zur Signauir des gegenwärtigen Zeitalters.* Heidelberg (CIVITAS Resultate Band 10), S. 143-172.
Oppenheim, Max Baron von
1899 *Vom Mittelmeer zum Persischen Golf.* Berlin.
Oppenheimer, Jonathan
1977 *Culture and Politics in Druze Ethnicity.* In: Ethnic Groups 1, S. 221-240.
Oppenheimer, Jonathan
1980 *We are born in each other's houses: communal and patrilineal ideologies in Druze village religion and social structure.* In: american ethnologist 7 (4), S. 621-636.
Oppenheimer, Jonathan
1985 *The Druze in Israel as Arabs and as Non-Arabs: An Essay on the manipulation of Categories of Identity in a Non-Civil-State.* In: **Weingrod**, Alex (Hg.): *Studies in Israeli Ethnicity: After the Ingathering.* New York, S. 259-279.
Orr, Akiva
1994 *Israel. Politics, Myths and Identity Crisis.* London.
Ortlieb, Sylvia
1995 *Palästinensische Identität und Ethnizität: Genese und Entwicklung des Selbstverständnisses der Palästinenser.* Köln (Wissenschaft und Forschung; 11).

Parfit, Joseph T.
1917 *Among the Druzes of Lebanon and Bashan*. London.
Parsons, Laila
1977 *The Palestinian Druze in the 1947-1949 Arab Israeli War*. In: Israel Studies 2 (1), S. 72-93.
Parsons, Talcott
1977 *Zur Theorie sozialer Systeme*. Opladen.
Pascht, Arno
1999 *Ethnizität. Zur Verwendung des Begriffs im wissenschaftlichen und gesellschaftlichen Diskurs*. München (Münchener Ethnologische Abhandlungen; 21).
Patai, Raphael
1986 *'Druze'*. In: The Encyclopedia of Religion, edited by Mircea Eliade, New York, Macmillan, S. 503-506.
Péju, Marcel
1997 *Azzam Azzam, le Druze qui dérange*. In: Jeune Afrique No. 1914, S. 18-19.
Perillier, Louis
1986 *Les Druzes*. Paris.
Pic, Patricia
1988 *Les druzes et Israel*. In: L`afrique et l`asie modernes 157, S. 90-102.
Prisching, Manfred
1990 *Soziologie. Themen - Theorien - Perspektiven*. Wien u.a.
Puget de, S. Pierre M.
1763 *Histoire des Druses, peuple du Liban, formé par une colonie de François*. Paris.
Rafi, M.A.; **Luzi**, P.; **Zlotogara,** J.; **Wenger** D.A.
1996 *Two different mutations are responsible for Krabbe disease in the Druze and Moslem Arab populations in Israel*. In: Human genetics 97 (3), S. 304-308.
Reich, Bernard (Hg.)
1996 *An historical encyclopedia of the Arab-Israeli conflict*. London.
Reihold, Gerd (Hg.)
1991 *Soziologie-Lexikon*. München.
Renan, Ernest
1996 *Was ist eine Nation? Rede am 11. März 1882 an der Sorbonne*. Hamburg (EVA- Reden; Bd. 20).
Rex, John; **Mason**, David (Hg.)
1986 *Theories of Race and Ethnic Relations*. Cambridge.

Reynolds, Vernon; **Falger,** Vincent; **Vine,** Ian (Hg.)

1987 *The sociology of Ethnocentrism. Evolutionary Dimensions of Xenophobia, Discrimination, Racism and Nationalism.* London, Sydney.

Rieck, Andreas

1994 *Syrien, der Libanon und Jordanien im Nahost-Friedensprozeß.* In: Aus Politik und Zeitgeschichte B21/22, S.21-27.

Rinnawi, Khalil Hanna

1994 *Ethnostratification in Israel: the case of the Palestinian minority.* Berlin, Univ. Diss.

Rodinson, Maxime

1981 *Die Araber*, Frankfurt am Main.

Romanucci-Ross, Lola; **DeVos**, George

1995 *Ethnic Identity. Creation, Conflict, and Accomodation.* AltaMira.

Ronart, Stephan and Nandy

1959 *Concise Encyclopedia of Arab Civilization. Vol. I The Arab East,* Amsterdam, 1959, *Vol. II. The Arab West,* 1966.

Rosenfeld, Henry

1978 *The class situation of the Arab National Minority in Israel.* In: Comparative Studies in Society and History. An International Quarterly 20 (3), S. 374-407.

Ross, Lauren G.; **Sa'id,** Nader Izzat

1995 *Polling Arab Views on the Conflict with Israel. Palestinians: Yes to Negotiations, Yes to Violence.* In: Middle East Quarterly, S. 15-23.

Sacy, Silvestre de

1838 *Exposé de la religion des Druzes, tiré de livres religieux de cette secte.* Paris.

Salih, Shakeeb

1977 *The British-Druze connection and Druze rising of 1896 in the Hawran.* In: Middle Eastern Studies 13 (2) S. 251-257.

Salih, Shakeeb

1978 *The Anglo-Druze Connection 1841.* In: Bar-Ilan Studies in History, S. 169-177.

Saunders, Harold H.

1991 *The other walls. The Arab-Israeli Peace Process in a Global Perspective.* Princeton.

Saurwein, Karl-Heinz

1999 *Einleitung. Die Konstruktion kollektiver Identitäten und die Realität der Konstruktion.* In: **Gephard**, Werner; **Saurwein**, Karl-Heinz: *Gebrochene Identitäten. Zur Kontroverse um kollektive Identitäten in Deutschland,*

Israel, Südafrika, Europa und im Identitätskampf der Kulturen. Opladen, S. 9-27.

Schäbler, Birgit

1994 *Der "Drusenaufstand" in Syrien. Zum Verhältnis von Ethnizität und sozialer Bewegung.* In: **Später**, Jörg: *Alles ändert sich die ganze Zeit. Soziale Bewegungen im Nahen Osten.* Freiburg. S. 181-190.

Schäbler, Birgit

1996 *Aufstände im Drusenbergland. Ethnizität und Integration einer ländlichen Gesellschaft Syriens vom Osmanischen Reich bis zur Staatlichen Unabhängigkeit 1850-1949.* Gotha.

Schäfers, Bernhard

1986 *Grundbegriffe der Soziologie.* Opladen.

Scheffler, Thomas

1990 *Ethnisch-religiöse Konflikte und gesellschaftliche Integration im Vorderen und Mittleren Orient,* Literaturstudie. 2. Aufl., Berlin.

Scheffler, Thomas

1997 *Survival and Leadership at an Interface Periphery: The Druzes in Lebanon.* Beyrouth Zokak el-Blat(t) 13, S. 1-32.

Schenk, Bernadette

1994 *Kamal Gunbulat: das arabisch-islamische Erbe und die Rolle der Drusen in seiner Konzeption der libanesischen Geschichte.* Berlin. (Islamkundliche Untersuchungen; 176).

Scherrer, Christian P.

1997 *Ethno-Nationalismus im Zeitalter der Globalisierung. Ursachen, Strukturmerkmale und Dynamik ethnisch-nationaler Gewaltkonflikte. Ein Handbuch zu Ethnizität und Staat, Bd. 2.* Münster.

Schmidt, Bettina E.

1995 *Von Geistern, Orichas und den Puertoricanern. Zur Verbindung von Religion und Ethnizität.* Marburg. (Curupira; 2).

Schmucker, Werner

1979 *Krise und Erneuerung im libanesischen Drusentum.* Bonn (Studien zum Minderheitenproblem im Islam; 3).

Schneider, Karlheinz (Hg.)

1986 *Identität und Geschichte. Chancen einer israelisch-palästinensischen Koexistenz.* Dokumentation einer Arbeitstagung in der Evangelischen Akademie Berlin (West), Dezember, Berlin (DIAK, Bd. 12).

Schreiber, Friedrich; **Wolffsohn**, Michael

1993 *Nahost. Geschichte und Struktur des Konflikts.* Opladen.

Schrems, Georg

1996 *Die israelische Gewerkschaftsorganisation einst in doppelter Funktion als Unternehmer- und ArbeitnehmerInnen-Organisation – und jetzt?* In: Die Alternative. Zeitschrift der Unabhängigen GewerkschafterInnen im ÖGB.

Schröder, Ingo W.

1998 *Einleitung. Ethnisierung als Strategie sozialer Schließung in sozio-politischen Konflikten.* In: **Grugel**, Andrea; **Schröder**, Ingo W. (Hg.): *Grenzziehungen: zur Konstruktion ethnischer Identitäten in der Arena sozio-politischer Konflikte.* Frankfurt am Main, S. 1-21.

Schwartz, Shalom H.

1990 *Individualism-Collectivism. Critique and Proposed Refinements.* In: Journal of Cross-Cultural Psychology 21 (2), June, S. 139-157.

Seabrook, William Buehler

1941 *Adventures in Arabia: among the Bedouins, Druses, whirling Dervishes and Yezidee-Devil Worshippers.* London.

Seginer, R.; **Halabi**, H.

1991 *Cross-cultural variations of adolescents' future orientation. The case of Israeli Druze vs. Israeli-Arab and Jewish Males.* In: Journal of Cross-Cultural Psychology 21, S.139-157.

Shalev, Aryeh

1994 *Israel and Syria: Peace and Security on the Golan.* Oxford, San Francisco.

Shamai, Shmuel

1990 *Critical Sociology of Education Theory in Practice: The Druze Education in the Golan.* In: British Journal of Sociology of Education 11 (4), S. 449-463.

Shamai, Shmuel

1993 *Loyalty in Conflict: The Golan Druze and the Educational Struggle.* In: International Review of Modern Sociology 23 (2), S. 107-117.

Sharaf, Shamil

1983 *Die Palästinenser. Geschichte der Entstehung eines nationalen Bewußtseins.* Wien.

Simmel, Georg

1989 *Gesammelte Schriften zur Religionssoziologie.* Berlin.

Smet, D. de

1986 *Le concept de la ġayba chez les Druzes, à la lumière de la «risāla al-ġayba» de Ḥamzah b. 'Ali.* In: Orientalia Lovaniensia Periodica (17), S.141-158.

Smooha, Sammy
1987 *Jewish and Arab Ethnocentrism in Israel.* In: Ethnic and Racial Studies 10 (1), S.1-26.

Sofsky, Wolfgang; **Paris**, Rainer
1991 *Figurationen sozialer Macht. Autorität - Stellvertretung - Koalition.* Opladen.

Sohar, Ezra
1989 *Israel's Dilemma. Why Israel is Falling Apart And How to Put It Back Together.* New York.

Sokolowskii, Sergey; **Tishkov**, Valery
1996 *Ethnicity.* In: **Barnard**, Alan; **Spencer**, Jonathan (Hg.): *Encyclopedia of Social and Cultural Anthropology.* London, New York, S. 190-193.

Sollors, Werner (Hg.)
1996 *Theories of Ethnicity. A Classical Reader.* London.

Sprengling, Martin
1939 *The Berlin Druze Lexicon.* In: American Journal of Semitic Languages and Literatures 56, S. 388-414.

Steinbach, Udo
1994 *Das Gaza-Jericho-Abkommen. Wegmarke im Friedensprozeß.* In: Aus Politik und Zeitgeschichte B21/22, S. 3-14.

Stendel, Ori
1973 *The Minorities in Israel. Trends in the Development of the Arab and Druze Communities 1948-1973.* Jerusalem.

Stendel, Ori
1996 *The Arabs in Israel.* Brighton.

Stevenson, Jan
1983 *Reinkarnation. Der Mensch im Wandel von Tod und Wiedergeburt.* Freiburg / Brsg.

Stoyanowski, J.
1928 *The mandate for Palestine. A contribution to the theory and practice of international mandates.* London, New York, Toronto.

Straub, Jürgen
1998 *Personale und kollektive Identitä. Zur Analyse eines theoretischen Begriffs.* In: **Assman**, Aleida; **Friese**, Heidrun: *Identitäten. Erinnerung, Geschichte, Identität 3.* Frankfurt am Main, S. 73-104.

Streck, Bernhard
1987 *Wir-Gruppe.* In: **Streck**, Bernhard (Hg.): *Wörterbuch der Ethnologie,* Köln, S. 255-258.

Strothmann, R.
1939 *Drusen -Antwort auf Nusairi-Angriff.* In: Der Islam 25, S. 269-281.
Swayd, Samy S.
1998 *The Druzes. An Annotated Bibliography.* Kirkland.
Swirski, Shlomo
1999 *Politics and Education in Israel. Comparisons with the United States.* New York, London.
Tarabieh, Bashar
1995 *Education, Control and Resistance on the Golan Heights.* In: Middle East Report (MERIP), May-June / July-August, S. 43-47.
Teitelbaum, Joshua
1985 *Ideology and Conflict in a Middle Eastern Minority: The Case of the Druze Initiative Committee in Israel.* In: ORIENT. Zeitschrift des Deutschen Orient Instituts 26 (3), S. 341-359.
Toftbek, E.
1954 *A Shorter Druze Catechism.* In: The Muslim World 44, S. 38-42.
Toland, Judith D.
1993 *Ethnicity and the State.* New Brunswick, London. (Political and Legal Anthropology, Vol. 9).
Troeltsch, Ernst
1925 *Gesammelte Schriften, Bd. 4. Aufsätze zur Geistesgeschichte und Religionssoziologie.* Tübingen.
Tuéni, Nadia
1986 *La Prose (oeuvres complètes).* Beirut.
Vester, Heinz-Günther
1988 *Kollektive Identitäten und Mentalitäten.* Frankfurt am Main.
Wacker, R.Fred.
1983 *Ethnicity, Pluralism and Race.* Westport.
Wainryb, Cecilia
1994 *Dominance, subordination and concepts of personal entitlements in cultural contexts.* In: Child Development 65, S. 1701-1722.
Wainryb, Cecilia
1995 *Reasoning about Social Conflicts in Different Cultures: Druze and Jewish Children in Israel.* In: Child Development 66 (2), 1995, S. 390-401.
Waldmann, Peter; **Elwert,** Georg (Hg.)
1989 *Ethnizität im Wandel.* Saarbrücken.

Walker, Dennis
1995 *Israel`s Druze: Particularist micro-nationalists versus pro-sunni Arabists, Part I and II.* In: Eastern Anthropologist: a quarterly record of anthropology and folk culture 48 (2), S. 116-136 und 48 (3) S. 267-293.
Wallisch-Prinz, Bärbel
1977 *Religionssoziologie. Eine Einführung.* Stuttgart.
Watzal, Ludwig
1994 *Frieden ohne Gerechtigkeit. Israel und die Menschenrechte der Palästinenser.* Köln, Weimar, Wien.
Weber, Max
1976 *Soziologische Grundbegriffe.* Tübingen.
Weber, Max
1988 *Gesammelte Aufsätze zur Religionssoziologie.* Tübingen.
Wehr, Hans
1942 *Zu den Schriften Hamza`s im Drusenkanon.* In: Zeitschrift der Deutschen Morgenländischen Gesellschaft 96 (21), S. 187-207.
Weiss, Gabriele
1987 *Elementarreligionen. Eine Einführung in die Religionsethnologie.* Wien, New York.
Weiss, S.; **Moore**, M.
1995 *Reasons for Abstinence among Moslem, Druze, and Christian Adolescents in Israel.* In: International Journal of the Addictions 30 (11), S. 1499-1508.
Wensinck, A.J.; **Kramers**, J.H. (Hg.)
1941 *Handwörterbuch des Islam.* Leiden.
Wolff, Philipp
1845 *Die Drusen und ihre Vorläufer.* Leipzig.
Wolfssohn, Michael
1987 *Ungeliebter Markt: Staat und Wirtschaft in Israel.* Köln (Grundlagen - Eigentum und Politik; Bd. 8).
Wolffsohn, Michael
1991 *Israel. Grundwissen - Länderkunde. Geschichte - Politik - Gesellschaft - Wirtschaft.* Opladen.
Wolffsohn, Michael
1992 *Wem gehört das heilige Land? Die Wurzeln des Streits zwischen Juden und Arabern.* München.
Wolffsohn, Michael
1994 *Frieden jetzt? Nahost im Umbruch.* München.

Worbs, J.G.

1799 *Geschichte und Beschreibung des Landes der Drusen in Syrien. Nebst einem bisher in Teutschland unbekannten Religionsbuche dieses Volks.* Görlitz.

Yiftachel, Oren; **Segal**, Michaly D.

1998 *Jews and Druze in Israel: State control and ethnic resistance.* In: Ethnic and Racial Studies 21 (3), 1998. S. 476-506.

Yinon, Yoel

1994 *Self-Esteem and Judgements of Intergroup Aggresssion Among Israeli and West Bank Arabs.* Paper presented at the second International Congress on Prejudice, Jerusalem.

Zeidner, Moshe

1990 *Perceptions of Ethnic Group Model Intelligence: Reflections of Cultural Stereotypes or Intelligence Test Scores?* In: Journal of Cross-Cultural Psychology 21 (2), S. 214-231.

Zenner, Walter.P.

1972 *Some Aspects of Ethnic Stereotype Content in Galilee: A trial formulation.* In: Middle East Studies 8 (3) S. 405-416.

Zenner, Walter P.; **Richter**, Maurice N.

1972 *The Druzes as a Divided Minority Group.* In: Journal of Asian and African Studies 7 (3/4), S. 193-203.

Ziring, Lawrence

1984 *The Middle East Political Dictionary.* Santa Barbara, Oxford.

Zuerrer, Werner

1986 *Die Entwicklung im Nahen Osten 1983-1986.* In: Weltgeschehen 4, S. 690-731.

Zureik, Elia T.

1979 *The Palestinians in Israel. A study in internal colonialism.* London.

VIII Anhang

1 Liste der Interviewpartner

Aziz Haidar, 30. August 1995 in Jerusalem,

palästinensischer Dozent an der Bir Zeit Universität in der Westbank, Lehrstuhl für Soziologie an der Hebräischen Universität Jerusalem.

Azmi Bishara, 30. August 1995 in Jerusalem,

palästinensischer Philosoph und damals tätig am Van-Leer-Institut in Jerusalem, heute Abgeordneter der Knesset.

Anan Tarif, 26. Februar 1998 in Kiryat Atta,

Tischler.

Mu'warfaq Tarif, 09. März 1998 in Julis,

religiöses Oberhaupt der Drusen in Israel.

Jamal Mu'addi, 15. März 1998 in Yirka,

Lehrer und Mitgründer des Druze Initiative Committee.

Zeidan Atashe, 14.April 1998 in 'Issfiya,

ehemaliger drusisch-israelischer Diplomat.

Fadil Mansour, 14. April 1998 in 'Issfiya,

Professor für Zoologie.

Saleh Tarif, 24. April 1998 in Julis,

Abgeordneter der Knesset.

Rana Halabi, 08. April 2000 in Daliyat,

Kindergärtnerin.

Hiyam Naṣr al-Dīn, 08. April 2000 in Daliyat,

Lehrerin.

Tayseer Mara'i, 09. April 2000 in Shafar'amr,

Biologe vom Golan, angestellt bei der Galilee Society.

Amal Jamal, 11. April 2000 in Tel Aviv,

Dozent für Geschichte an der Universität zu Tel Aviv.

Fayez Assam, 12. April 2000 in Haifa,

Inspektor für "Drusisches Erbe" im israelischen Bildungsministerium und Autor der ersten drusischen Schulbücher.

Salman Fallah, 16. April 2000 in Haifa,

Stellvertretender Generaldirektor im Bildungsministerium.

Yusūf Naṣr al-Dīn, 18. April 2000 in Daliyat,

selbständiger Tankstellenbesitzer und Gründer des Druze Zionist Circle.

Reema Mustafa, 19. April 2000 in Daliyat,

Studentin und Journalistin.

Sana Harb, 20. April 2000 in Beit Jann,

Studentin.

Lubna Naffaa, 20. April 2000 in Beit Jann,

Studentin.

Ralli Kheis, 20. April 2000 in Beit Jann,

Lehrerin.

Shakeeb Salih, 20. April 2000 in Mughar,

Dozent für Geschichte an der Bar-Ilan-Universität.

Ghassan Tarif, 19. September 2000 in Hannover,

Ingenieur und Soldat der israelischen Armee.

2 Interviewleitfaden

1. Please introduce yourself.
2. What does it mean for you to be a Druze?
3. What is it that bounds the Druze together?

4. How can religion strengthen the community if it is unknown?
5. How strong is the common threat of persecution?
6. What do you think about taqiyya?
7. Do you think that Arabs in Israel have a different moral than Druzes or different ethics?
8. What do you prefer to be written in your ID – Druze or Arab?
9. How important do you consider education for the Druze community?
10. How important do you consider agriculture for the Druze community?
11. What do you think about the Druzes in Lebanon and Syria?
12. What do you think about the Druzes on Golan Heights?
13. Do you know something about Druzes abroad?
14. Would you fight for them?
15. What do you think about the emergence of western cultures?
16. Is this a threat to women's modesty?
17. How would you introduce yourself when asked in foreign countries?
18. Are you Arab?

3 Chronik

570 n. Chr.	Geburt Muḥammad
632	Tod Muḥammad.
909-1171	Dynastie der Fatimiden.
909-934	Erster fatimidischer Kalif 'Ubayd Allah al-Mahdi.
934-946	Zweiter Kalif al-Quā'im.
946-952	Dritter Kalif al-Manṣūr.
952-975	Vierter Kalif al-Mu'iz.
969	Al-Mu'iz erobert Ägypten von den Ikhshididen und gründet Kairo und ein neues fatimidisches Kalifat.
970	Bau der Moschee al-Azhar.
975-996	Fünfter Kalif al-'Azīz.
985	Geburt al-Ḥākim; Geburt Ḥamza ibn Ali in Suzan, Khurāsān (Persien).
996-1021	Sechster Kalif al-Ḥākim.
1005	Ḥamza kommt nach Ägypten; Ḥākim baut eine Akademie mit Bibliothek, das *dār aql-ḥikma.*
ab 1008	Ḥākim läßt Kirchen und Synagogen zerstören.
1015	Darazī kommt nach Ägypten.
1017	Der neue Glaube, der heilige Ruf da'wa, wird öffentlich verbreitet. Ḥamza wird von Ḥākim zum Imām ernannt.
1017-1043	Verbereitung des neuen Glaubens.
1019	Tod Darazī.
1021	Al-Ḥākim verschwindet. Ḥamza zieht sich ebenfalls zurück oder stirbt. Bahā'al-Dīn wird zum Nachfolger al-muqtanā bestimmt.
1021-30	Siebter Kalif al-Ẓahīr.
1021	Ẓahīr beginnt, die Anhänger des neuen Glaubens verfolgen zu lassen.

1029	Bahā'al-Dīn zieht nach Alexandria.
1034/35	Verbreitung und Ausübung des Glaubens nur noch im Geheimen.
1036-95	Achter Kalif al-Mustanṣir.
1037	Verbreitung des Glaubens wieder öffentlich.
1043	Ende der Missionierung, Schließung des Rufs. Ab diesem Zeitpunkt ist eine Konvertierung zum Drusentum unmöglich.
1123	Schließung des *dār al-ḥikma* durch al-Afdal.
1171	Ende der Dynastie der Fatimiden.
1590	Fakhr al-Dīn II Emir des Libanon.
1635	Tod Fakhr-al-Dīn.
1711	Erste Ansiedlung von Drusen im Hauran.
1825	Feindschaft zwischen Drusen und Maroniten, Aufstand von Joumblatt gegen Bashir II.
1838	Aufstand der Drusen gegen die Ägypter.
1864	Christlicher Gouverneur im Libanon.
1882-1903	Erste Einwanderungswelle (Aliyah) von Juden nach Palästina.
1890	Aufstand der Drusen gegen die Osmanen. Libanesische Drusen erhalten den Status einer Millet.
1896	Herzls "Der Judenstaat" erscheint.
1897	Erster Zionistischer Kongreß in Basel.
1904-14	Zweite Aliyah.
1908	Gründung der ersten drusischen Organisation Bani Marouf in den USA.
1909	Gründung des Haschomer.
1912	Gründung der jüdischen Gesundheitsorganisation Hadassah.
1917	Balfour-Deklaration.
1918	Niederlage der Osmanen im Ersten Weltkrieg.
1919-21	Arabische Unruhen in Palästina.
1919-23	Dritte Aliyah.

1920	Gründung der jüdischen Gewerkschaft Histadrut;
	Drusenstaat im Hauran;
	Gründung des "Großen Libanon" durch Frankreich.
1921	Franko-drusischer Vertrag in Syrien;
	Gründung der Haganah.
1922-1948	Britisches Mandat.
1922	Entwicklung der drusischen Flagge;
	Anerkennung des rechtlichen Status' der Drusen durch die Briten.
1924-28	Vierte Aliyah.
1925/26	Drusischer Aufstand gegen die Franzosen in Syrien.
1928-93	Salman Tarif Oberhaupt der Drusen in Palästina und Israel.
1929-39	Fünfte Aliyah.
1936-39	Arabischer Widerstand gegen jüdische Einwanderung in Palästina.
1936	Einige Drusen schließen sich muslimischen Rebellen in Palästina an.
1937/38	Ausarbeitung des Transferplans.
1939	Mord an Ḥasan Abū Rukūn und an Ḥasan Khayfīs.
1940	Schlichtung des Konflikts zwischen Drusen und Muslimen in Palästina.
1943	Erste libanesische Regierung.
1946	Abzug ausländischer Truppen aus dem Libanon.
1947	UN-Teilungsplan.
1948	Legale Anerkennung der Drusen durch den libanesischen Staat.
1948	Briten legen ihr Mandat über Palästina nieder;
	Gründung der Israelischen Armee;
	erste Vereidigung von drusischen Soldaten in der israelischen Armee;
14.5:	Ausrufung des Staates Israel durch David Ben-Gurion in Tel Aviv.

1948/49	Erster arabisch-israelischer Krieg (Israel vs. Ägypten, Libanon, Jordanien, Syrien).
1949	Gründung der Progressistisch-Sozialistischen Partei PSP durch Kamal Joumblatt.
1950	Erlaß des Rückkehrrechts.
1956	16 Drusenführer stimmen der obligatorischen Einberufung von drusischen Männern in die israelische Armee zu.
1956	Suez-Krieg.
1957	Drusen in Israel werden als unabhängige religiöse Gemeinschaft anerkannt.
1961	Anerkennung des Religiösen Rats als Führung der drusischen Gemeinde durch Israel.
1962	Erlaubnis für Drusen, sich in Israel frei zu bewegen, Eintrag von "Druse" statt "Araber" im israelischen Personalausweis, Druze Law Courts Bill.
1963	Aufhebung des Nachtfahrverbotes für Palästinenser.
1963	Tod von 24 drusischen Kindern aus Dörfern in Galiläa aufgrund von Röteln; Einrichtung von drusischen Gerichten.
1966	Delegierung der Verfügungsgewalt vom Militär an die Polizei.
1967	Sechs-Tage-Krieg.
1969	Die israelische Partei Mapai läßt Drusen als Mitglieder zu.
1970	Der Likud läßt Drusen als Mitglieder zu; Verwaltung drusischer Angelegenheiten fortan nicht mehr über das Ministerium für Minderheiten, sondern über das jeweilige allgemeine israelische Ministerium.
1972	Gründung des Druze Initiative Committee.
1973	Yom-Kippur-Krieg (Israel vs. Ägypten und Syrien).
1974	Gründung des Zionist Druze Circle.

1976	Einführung des Unterrichtsfachs "Drusisches Erbe" an drusischen Schulen in Israel.
1976-1982	Libanesischer Bürgerkrieg.
1977	Attentat auf Kamal Joumblatt.
1978	Camp-David-Abkommen.
1980/81	Einführung von Seminaren zur Geschichte, Kultur und Gesellschaft der Drusen an der Universität Haifa.
1981	Annektierung des Golan.
1982	Sechs Monate andauernder Streik golanischer Drusen; Zugang für Drusen zu allen Einheiten der israelischen Armee, mit Ausnahme des Geheimdienstes und der Luftwaffe; Israel fällt im Süden Libanons ein.
1982-83	Schouf-Krieg.
1986	Erster drusischer Brigadegeneral.
1987	Beginn der Intifada.
1991	Drusische Soldaten werden bei der Luftwaffe zugelassen.
1991	Gründung der Arab Association for Development; Golfkrieg; Beginn der Friedensverhandlungen zwischen Israelis und Palästinensern in Madrid.
1993	Gaza-Jericho-Abkommen.
1994	Friedensvertrag zwischen Israel und Jordanien.
1995	Unterzeichnung der Washingtoner Vereinbarung (Oslo II).
1997	Hebron-Abkommen.
1998	Gründung des Druze Research and Publication Institute in den USA.
1999	Erste Internationale Konferenz zum Thema "The Druzes: 1000 Years of History, Reform, and Tradition" an der University of California and Los Angeles, USA.

2000	Israel zieht sich aus Südlibanon zurück;
	Beginn der al-Aqsa-Intifada.
2001	Ariel Sharon wird Premierminister.

4 Glossar

Alawiten

'Alawīyūn, "zu 'Alī Gehörende". Islamische Sekte, die aus der extrem islamischen Schia stammt. Ihre Anhänger, die ungefähr 11 % der syrischen Bevölkerung ausmachen, siedeln bevorzugt in der Gegend um Latakia. Syriens Präsident Bashar al-Assad ist Alawit.

'Alī

Schwiegersohn Moḥammeds, der 623 dessen einzige Tochter Fāṭima heiratete. Er war vierter Kalif des Islam (656-661 n. Chr.). Seine Söhne und Erben waren die spirituellen und politischen Führer der schiitischen Sekte bis zum Verschwinden des zwölften Imāms al-Muntaẓar im späten 9. Jahrhundert. Für die Schiiten ist er der von Muḥammad selbst legitimierte Nachfolger des Propheten in der Leitung der Gemeinde. Wie alle fatimidischen Kalifen behauptete al-Ḥākim, 'Alī sei einer seiner Vorfahren.

Amīr (emir)

Wörtlich "Prinz". Ein Titel, der von führenden Drusen angenommen wurde.

Al-'aql

Die "göttliche Weisheit", der Titel, der Ḥamza verliehen wurde als führendem Entwickler und Missionar des Drusentums. Erster Würdenträger der *ḥudūd*.

Al-'aql al-kullī

Die "Universelle Intelligenz" Gottes, die sich in menschlicher Form offenbart hat.

Al-Atrash

Führende drusische Familie des Jabal al-Durūz in Syrien seit des späten 18. Jahrhunderts. Das wichtigste Mitglied dieser Familie im letzten Jahrhundert war Sultan al-Atrash (1891-1982), führender Vertreter der syrischen

Unabhängigkeitsbewegung und Anführer des drusischen Aufstandes von 1925. 1927-37 lebte er in der Emigration, danach nahm er nicht mehr aktiv am politischen Leben Syriens teil.

Bahā' al-Dīn

Nachfolger Ḥamzas und wichtige Persönlichkeit bei der Verbreitung des Drusentums. Autor zahlreicher Epistel des Drusenkanons. Auch bekannt als *al-muqtanā*, der Folgende oder fünfter Würdenträger der *ḥudūd*.

Banū al-ma'rūf

Titel, unter dem die Drusen bekannt sind und mit dem sie sich auch selbst bezeichnen. Wörtlich übersetzt: "Söhne der Großzügigkeit" als Referenz auf ihre allgemein anerkannte Tradition der Gastfreundlichkeit.

Bāṭin

Ismailitische Doktrin der Schia, welche lehrt, daß Islam und Koran allegorisch zu interpretieren seien. Die religiöse Wahrheit wird gesichert durch die innere Bedeutung (bāṭin), die durch die äußere Form (ẓāhir) dargestellt wird. Die Drusen erkennen diese Doktrin als theologische Entwicklung zum ultimativen Ziel, dem unitaristischen Glauben (tawḥīd) an.

Dā'īs

Glaubensboten, wörtlich "Berufer". Bei den Drusen wurde *dā'ī* zum religiösen Titel. Der *dā'ī* veranstaltete Versammlungen zur Erziehung und Ermahnung der Gemeinde.

Al-Darazī

Einer der ersten Missionare drusischen Glaubens. Er kam 1017 nach Kairo und genoß dort die Förderung durch den Fatimidenkalifen al-Ḥākim, dessen Göttlichkeit er propagierte. Später überwarf er sich mit dem anderen Missionar Ḥamza und wurde 1019 hingerichtet. Der Name der Drusen stammt wahrscheinlich von seinem Namen ab.

Dār al-ḥikma

"Stätte" oder "Haus der Weisheit". Wissenschaftliche Einrichtung mit Akademiecharakter und angeschlossener Bibliothek, gegründet 1005 in Kairo durch al-Ḥākim.

Dār al-'īlm

"Haus" oder "Stätte der Wissenschaft". Wissenschaftliche Einrichtung der schiitischen Fatimiden, so genannt zur Unterscheidung von den sunnitischen Bildungseinrichtungen *madrasa*.

Da'wa

Religiöse Propaganda, wörtlich "Ruf", "Gebot". Im drusischen Glauben ist er der heilige Ruf zum Drusentum, ausgesprochen erstmals 1017 und eingestellt 1043 n. Chr.

Ḍidd

der Entgegengesetzte; das Böse..

Din al-tawḥīd

Monotheismus. Bezeichnung der Drusen für ihren Glauben.

Fakhr al-Dīn II

(1572-1635). Drusenfürst und Emir des Libanon. Unternahm erste bedeutende Schritte zur Loslösung des Libanon vom osmanischen Reich.

Fāṭima

(um 606-632), Tochter Muḥammads, verheiratet mit 'Alī und Mutter von Ḥasan und Ḥusayn.

Fatimiden

Schiitisch-isma'ilitische Kalifendynastie in Nordafrika (909-1171), die ihren Ursprung auf 'Ali und Fāṭima zurückführt.

Fatwā

Gutachten mit unbedingter Gesetzeskraft, welches nach den Grundsätzen einer anerkannten Rechtsschule durch einen staatlich anerkannten Rechtsgelehrten (*mufti* = "Entscheider") angefertigt wird.

Ġayba

Zustand des Verborgenseins, wörtlich "Abwesenheit". Schiitische Muslime glauben, daß sich der zwölfte *imām* der Schia Muḥammad al-Muntaẓar bis zu seiner Rückkehr am Tag der Erlösung im Zustand der *ġayba* befindet.

Golan

Höhenzug an der Südwestgrenze Syriens zu Israel, nördlich des Sees Genezareth. 1967 von Israel okkupiert und 1981 annektiert. Bis auf die Drusen wurde die Bevölkerung nach 1967 vom Golan vertrieben.

Ḥajj

Die Pilgerfahrt der Muslime nach Mekka im Monat Dhu al-hidjdja. Bestandteil der fünf Pfeiler des Islam.

Al-Ḥākim

(985-1021), der sechste fatimidische Kalif seit 996. Al-Ḥakim unternahm zur Stabilisierung seiner Herrschaft rigorose Maßnahmen. Ḥamza sah in ihm die Verkörperung Gottes.

Hamulā

Großfamilie.

Al-Ḥamza

Mitbegründer und Missionar des Drusentums. Verfaßte Teile des Drusenkanons. Seit 1021 gilt er als tot oder verschollen.

Ḥasan

Al-Ḥasan bin ʻAlī (625-670), älterer Sohn ʻAlīs. Blieb politisch inaktiv, bis ihn seine Anhänger nach dem Tod seines Vaters 661 zum Kalifen ausriefen. Bei den Schiiten gilt er als der zweite Imam.

Al-Ḥawrān (dt. Hauran)

Provinz im Südwesten Syriens. 1711 und zu Beginn des 19. Jahrhunderts wanderten verschiedene Drusenstämme aus dem Libanon in den Hauran ein, der Ende des 17. / Anfang des 18. Jahrhunderts zum Machtbereich des Drusenfürsts Fakhr al-Dīn gehörte. Nach dem Untergang des Osmanischen Reiches 1918 und der Errichtung der französischen Mandatsherrschaft über Syrien und den Libanon blieb der Hauran unter drusischer Herrschaft und galt formal bis 1942 als autonomes drusisches Gebiet.

Al-ḥikmat al-sharīfa

Das edle Wissen, die Bücher der Weisheit. Der Drusenkanon beinhaltet 111 Episteln, angeordnet in sechs Büchern.

Al-ḥizb al-ishtirākī al-taqaddūmī

Progressistisch-Sozialistische Partei. Gegründet 1949 durch Kamal Joumblatt.

Al-ḥudūd

Kosmisches Prinzip, bzw. kosmologisches System. Fünf kosmische Würdenträger werden symbolisiert durch menschliche Gestalten und durch Farben, die in der drusischen Flagge und dem drusischen Stern wiedergegeben sind.

Huǧǧa

"Zeichen", "Erbringer des Beweises", Zeugnis Gottes. Im Koran Beweisargument, bei Schiiten allgemeiner Vermittler zwischen Gott und den Menschen, bei den Fatimiden der oberste *dāʿī*.

Ḥusayn

(628-680), jüngerer Sohn ʻAlīs. Gilt bei den Schiiten als mythologische Gestalt, als Imam und Fürsprecher bei Gott.

'Īd al-aḍḥā

Wichtiges islamisches Fest am Ende der jährlichen Pilgerfahrt. Wird auch von Drusen gefeiert.

'Īd al-fiṭr

Wichtiges islamisches Fest am Ende des Fastenmonats Ramadan.

Imām

Eigentlich "Anführer", erster Vorbeter beim rituellen Gebet. Auch religiöses und weltliches Oberhaupt der islamischen Gemeinschaft (*umma*).

Imāra

Gebiet, das von einem *amīr* regiert wird.

'Irḍ

Die Ehre oder Reputation einer Person, besonders die Keuschheit einer Frau vor der Ehe.

Islām

Wörtlich "Unterwerfung; Hingabe an Gott", jüngste der monotheistischen Weltreligionen, begründet von Muḥammad (um 570-632).

Ismā'īlis

Siebenerschiiten, die glauben, daß Ismā'īl Ibn Ja'far, der ältere Sohn des sechsten Imām Ja'far al-Ṣādiq der richtige Nachfolger ist und nicht sein jüngerer Bruder Musa. Für sie endet die Reihe der Imame mit dem siebten Imam.

Jabal al-Durūz

"Drusenberg", Gebirge im Süden Syriens, östlicher Teil der Landschaft des Hauran.

Juhhāl

Wörtlich "die Unwissenden", die Drusen, die nicht in die Geheimnisse der Drusenreligion eingeweiht sind.

Kalif

Khalīfa, Stellvertreter, Nachfolger. Seit dem Tod des Propheten Bezeichnung für das geistliche und weltliche Oberhaupt der islamischen Gemeinde.

Al-kalima

Das Wort, dritter Würdenträger der *ḥudūd*.

Khalwa

Einsiedelei, Gebetsort der Drusen.

Lajnat al-mubādarat al-Durzīya

Druze Initiative Committee, gegründet 1972. Fordert unter anderem die Abschaffung des Wehrdienstes für Drusen.

Lāhūt

Das Göttliche in Ḥākims Wesen.

Ma'dhūn

Gehilfen der *dā'īs*.

Mahdī

Der "Rechtgeleitete", der Erlöser, der am Ende der Zeit erscheint, um im Kampf die Religion in ihrer Vollkommenheit herzustellen und Gerechtigkeit zur Herrschaft zu bringen.

Mahr

Aussteuer oder Brautgabe, die vom Bräutigam an die Familie der Braut gezahlt wird.

Majlis

Versammlung oder Versammlungsraum.

Maqām

Drusische heilige Gebäude, gebaut auf oder um die Gräber von heiligen Personen.

Mashā'ikh al-dīn

Religiöse Ältere, die die religiöse Leitung innehaben.

Miḥna

"Strenge Prüfung", hier: Verfolgung der Drusen.

Millet

Religiöse definierte Gemeinde mit eigenen Gerichten nach türkischem Vorbild.

Al-muqtanā

Der Nachfolgende, vgl. Bahā'al-Dīn.

Muwaḥḥid , pl. Muwaḥḥidūn

"Bekenner der Einheit Gottes", "Monotheisten", Selbstbezeichnung der Drusen.

Al-Nabī Shu'ayb

Pilgerstätte westlich des Sees Genezareth, Grab des drusischen Propheten Shū'ayb.

Al-nafs

Die Seele, zweiter Würdenträger im kosmischen Prinzip der Drusen *ḥudūd.*

Nāsūt

Gott in seiner menschlichen Gestalt.

Nāṭiq

Missionar, Prophet, der Überbringer der heiligen Nachricht.

Osmanen

Türkisches Reich von 1299-1922. Begründer des Reiches und der Herrscherdynastie war Osman I. Ghasi.

Qāḍī

Richter.

Ramaḍān

Fastenmonat, neunter Monat des islamischen Kalenders, einer der Pfeiler des Islam.

As-Saqīb

Der Vorhergehende, vierter Würdenträger der *ḥudūd.*

Sārāh, Sitt

Nichte von al-Muqtanā. Bekehrte 1034-45 religiöse Abtrünnige.

Sharī'a

"Weg zur Tränke". Pflichtenlehre und religiös begründetes Recht des Islam.

Shaykh pl. shuyūkh

"Ältester". Seit vorislamischer Zeit bei den arabischen Beduinen Bezeichnung für das Oberhaupt oder den Anführer einer Sippe, eines Stammes oder Stammesverbandes. Mit Ausdehnung des Islam Ehrentitel angesehener Männer.

Al-Shaykh al-'aql

"Ältester der Weisheit", Titel des religiösen Oberhauptes der Drusen.

Shī'a

Shī'at 'Alī, Anhängerschaft Alis.

Schiiten

Anhänger der Shī'a, politisch-religiöse Richtung des Islam, die nur 'Alī und dessen Nachkommen als rechtmäßige Prophetennachfolger anerkennt.

Al-Shūf

Gebirge des Libanon.

Sijill

Proklamation oder Dekret. Wichtigste *sijill* der Drusen ist jene al-Ḥākims im Jahr 1017, in der er sich selbst als göttliche Erscheinung proklamiert und seine Anhänger aufmuntert, ihm als solche zu huldigen. Im Drusenkanon sind ebenfalls viele *sijills* enthalten.

Sulḥa

Schlichtung.

Sunna

"Brauch", im Islam Bezeichnung für Muḥammads Tun, Sprechen und unausgesprochenes Gutheißen. Neben dem Koran ist die Sunna für die Muslime Richtschnur ihres Handelns und Hauptquelle der Rechtsvorschriften Sharī'a.

Sunnī

Ahl as-suhnna, "Leute der Sunna", lehnten im 7. Jahrhundert den Anspruch 'Alīs als Nachfolger des Propheten ab und anerkannten 'Alīs Gegner Mu'awiya als Kalifen an. Heute Mehrheit der Muslime.

Ṭalāq

Scheidung. Der Mann verstößt die Frau durch Aussprechen der Scheidungsformel. Auch bei den Drusen beinhaltet *ṭalāq* das Recht des Mannes sich gegen die Einwilligung der Frau scheiden zu lassen.

Al-Tālī

Der Nachfolgende, der fünfte Erleuchtete des kosmischen Prinzips.

Tanāsukh

Seelenwanderung, vgl. *taqammus*.

Tanzīl

Offenbarung, Enthüllung. Laut Ḥamza ist *tanzīl* die erste Stufe des Glaubens nach *bāṭin* auf dem Weg zum Glauben *tawḥīd*.

Taqammus

Seelenwanderung. Die Drusen glauben, daß jeder Druse nach seinem Tod als Druse wiedergeboren wird.

Taqīyya

"Vorsicht", erlaubte Verstellung unter Zwang oder bei drohendem Schaden. Angeblich auch von Drusen verwendete Methode zum Selbstschutz.

Taslīm

Unterwerfung. Siebtes drusisches Gebot.

Tawḥīd

"Als einen betrachten", Grunddogma von der Einheit bzw. Einzigkeit Gottes.

Ta'wīl

Interpretatorische, allegorische Auslegung des Koran.

'Ulamā'

Repräsentanten des religiösen Wissens, meist Theologen und Rechtsgelehrte.

Umayyaden

Banū umayya, Nachkommen des Umayya aus der quraischitischen Sippe Abd Schanus.

Umma

"Gemeinde", im Glauben an Gott verbundene Gemeinschaft der Muslime.

'Unna

Männliche Impotenz, einer der Gründe für eine mögliche Scheidung im drusischen Recht.

'Uqqāl

"Wissende", Eingeweihte der Drusenreligion.

Wādī al-taym

Tal im Südosten Libanons an den westlichen Hängen des Mount Hermon. Der drusische Glaube hat dort bereits zur Gründungszeit viele Anhänger gefunden. Bis heute leben dort viele Drusen, und eine der wichtigsten theologischen Schulen der Drusen hat dort ihren Standort.

Waqf

Bezeichnung für eine religiöse Stiftung, besonders von Grund und Boden.

Zāhir

Die äußere Form des Glaubens, die im Koran enthalten ist. Sie ist jedoch durch einen Schleier bedeckt, den nur Eingeweihte enthüllen und die so das Wissen über den wahren Glauben haben können.

Al-Zāhir

Sohn und Nachfolger des Kalifen al-Ḥākim. Zāhir ließ die Anhänger des neuen Glaubens verfolgen und zurückbekehren, was ihm in Ägypten auch gelang. Im Libanon war der Glaube jedoch schon so gefestigt, daß sich die neuen Anhänger nicht mehr davon abbringen ließen. Er starb 1035.

Zakāt

"Reinheit", islamische Almosensteuer.

Ziyāra

"Besuch" eines heiligen Ortes, Pilgerfahrt.

www.ingramcontent.com/pod-product-compliance
Lightning Source LLC
Chambersburg PA
CBHW022316280326
41932CB00010B/1124